银行字金融时代

辛树人———著

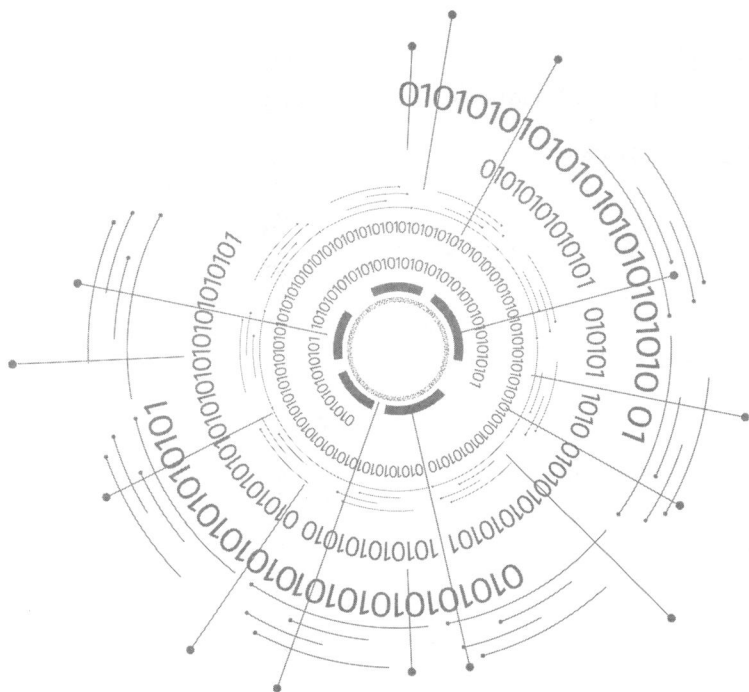

中国金融出版社

责任编辑：王雪珂
责任校对：刘　明
责任印制：丁淮宾

图书在版编目(CIP)数据

数字金融时代新银行/辛树人著. --北京：中国金融出版社，
2024. 12. -- ISBN 978-7-5220-2572-8

Ⅰ. F830.49

中国国家版本馆CIP数据核字第2024H24R67号

数字金融时代新银行
SHUZI JINRONG SHIDAI XIN YINHANG

出版
发行　　**中国金融出版社**

社址　　北京市丰台区益泽路2号
市场开发部　　(010) 66024766，63805472，63439533 (传真)
网 上 书 店　　www.cfph.cn
　　　　　　　(010) 66024766，63372837 (传真)
读者服务部　　(010) 66070833，62568380
邮编　　100071
经销　　新华书店
印刷　　保利达印务有限公司
尺寸　　169毫米×239毫米
印张　　19.25
字数　　255千
版次　　2024年12月第1版
印次　　2024年12月第1次印刷
定价　　69.00元
ISBN 978-7-5220-2572-8

如出现印装错误本社负责调换　联系电话 (010) 63263947

序　言

　　数字化浪潮席卷全球，商业银行是"踏浪者"，更是"逐浪者"。伴随数字科技深度应用，金融服务向着更广泛、更高效、更普惠的领域发展。近年来，在此背景下，我国商业银行正主动把握机遇，深耕数字化转型，这不仅是适应时代发展的必然选择，更是提升服务质效、增强竞争力的重要途径。本书以"察势、剖析、明道、典型、观远"五个篇目，系统阐述数字经济背景下，银行业数字化转型的重要性、发展趋势以及核心路径，以助力提升金融对实体经济的服务质效，推动金融向数字化、智能化、敏捷化高质量发展。

　　数字金融作为金融与数字技术融合创新的新兴领域，是金融强国建设的核心构成，也是践行中国特色金融政治性、人民性的重要抓手。近年来，我国政府出台了一系列政策，鼓励数字金融的发展，包括推动金融科技创新、加快基础设施建设、提升监管水平、推动服务升级以及打造数字化金融生态，以构建一个更加开放、包容、安全的数字金融环境，满足不同群体的金融需求，同时确保金融系统的稳定性和可持续性。从作用机理看，数字金融通过利用海量数据和数字技术，解决传统金融中的信息不对称和信息壁垒问题，推动新产业新业态新模式的发展，对提升金融普惠性、增强市场竞争力和业务韧性形成重要支撑。

　　银行业作为实施数字金融的重要主体之一，其数字化转型呈现出与新质生产力紧密融合的趋势。纵观全球范围，商业银行数字化转型的步伐均不断加快，从美国第一资本金融公司（Capital One）的创新实践，到国内外知名银行的技术布局和产品结构调整，数字化转型已成为银行业发展的必由之路。特别是进入Bank4.0时代，银行业服务已经实现了线上化、移动化，场景金融融入互联网生态，客户可以在不直接接触银行的情况下享受服务。这一转型不仅改变了银行服务的形态，也对银行的商业模式、盈利模式和营销模式提出了新的要求。

然而商业银行数字化发展并非一路坦途，进一步纵深推进仍面临诸多挑战。首先，国内外经济形势错综复杂、愈加多变，银行业市场环境的VUCA（Volatility不稳定、Uncertainty不确定、Complexity复杂、Ambiguity模糊）特性愈加明显，主要体现在：竞争环境日趋激烈，大数据应用提升了监管要求，互联网公司跨界竞争削弱银行地位，大型银行优势挤压中小银行生存空间。其次，银行数字化转型意识与能力不足，尤其是中小银行在组织架构、数据治理等方面存在障碍。再次，金融科技应用能力弱，数字基础设施投入不足，研发效率不高。最后，组织保障难以到位，传统组织架构难以适应数字化时代的敏捷反应和快速决策，高层认识不统一，业务条线利益分配不一致，投入见效慢等问题进一步加剧了转型阻力。

为应对上述挑战，商业银行需要结合当前的市场发展特点及趋势，瞄准转型方向，从顶层设计、战略规划入手，多维度、体系化地推进数字化升级。在转型过程中，始终以客户为中心，以敏捷的数据流通力、技术支撑力、业务创新力、管理变革力"四大能力"为支撑，通过打造全面数据要素流通能力和支撑商业银行敏捷创新与高效发展的技术能力要素，赋能商业银行业务创新与可持续发展，同时以组织转型、人才支撑、财务保障、机制保障等管理手段的变革，推动生产力变革和生产关系重塑，从而打造开放化、智能化的新型银行。

恒丰银行作为数字化敏捷银行的实践者，经历了"树愿景、打根基、探模式、勤优化"的转型历程，探索出有特色的商业银行数字化实践路径。在转型过程中，始终秉持"建设一流数字化敏捷银行"的战略愿景，推动生产力提升及敏捷组织转型，以期满足客户需求和提效降本。通过上线恒心系统并采用"固化、活化、优化"三步走激活系统潜能，进一步打造"数芯"工程，稳扎稳打，全面提升全行知数、管数、用数能力，为恒丰银行的服务创新、客户价值、业务韧性、智能风控、成果量化、人才培养等提供了全面支撑。

着眼未来，数字化敏捷银行并非银行进行数字化转型的终点，而是支持其未来数字创新迭代的长远愿景的新起点，"持续深耕"将是商业银行发展数字金融的新常态。商业银行需在全行范围推行金融服务场景化、业务数智化、数字风控精准化及生态协同融合化，进一步助力推进金融数字化进程，支撑千行百业高质量发展。同时，数字金融的发展建设，需要更多秉持"建设一流数字化敏捷银行"愿景的银行业参与者，携手共同推动银行业履行经济发展使命，支持产业提质升级，服务中国经济和社会高质量发展。

感谢恒丰银行首席信息官徐彤、首席财务官杨立斌对本书的逻辑框架和主要观点提供的宝贵建议，感谢缪海斌同志对章节结构和内容布局的建议，同时感谢数字银行研究院和博士后工作站的同事们，谭云霞、苏晓曼、罗璇、齐美杰、路文成、安晓庆、李忠太等同志协助提供数据资料，参与研讨交流。受研究水平所限，本书可能存在诸多不足，敬请各位专家学者、业界同仁和热心读者不吝指正。

目　录

第 3 章　商业银行在数字金融时代面临的关键挑战

第二篇　剖析

第4章　面对挑战海内、外银行发展经验

第三篇　明道

第 5 章　数字金融时代新银行的行动策略

第 6 章　数字金融时代新银行业务高质量发展

第四篇　典型

第 7 章　数字金融时代恒丰银行转型规划及实践

第 8 章　数字金融时代恒丰银行转型典型案例

第五篇　观远

第 9 章　未来趋势展望——观远

数字金融时代
新银行

数字金融时代已来

第一篇

察 势

第 1 章
数字金融时代已来

1.1 数字金融的概念内涵

　　随着信息技术或数字技术与金融业务的融合创新程度不断加深，数字金融的概念演变经历了三个阶段，实现了从"互联网金融"到"金融科技"，再到"数字金融"的转变。数字金融是指利用数字技术和数据要素，对传统金融业务进行创新和升级，实现金融服务的数字化、智能化和普惠化。数字金融的发展有助于为新质生产力发展打造坚实基础，提升金融服务实体经济质效，加快建设金融强国。

1.1.1 数字金融概念的历史沿革

　　2019年10月24日，习近平总书记在中共中央政治局就区块链技术发展现状和趋势进行第十八次集体学习时指出，"区块链技术应用已延伸到数字金融、物联网、智能制造、供应链管理、数字资产交易等多个领域"，要求"推动区块链和实体经济深度融合，解决中小企业贷款融资难、银行风控难、部门监管难等问题"。这是中央高层第一次使用了"数字金融"概念。数字金融概念的历史沿革可以追溯至近年来金融行业与数字技术的深度融合。随着信息技术的迅猛发展和金融创新的不断推进，数字金融逐渐崭露头角，成为金融行业的重要发展方向。

　　在初始阶段，数字金融主要以金融数字化或金融数字化转型的形式出现，被视为金融科技的一种表现形式。这一时期，金融行业开始尝试运用互联网、大数据、云计算等现代信息技术手段，推动金融业务的电子化、网络化和智能化。同时，金融科技企业的兴起也为数字金融的发展注入了新的活力。

随着数字技术的不断成熟和应用领域的扩展，数字金融的概念逐渐得到了更加深入的理解和拓展。在这一阶段，数字金融被视为数字经济的重要组成部分，强调数字金融与实体经济的深度融合。政策层面也开始关注数字金融的发展，并出台了一系列相关政策措施，以推动数字金融的规范与创新发展。

近年来，数字金融的地位进一步提升，上升为国家战略的一部分。在产业数字金融兴起的背景下，数字金融逐渐从消费端客户拓展到企业端市场，为实体经济提供了更为全面和深入的金融支持。金融机构积极发展产业数字金融，打造数字化金融服务平台，加强场景聚合和生态对接，以更好地满足实体经济的融资需求。中央金融工作会议把数字金融作为五篇大文章之一，体现出中央层面对数字金融的高度重视。数字金融成为数字中国建设和发展数字经济的重要组成部分，对于提升金融服务实体经济质效、加快建设金融强国具有重要意义。

1.1.2　数字金融的内涵

数字金融兼具金融和数字化的属性，通过数字技术优化金融服务流程。其以数据为关键要素、以数字技术融合应用为关键动力，推动金融产品和服务的创新，最终将发展为与数字经济相匹配的金融形态。

从构成要素看，数字金融主要包括技术基础、服务领域、参与主体、数据要素和监管环境等多个方面。这些要素共同构成了数字金融的基本框架和发展动力，推动了数字金融的快速发展和创新。大数据、云计算、人工智能和区块链等前沿技术为数字金融提供了强大的支撑，使金融服务能够更高效、便捷和智能化的运行。数字金融的服务领域广泛，涵盖了支付清算、借贷融资、财富管理、零售银行、保险、交易结算等金融领域，全面满足各类金融需求，为实体经济提供全方位的金融支持。数字金融的参与主体多样化，包括传统金融机构、数字平台企业、金融科技公司等新兴市场主体，共同推动了数字金融的创新与发展。数据是数字金融的核心要素，通过收集、分析和运用各类数据，金融机构能够更精准地评估风险、优化产品设计、提升服务效率，并开辟更多创新的可能性。数字金融的发展离不开良好的监管环境，完善法律法规能规范数字金融市场的秩序，保护消费者的权益，同时鼓励创新、促进金融科技的健康发展。

从发展路径看，数字金融可以从技术创新、模式创新和市场拓展三个方面来理解。技术创新是数字金融发展的基石，随着数字技术的不断进步，金融服务的智能化、自动化水平不断提高，金融业务的处理效率和客户体验得到显著提升。模式创新是数字金融发展的重要驱动力，金融机构通过探索新的业务模式和服务方式，打破传统金融服务的局限，为实体经济提供更多元化、更高效的金融支持。市场拓展则是数字金融发展的必然趋势，随着数字经济的快速发展，数字金融将逐渐渗透到各个行业领域，为更广泛的客户群体提供便捷、安全的金融服务。数字金融的发展路径是一个多维度、多层面的演进过程，技术创新、模式创新和市场拓展相互交织、相互促进，共同推动着数字金融不断向前发展。

从宏观效应看，数字金融通过优化资源配置、提高金融普惠性和降低金融风险、提升全要素生产率等方面促进经济高质量发展。数字金融通过提高金融服务的覆盖率和效率，促进了实体经济的发展和产业升级。利用大数据和智能算法等技术手段，能够更准确地评估风险和定价资产，优化金融资源的配置效率。此外，数字金融的发展还推动了金融普惠性的提升，使更多的人群能够享受到便捷、高效的金融服务。通过技术手段，加强对风险的监测和预警，有助于降低金融风险的发生概率和影响程度。数字金融的发展有助于提升供给体系质量，优化产业分工结构，提高资源配置效率，并通过影响经济规模、生产效率、技术创新等方面显著提升全要素生产率，促进经济高质量发展。

从最终结果看，数字金融是一种新质生产力的具体体现。一方面，数字金融的核心特征与新质生产力高度契合。数字金融最终将表现为一个更加智能、高效、普惠的金融服务体系，实现金融业务的智能化处理和自动化运营，与新质生产力高科技、高效能、高质量的特征契合；数字金融孕育了大量新兴产业和创新型企业，与新质生产力的载体是新产业不谋而合；数字金融促进传统产业高效绿色转型升级，与新质生产力高质量发展目标高度一致；数字金融具有较强的规模收益递增特性，与新质生产力内在的高效能、低消耗要求高度匹配。另一方面，数字金融已经成为推动新质生产力发展的重要引擎。数据要素的积累与优化，夯实了新质生产力新要素的支撑；数字技术的创新与应用，推动了新质生产力新技术的发展；数字技术与实体产业的融合发展，加快了新质生产力新产业新业态的形成；数字化变革赋能，优化了新质生产力的发展环境。

1.2 数字金融的政策方向

数字金融是推动经济发展的重要驱动力，是当前大国比拼实力的关键领域。我国十分重视数字金融发展，积极出台引导鼓励数字金融快速发展的政策，为数字金融营造宽松包容的发展环境。我国数字金融政策从推进金融科技创新、加快基础设施建设、提升监管水平、推动服务数字化升级以及打造数字化金融生态五方面入手，为数字金融的全面发展提供了有力的政策保障和行动指南。

表1-1 我国数字金融相关政策

时间	发布机构	政策名称	主要内容
2019年8月	中国人民银行	《金融科技（FinTech）发展规划（2019—2021年）》	提出到2021年，建立健全我国金融科技发展的"四梁八柱"，进一步增强金融业科技应用能力，实现金融与科技深度融合、协调发展。
2021年4月	商务部	《上海市服务业扩大开放综合试点总体方案》	支持开展数字人民币试点，建设国家级金融科技发展研究中心。依托陆家嘴金融城和张江科学城，推动金融科技应用示范和核心技术创新。
2021年11月	工业和信息化部	《"十四五"大数据产业发展规划》	要建立数据价值体系，提升要素配置作用，加快数据要素化，培育数据驱动的产融合作、协同创新等新模式，推动要素数据化，促进数据驱动的传统生产要素合理配置。

续表

时间	发布机构	政策名称	主要内容
2022年1月	中国人民银行	《金融科技发展规划（2022—2025年）》	推动我国金融科技从"立柱架梁"全面迈入"积厚成势"新阶段，力争到2025年实现整体水平与核心竞争力跨越式提升。
2022年1月	国务院	《"十四五"数字经济发展规划》	明确到2025年，实现数据要素市场体系初步建立、产业数字化转型迈上新台阶、数字产业化水平显著提升、数字化公共服务更加普惠均等、数字经济治理体系更加完善等五大目标。全面加快商贸、物流、金融等服务业数字化转型。
2022年1月	原中国银保监会	《关于银行业保险业数字化转型的指导意见》	深化金融供给侧结构性改革，以数字化转型推动银行业和保险业高质量发展，构建适应现代经济发展的数字金融新格局，不断提高金融服务实体经济的能力和水平，有效防范化解金融风险。
2022年2月	中国人民银行市场监管总局原银保监会证监会	《金融标准化"十四五"发展规划》	稳步推进金融科技标准建设，系统完善金融数据要素标准，健全金融信息基础设施标准，强化金融网络安全标准防护，推进金融业信息化核心技术安全可控标准建设。
2022年12月	中共中央国务院	《关于构建数据基础制度更好发挥数据要素作用的意见》（数据二十条）	提出构建数据产权、流通交易、收益分配、安全治理等制度，共计20条政策措施，初步形成我国数据基础制度的"四梁八柱"。
2023年2月	中共中央国务院	《数字中国建设整体布局规划》	推进数字技术与经济、政治、文化、社会、生态文明建设"五位一体"深度融合，推动数字技术和实体经济深度融合，在农业、工业、金融、教育、医疗、交通、能源等重点领域，加快数字技术创新应用。
2023年7月	中国人民银行	《银行业普惠金融业务数字化模式规范》	规定了银行业金融机构通过数字化模式开展以经营类信贷业务为核心的普惠金融业务规范，具体内容包括普惠金融业务数字化模式实施的关键举措、数据管理、场景生态建设、客户服务、风险管控、系统支持、客户权益保护等。

续表

时间	发布机构	政策名称	主要内容
2023年10月		中央金融工作会议	明确提出，做好科技金融、绿色金融、普惠金融、养老金融、数字金融五篇大文章。
2023年12月	国家数据局等17个部门	《"数据要素×"三年行动计划（2024—2026年）》	重点关注数据应用场景、数据资源供给和数据流通环境，结合十二项"数据要素×"任务，明确发挥数据要素价值的典型场景，推动激活数据要素潜能。
2023年12月	国务院	《关于加快内外贸一体化发展的若干措施》	鼓励金融机构依托存货、仓单等提供金融产品和服务，规范发展供应链金融。
2023年12月	商务部等12部门	《关于加快生活服务数字化赋能的指导意见》	提出强化数字化金融支撑。鼓励金融机构在依法合规、风险可控的前提下，运用数字化技术优化信贷流程和信用评价模型，加大供应链金融支持力度，改进产品服务，提高金融服务可获得性。
2024年3月		政府工作报告	提出大力发展科技金融、绿色金融、普惠金融、养老金融、数字金融。
2024年5月	国家金融监督管理总局	《关于银行业保险业做好金融"五篇大文章"的指导意见》	提出未来5年，银行业保险业多层次、广覆盖、多样化、可持续的"五篇大文章"服务体系基本形成，相关工作机制更加完善、产品更加丰富，服务可得性、覆盖面、满意度大幅提升，有力推动新质生产力发展。相关监管制度和配套机制进一步健全，评价体系更加健全有效，政策协同性不断增强。

第一，推进金融科技创新是数字金融发展的核心动力。近年来，中国人民银行先后印发的《金融科技（FinTech）发展规划（2019—2021年）》和《金融科技发展规划（2022—2025年）》等文件，为金融科技发展提供了顶层设计和统筹规划。政策鼓励金融机构充分利用人工智能、大数据、云计算、物联网等先进信息技术与金融进行全面融合，不断优化和创新金融产品，降低资金融通成本，实现金融服务的精准化和高效化。

第二，加快数字金融基础设施建设是支撑数字金融发展的重要基石。这包括完善数字基础设施建设和构建数据要素市场两个方面。政策强调要推进5G网络、千兆光网等新型基础设施建设，打造绿色高可用数据中心，优化算力基础设施布局。同时，通过制定和实施一系列数据要素市场的相关政策，如《"十四五"大数据产业发展规划》等，旨在畅通数据资源大循环，建立健全数据产权、流通交易、收益分配等制度，充分释放数据要素的潜能。

第三，提升金融科技监管水平是保障数字金融健康发展的重要环节。政策强调要在推进金融科技创新的同时，加强数字化监管能力建设，利用先进技术对数字金融运行状况进行实时监测，构建金融与科技风险之间的防火墙。同时，通过完善法律法规和技术标准体系，明确金融科技创新的边界，从源头上防范潜在风险。

第四，推动金融服务数字化升级是提升金融服务质量和效率的关键举措。政策鼓励金融机构通过线上、线下相结合的方式，打破地域和群体之间的数字鸿沟，提供更加普惠、绿色、人性化的数字金融服务。这包括利用数字技术拓宽服务渠道、丰富服务场景、打造个性化金融产品等，以满足实体经济发展和人民日益增长的美好生活需要。

第五，打造数字化金融生态是推动数字金融持续健康发展的长远之计。政策强调要加强与国家重点产业和战略性新兴产业的生态对接和场景聚合，打造数字化产业金融服务平台。同时，通过开放银行等方式，与政府、企业、高校等各方进行跨界合作，推进金融服务场景化建设，实现数字金融服务与日常生活的深度融合。

1.3 数字金融时代的发展成果

　　放眼全球，新一轮科技革命和产业变革正迅速展开，数字技术创新活跃，数字化转型深入经济社会各领域传统产业，并推动生产方式变化发展，促使数字经济成为重组全球要素资源、重塑全球经济结构、改变全球竞争格局的关键力量。世界各主要国家纷纷着力发展数字经济，意图占领未来经济、技术的新高地。立足国内，近十年间，我国积极进行数字经济发展战略部署，从国家顶层设计层面大力推动其快速发展，使国内数字经济规模取得了连续多年位居世界第二的瞩目成就。数字金融作为推动数字经济高质量发展的重要动能，承担着助力变革、深化服务、支持数字经济与实体经济融合发展的使命任务。数字金融是金融与数字技术深度融合的产物，指引着金融创新和金融科技的发展趋势。2021年以来，我国数字金融呈现融合化、场景化、智能化、绿色化、规范化发展特点。以加快推进金融机构数字化转型为主线，数字支付模式不断成熟，数字人民币试点实现规模与领域双突破，产业数字金融成为重要方向，打造数字金融服务平台，加强场景聚合、生态对接，消费金融总体沿着更加提质增效、健康有序的方向发展，为数字经济发展提供多元化支撑，为新质生产力培育提供土壤与载体。

1.3.1 中国数字经济发展及全球定位

（1）数字经济发展迈上新台阶

2022年中国数字经济规模首次突破50万亿元，同比名义增长10.3%，高于同期GDP名义增速。如图1-1所示，除2020年、2022年受新冠疫情影响外，其余年份增长率保持在15%以上；在2020年国民经济增速大幅下滑的背景下，其增长率仍有9.7%的较高水平。这表明数字经济正在快速增长，其产业活力较强、市场预期向好，正成为带动国民经济发展的重要推动力。

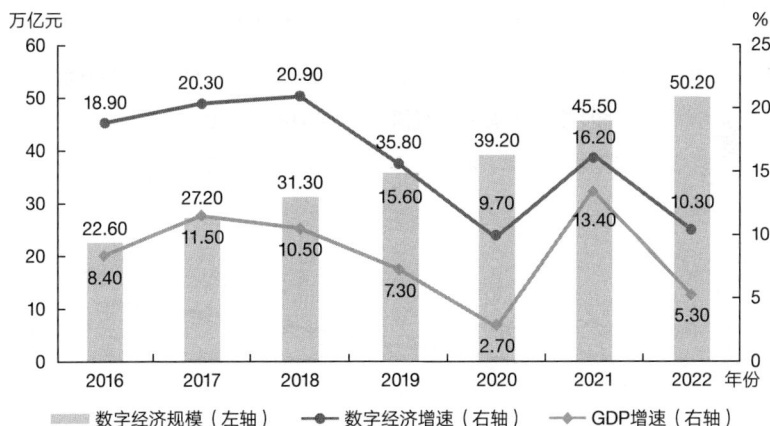

图1-1 我国数字经济规模、数字经济增速和GDP增速

（数据来源：Wind和中国信息通信研究院）

（2）数字经济在国民经济中的地位稳步提升

从整体上看，2017—2022年，我国数字经济占GDP比重持续攀升，从32.7%增长至41.5%，显示出数字经济在国民经济中的重要支柱地位。从构成上看，产业数字化占GDP比重的走势与数字经济基本一致；而数字产业化占GDP比重在近六年无明显变化。表明产业数字化是数字经济发展的重要驱动力，通过数字技术的深度融合和应用，传统产业得以转型升级，提高了生产效率和创新能力，促进了新业态和新模式的发展。但数字产业化所蕴含的隐性价值不容忽视，其高质量发展是产业数字化的技术支撑。

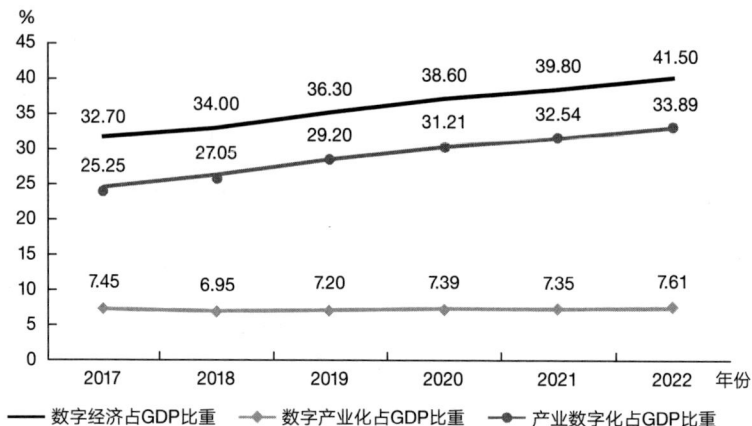

图1-2　我国数字经济及其结构占GDP比重

（数据来源：Wind和中国信息通信研究院）

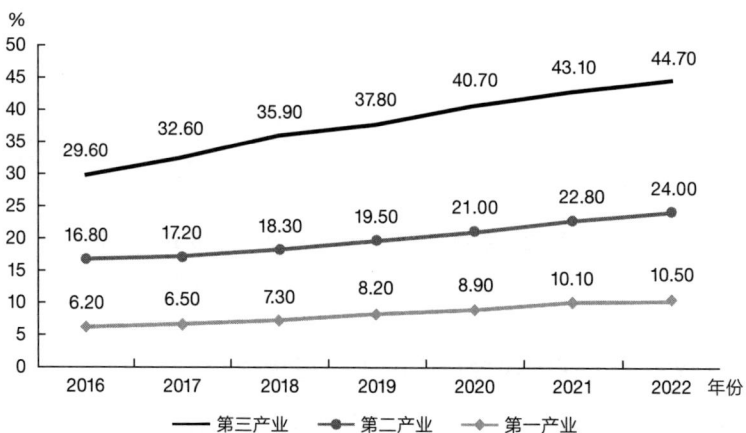

图1-3　我国数字经济在一二三产业中的渗透率

（数据来源：Wind和中国信息通信研究院）

（3）数字经济在一二三产业中持续渗透但渗透程度存在差异

如图1-3所示，2016年以来，我国数字经济在一二三产业中的渗透率皆呈上升态势，表明数字技术在各个产业领域的应用逐渐广泛、融合深度不断增强。受行业属性等因素影响，数字技术在传统产业的应用率先在第三产业爆发、数字化效果最显著，在第二产业的应用效果尚未完全展现，在第一产业的应用上面临着土地资源等因素的制约。此外，我国数字经济在第一、第二产业的渗透率皆与第三产业有不小差距，这可能是因为服务业更容易通过互联网和移动技术提供服务，而农业和工业则面临着更多的技术挑战和基础设施需求。

（4）数字经济规模排名全球第2位

据《全球数字经济白皮书（2023年）》，2022年，美国、中国、德国、日本和韩国5个世界主要国家的数字经济总量为31万亿美元，占GDP比重为58%。其中，2016—2022年，美国、中国数字经济持续快速增长，规模分别增加6.5万亿美元、4.1万亿美元；中国数字经济年均复合增长14.2%，是同期美、中、德、日、韩5国数字经济总体年均复合增速的1.6倍。德国产业数字化占数字经济比重连续多年高于美、中、日、韩4国，2022年达到92.1%。从全球数字经济发展指数（TIMG指数）看，中国在数字市场和数字基础设施上在全球范围内具有明显的领先优势，分别排名全球第2位和第3位；然而，与美国、新加坡等国相比，中国在数字技术和数字治理方面存在较大不足，排名分别为第15位和第41位。

1.3.2 加大金融科技投入筑牢新质生产力发展底座

新质生产力本质是科技创新驱动，是生产要素的高效配置与流通，而后引起各类新产业的崛起壮大。那么对于金融机构而言，在对外赋能新质生产力的同时，对内也应是新质生产力的样本，在发展数字金融过程中锻造强大的金融新质生产力。随着前沿技术的迭代升级、金融机构数字化转型进程的推进，在国产化替代浪潮下，国内金融机构对于金融科技的投入规模逐年递增，2022年已达到3358.8

亿元,《2024年中国金融科技(FinTech)行业发展洞察报告》显示,国内金融科技市场规模将于2027年以约12%的复合增长率超过5800亿元。

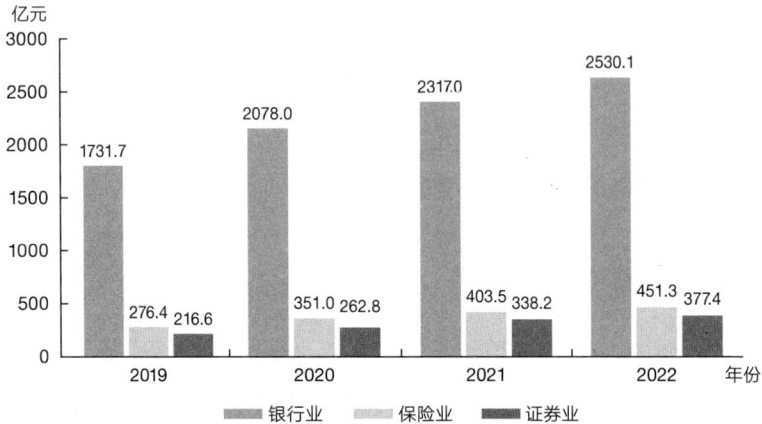

图1-4 我国金融机构科技投入情况

(数据来源:《2024年中国金融科技(FinTech)行业发展洞察报告》)

银行业率先启动了数字化转型和科技应用,其在金融科技基础设施和资金上的投入显著高于其他金融机构(见图1-4)。2019年,国内银行业的金融科技总投入突破1700亿元。随着头部国有大行国产化建设的推进,市场对于国产核心系统的需求将进一步提升。此外,以AI数字人、金融大模型为代表的前沿技术在精准营销、智能风控等多个金融场景的灵活应用,让国内银行业认识到了新技术与银行业务的高度适配。保险业的核心业务与金融科技高度匹配,已在自动化数据录入、智能核保和理赔流程等方面取得显著成就,并在2021年实现了超过400亿元的科技投入。国内证券业的科技投入在2020年和2021年快速提升,随后趋于稳定;在三类金融机构中投入最低,2022年,证券业金融科技投入仅为银行业的15%。

1.3.3　数字金融提供新质生产力发展动能

随着移动互联网、人工智能、5G、云计算和大数据等深度应用与普及，金融行业正在经历数字化和智能化的革新。从互联网金融到金融科技，再到数字金融，金融数字化转型加快，金融科技全面赋能金融业务。数字金融作为数字经济的关键支柱，不仅在数字化应用领域占据领先地位，还构成了数字经济的现代基础设施，是推动新质生产力发展的核心力量和基础支撑。

一方面，数字技术创新增强了数字金融普惠"降本"能力，更好地匹配新质生产力的资金需求。数字金融是数字技术与金融服务深度融合形成的金融新业态，不仅拓展了金融服务的广度，还提高了金融服务的深度。移动互联网、移动终端的普及以及金融科技软件的开发，拓宽了直接融资渠道，数字金融服务的覆盖范围拓展，"长尾"中小微企业能够通过网络平台实现便捷融资，即数字金融直接降低了资金供需双方搜寻、匹配成本，进而降低了企业的融资成本，能够更好地满足新质生产力发展的资金需求。

另一方面，数字金融促进新质生产力的"数据价值"效应将释放。信息不对称、信息壁垒是困扰传统金融的重要因素，难以掌控融资对象的信用、追踪与识别成本较高、风控流程长等造成中小微企业融资较为困难。"十四五"规划提出"充分发挥海量数据和丰富应用场景优势，促进数字技术与实体经济深度融合，赋能传统产业转型升级，催生新产业新业态新模式，壮大经济发展新引擎"。通过实施上云赋智用数，以"云"协同实现数据共享，打通金融机构与融资主体之间的信息壁垒，能够更好地完善数字金融服务。数据价值释放关键在于信用的资产化，尤其是对于企业而言如何将自身信用转换为数字资产，并将其价值最大化，是其转型升级的关键驱动力之一。对于金融机构而言，数字信用资产能够有效优化其资金配置，引导其支持"高新绿"

企业，进而促进新质生产力发展。

1.3.4 产业数字金融释放新质生产力发展潜能

经济是肌体，金融是血脉，在数字经济的大背景下，金融业积极开启自身数字化创新转型之路。产业数字金融即在传统产业金融领域的数字化转型实践。产业金融在我国是以银行业为代表的传统金融机构，专注于服务B端产业链企业的重要金融服务形式。我们把产业金融发展之路分为三个阶段，即以银行对公业务为代表的产业金融1.0阶段；以供应链金融为代表的产业金融2.0阶段；以产业数字金融为代表的全新的产业金融3.0阶段。无论是在1.0阶段还是2.0阶段，传统产业金融服务都面临严重的信息不对称痛点，缺乏技术手段赋能，金融机构对产业链情况难以掌握，对待融资资产真实背景和潜在风险难以穿透，对民营、中小企业主体信用不信任，根本原因在于产业链上物流、信息流、商流和资金流信息不对称，以及资产难穿透、数据难验真、难实时掌握。信息不对称导致了金融服务的风险成本升高。

产业数字金融通过数字技术的集成创新应用，针对不同产业链供应链特点，构建数字化的闭环交易场景，收集和分析"四流"数据，对交易项下的各类权益进行动态监控，确保交易关系和底层资产的真实性，揭示交易信用，形成包括"主体信用+交易信用"、更完备的风控体系，实现对产业链上企业资产（特别是中小企业资产）和交易背景的看得清、摸得透、信得过、管得住，使金融机构"以数为媒""走进产业链看产业链"，有效地节省资金成本、风险成本、运营成本，从而系统性地解决了中小企业融资难、融资贵问题，提升产业端金融供给的充分性、均衡性，进而不断促进新质生产力发展潜能释放。

第 2 章
数字金融时代
新银行的发展趋势

随着科技的蓬勃发展，银行业的形态已经发生了巨大的变化，并由此形成了"Bank X.0"时代的概念。由远及近，银行业大概经历了以下四个阶段：首先是以线下人工记账为特色的Bank 1.0阶段，在此阶段银行高度依赖线下物理网点及工作人员；随着科技的进步，以ATM为代表的银行业电子化进程正式起步，并由此进入Bank 2.0时代；智能手机和移动互联网的兴起标志着Bank 3.0时代的来临，在这一阶段，银行业服务已基本摆脱了传统物理网点的限制，迈向线上化、移动化服务；随着数字技术的进一步发展，银行业逐步进入Bank4.0时代，这一阶段的特点为场景金融被融入互联网生态，客户并不需要直接接触银行，即可获得各种银行服务。面对数字技术的高速发展，数字金融时代里我国银行业纷纷进行转型，并已形成了以国有大行为引领，股份制银行为主力军，城商行奋力追赶的新银行转型格局。

2.1　商业银行的数字化进程

数百年来，银行业从无到有，从弱到强，逐渐成为人类社会经济体系运行的枢纽。作为经营风险的银行，是天然的风险厌恶者和坚定的"保守派"，银行的业务形态发生巨大转变，也不过是近几十年来的事情。随着科技的蓬勃发展，多种内外部因素共同推动了银行业的转型与进化，只不过外部因素的作用逐渐从初始时的"推动"演化变成了"倒逼"改革，并由此形成了"Bank X.0"时代的概念。

2.1.1　手工线下时代（Bank 1.0时代，1472—1980年）

"Bank"一词来源于意大利语的"Banca"，在意大利语言中"Banca"的本意是"长凳"，那时的银行家们也被戏称为"坐在长凳上的人"。最初的银行家们主要由居住在意大利北部的犹太人组成，从事兑换、保管贵重物品和汇兑等业务，在市场之中，每个人各据一凳，据以经营货币兑换业务。1472年，成立于意大利的西雅那银行（Banca MPS）被誉为世界上第一家现代银行，这家银行的成立也标志着Bank 1.0时代的开启。所谓的Bank 1.0，是指仅通过实体网点为客户服务，开展各种业务，主要为客户提供存取款和贷款等基础的金融服务。

这一阶段是现代银行体系的最初形态，银行高度依赖线下的物理网点及网点的工作人员，各种交易业务完全依赖人工手动完成，银行可以提供的产品和服务都很单一，除基本业务以外，并不存在其他功能性服务，此时的银行体系整体运营效率低下，其服务手段和服务理念都不能完全满足客户的需求，运营的焦点集中在物理网点中能够提供的服务，网点之外的服务和大量需求被忽视。

手工处理时最大的难题就是点多面大、效率极低，每个网点之间是彼此孤立的，信息的沟通成本巨大。随着银行内部多网点之间及不同银行之间的资金流动日益频繁，为了避免差错，每个网点都需要设立对账岗位进行信息复核，造成人员的过度冗杂。随着时代的发展，这一现代银行业的初始形态持续了数百年，在此过程中虽然实体网点的业务形态经过了多轮的改革进步，例如从传统的交易型实体网点向服务营销型实体网点的演进，但是以物理网点为基础的形态没有发生质的改变，无法满足实体网点之外的需求和服务。

Bank 1.0时代的持续时间之长，远比我们大多数人想象中的时间要久。2018年7月，中国农业银行西藏自治区分行全面实现电子化联网运行，彻底结束了中国最后一批手工作业银行网点，标志着中国银行业渡过Bank 1.0时代，全面迈进电子化时代。

2.1.2 ATM时代（Bank 2.0时代，1980—2007年）

Bank 2.0时代和Bank 1.0时代的核心差异是随着科技的进步，银行的运营模式从手工转变到电子化，以ATM自助设备为依托，7×24小时全天候办理简单交易。Bank 2.0时代的开端得益于计算机的商业化应用。从20世纪50年代开始，美国银行为了应对大量的支票处理需求，历时十年开发出了电子记录机会计系统（ERMA），该系统的投入使用可以每年为美国银行处理7.5亿张支票，凭借此系统，美国银行成为世界上首家能够提供与用户的银行账号相关联信用卡的银行，其利润率也远超同期其他竞争对手，并于1970年一跃成为世界上最大的银行。

1964年4月7日，美国的IBM公司正式推出其全新产品——IBM System/

360（S/360），该大型机系统的问世标志着世界上的电脑拥有了一种共同的交互方式，《福布斯》杂志也曾将IBM System/360列为"改变我们生活方式的85件发明"之一。伴随着IBM System/360的诞生，银行这一古老行业的真正信息化进程也正式拉开序幕。而到了1980年，ATM（自动取款机）这一更为高级的电子系统开始逐渐在世界范围内普及，自助服务的大面积开展标志着银行正式进入到Bank 2.0时代。客户只要找到物理网点之外的ATM机，就可以在任何时间，自助完成简单的交易需求，摆脱了传统物理网点的服务时间限制，同时通过电子化作业减少了大量的人力成本消耗。ATM的大范围使用作为物理网点的一种延伸服务手段，虽然没有改变以物理网点为核心的银行运营体系，但是其背后的电子技术和远程技术力量，对银行的运营体系和经营逻辑产生了深远的影响。随着科技的进一步发展和IT技术的广泛应用，1995年全球第一家网上银行（美国安全第一网络银行，SFNB）正式对外开业，该银行完全摒弃了传统的物理网点的概念，没有任何分行，采取典型的纯网络银行运营模式，并一度成为美国第六大银行，但后来随着互联网泡沫的破灭，加上本身的经营问题，其在1998年被加拿大皇家银行兼并。

中国银行业的电子信息化进程正式起步于20世纪80年代，此时中国改革开放的大幕徐徐开启，社会主义市场经济蓬勃发展，银行业也迎来了改革开放的春风。1979年，国务院批准引进国外计算机进行试点，人民银行启动银行保险系统项目，IBM System/360系统开始走入中国，中国银行的电子化进程逐步开启。1987年至1988年间，工商银行和中国银行几乎同步开始将符合中国国情的IBM SAFEII系统上线应用，建设银行也在随后的两年间上线SAFE系统。1988年，中国银行深圳分行推出ATM及第一张可在自动柜员机使用的银行卡，这是国内第一台联网的自动柜员机，也象征着一个新金融时代的开始。SAFEII系统的应用改变了中国银行业手工记账的面貌，也开启了信息科技不断发展之路，各家银行凭借科技的力量开始大规模的扩张。

　　虽然Bank 2.0时代意味着银行业进入电子化时代，摆脱了手工记账的落后面貌，拓展了物理网点的可能，拥有很大的便捷性，但仍具有其自身的局限性。首先，当一个客户在某个网点开立账户以后，无论他后续有没有前往开户网点办理业务，IT系统里面都会将客户匹配到首次开户的网点，标记为其开户网点的专属客户。其次，大多数的业务仍然需要客户亲自前往网点进行最终的合规确认。此外，随着技术的进步，很多基础性的业务已经逐渐可以通过电子渠道完成，无须客户亲自前往线下网点，但是当客户需要购买一些复杂的银行产品时，基于风险控制的考虑，客户仍然难以通过网上银行进行直接开户、验证和购买。此时，商业银行逐渐开展网上营销并构建电子渠道，但是并未将其视为发力的重点，电子渠道仍主要由简单的转账和支付业务为主。

2.1.3　手机银行时代（Bank 3.0时代，2007—2018年）

　　Bank 3.0是智能手机和移动互联网兴起后的产物。2007年，苹果公司推出第一代iPhone手机，该手机一经推出便风靡全球，不仅开启了一个属于智能手机的新时代，也标志着精彩异常的Bank 3.0时代的来临，在这个新时代下，用户可以选择在任何时间、任何地点，通过手机银行，享受银行服务，基本摆脱了传统物理网点的限制。移动互联网技术的发展，极大地改变了用户的消费习惯和用户行为，用户处在一个超连通的信息世界，信息的快速传递打破了传统以物理网点为基础的银行服务模式，物理网点不再是用户必须要去的地方，智能手机成为用户获取金融服务和金融资讯的重要入口，银行的商业模式也随之发生极大的变化。

　　智能手机已经成为当前人类社会最重要的工具之一，并成功融入人们社会行为中的方方面面，成为人类社会生活中必不可少的部分。有数据披露，国人手机用户平均每6.5分钟就会看一下自己的手机。智能手机已经成为当前所有媒体必须经过的第一"触媒",而以客户为生的银行业也紧随其后,在推出网上银行之后,也纷纷将业务拓展至智能手机等移动端设备,发展出"手机银行"这一全新的业务类型。伴随着时代的发展,手机银行已经从银行的一个小渠道逐渐成长为一棵参天大树,成为很多银行战略的重中之重。

手机银行的发展主要历经了短信银行、WAP银行和App银行三个阶段,其功能也从最初最简单的查询、缴费,发展到转账、理财,再到现如今的综合服务入口。短信银行的特点是门槛较低、广大群众容易接受,主要功能是查询基本信息、自助缴费和银行转账等基本功能,此外还包括股票信息查询和操作、外汇买卖等功能。在WAP银行阶段,客户通过手机浏览器访问银行网站,获取对应服务,银行基于WAP技术,依托移动通讯网络,为客户提供包含账户管理、转账汇款、缴费、支付、理财投资等自助金融服务。WAP银行业务具有便捷、功能丰富及安全可靠的特点。2007年之后,智能手机时代来临,手机从传统的通信工具转变成了综合服务工具,在网络通信技术发展的刺激下,大量的银行业务也开始了升级换代,手机银行进入到了App时代,用户体验也随之得到了巨大的提升。

2013年被称为互联网金融元年,在这一年,腾讯推出了微信红包,支付宝则推出了余额宝产品,非银行的互联网科技公司正外线超车进入传统银行业的赛道,并取得了巨大的成功。在银行尚未意识到变革已经来临的时候,移动支付市场已被微信和支付宝用一个叫"二维码"的东西抢走。移动互联时代的手机银行,没有一家银行是胜利者,但也让银行开始重新审视移动互联带来的变化。

2.1.4 开放银行时代(Bank 4.0时代,2018年至今)

Bank 4.0既不是简单的技术进步,也不是互联网技术在银行系统中的应用,而是一种基于未来消费群体的消费习惯、企业的金融需求、新的风险管理模式，降低金融成本、减少中间交易环节，客户拥有金融产品选择权的一种商业模式。Brett King指出，互联网和新技术对银行业的颠覆性冲击将分为以下四个阶段：第一个阶段的特点是网上银行的应用，客户通过银行的网银渠道办理多种业务，线下实体网点的部分功能被转移到线上。互联网技术对银行业冲击的第二个阶段是移动时代，在这个阶段之中，移动互联技术进一步发展，除了存取款服务之外，客户可以通过手机等移动端设备获取ATM上能够提供的所有服务。在冲击的第三个阶段，银行卡和现金将风光不再，取而代之的是移动支付类产品。而在互联网对银行业冲击的第四个阶段，Brett King预测所有的物理网点将会逐渐消失，银行不再指某个具体的地方，而是一种金融行为，此时的银行将无处不在，银行在虚拟世界中为客户提供全方位的服务。

互联网对银行业的四轮冲击将会导致银行的机构属性被不断削弱，甚至消亡，而银行的服务属性将延展到Google、支付宝、电信运营商、手机制造商和零售连锁业等各行各业，最后变成无处不在、无所不包。在Bank 4.0阶段，客户拥有了与银行互动中的主导权，其使用银行服务的行为方式也发生了巨大的变化，客户们不再像以往那样单独使用特定银行的特定渠道或者产品，而是通过多种渠道和方式与银行进行交互，在此过程中，如果银行的业务流程、组织架构和信息系统还不能适应客户行为的变化，无法在客户的众多生活场景中扮演亲密无间的角色，自然将不会得到客户的认同。在客户层面上，既然银行提供不了其想要的服务和体验，那么他们势必将从别的机构那里寻求替代性服务和体验，这一过程就给了众多非银行企业涉足银行业务的机会。互联网金融在中国的蓬勃发展、诸多非银行机构在全球范围内的崛起，以及各种以移动渠道为核心的新金融企业的成立，无不在证明这一观点。

Bank 4.0也被称为开放银行时代，开放银行并没有一个明确的概念，普遍认可的开放银行的特点是银行将自身金融产品通过接口开放给一众市场参与者，客户可以从各种场景和生态平台在线获得各种银行服务，在此种情形下，银行在整个服务链条的位置后置，客户并没有直接接触银行，但获得了银行的全部服务，这就是开放银行。一些海外学者将PayPal在2004年推出的PayPal API视为开放银行的先声，将花旗银行及西班牙对外银行（BBVA）等机构视为全球开放银行的典型实践者。2016年，花旗银行在全球推出了Citi开发者中心，对全球的开发者开放了包含用户账户、授权、转账、信用卡以及花旗点数等七大类的API接口，借助这些接口，全球的开发者能够方便快捷地通过"搭积木"的方式用花旗银行提供的各种API接口拼凑出想要的服务。在亚洲地区，星展银行在2017年底推出了自己的API平台，平台中有155个API接口，横跨20个业务范畴，包含转账、移动付款应用及实时付款功能。开放银行的概念也早早地进入我国，中国银行早在2012年就提出了开放平台的概念，并在随后的一年正式发布了中银开放平台，开放了1600多个接口给开发者，这些接口不仅涉及了跨国金融、代收代付，还包含了地图服务、网点查询和汇率挂牌等业务。但是尽管起步很早，中国银行的开放平台并没有得到与之相符的市场影响力。开放银行概念在中国的升温，主要还是要归功于近年来金融科技的快速发展以及各家银行的积极探索。2018年下半年，浦发银行推出了业内首个API Bank无界开放银行，通过API架构驱动，将场景金融融入互联网生态。2018年也被称为我国的开放银行元年，开放银行的概念逐渐火热，各家国有银行和股份制银行纷纷加快了探索开放银行的转型步伐。

　　开放银行在消除信息壁垒、带来更优客户体验的同时，也带来了数据信息安全问题，信息泄露问题一旦出现，势必会引起连锁反应，尤其是银行中关于客户的隐私信息。同时国内在数据共享和信息开放进程上起步较晚，缺少对应的强力监管政策，使得开放银行对国内银行的风控系统和信息安全保护系统都提出了更高的要求。

2.2 新银行的结构性发展趋势

随着数字化经济的高速发展，国家出台了一系列支持数字化转型的政策，进行数字化转型已经成为国内商业银行的共识。近年来，各家商业银行在IT技术领域投入的资金规模逐年增加，IDC数据显示，2023年中国银行业IT投资规模达到1633.98亿元人民币，较2022年增长13%，预估2027年将达到2369.98亿元人民币，年复合增长率为9.7%。

科技的发展不仅是银行业发展的必备趋势，也是提高效率进行弯道超车的必然选择。对于银行本身来说，科技能力的提升对于银行发挥自身资本优势和人力优势有着重要作用，因此，各家商业银行在金融科技领域的投入力度也在持续加大。金融科技对银行的价值主要体现在以下三个方面：一是更完备的线上服务，伴随着互联网技术的进步，客户的消费习惯和交易行为都发生了翻天覆地的变化，商业银行借助金融科技开展线上业务，借助流量+场景的方式获取客户；二是更精准的客户挖掘，通过运用大数据等技术，依托客户行为偏好、生命周期理论以及外部的征信税务等信息进行精准客户画像和智能营销，为客户提供个性化和定制化的服务；三是更有效的风险防控，商业银行可以借助金融科技，构建智能化的模型来应对欺诈、反洗钱等多类风险，对不同客户进行差异化定价及风险管控，降低信用成本。

截至2023年，年报中披露信息科技投入的17家A股上市商业银行共投入资金1846.86亿元，同比增长6.58%。从单个银行的金融科技投入资金规模来看，工行、农行、中行、建行、交行、邮储银行和招商银行处于绝对的领先地位，其余股份制银行为金融科技投入主力。六大国有银行及招商银行这7家银行的金融科技投入均超100亿元，多数银行金融科技投入规模的营业收入占比超过3%。工商银行和招商银行分别在可比同业中居于首位，其中工商银行全年投入金融科技资金272亿元，占当年营业收入的比重为3.23%，招商银行全年投入资金141亿元，科技金融投入占营业收入4.17%（见图2-1）。

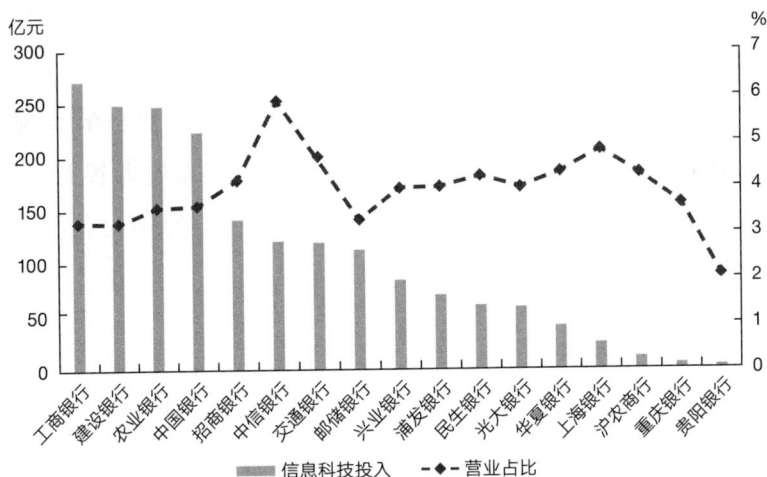

图2-1　2023年部分银行科技投入规模及营收占比

（数据来源：公司年报）

在建设金融强国的大背景下，社会对商业银行的数字化转型提出了更高的要求。同时，商业银行的数字化转型也是新质生产力发展的重要组成部分，不仅推动商业银行自身的转型发展，也为其他产业的转型升级提供重要支撑。商业银行在数字化转型过程中，会引入和应用大量的新技术，例如人工智能、区块链等，新技术的应用不仅推动金融行业的创新，提升银行业服务质量和效率，也会为其他行业提供更好的技术支撑和解决方案，促进新质生产力的形成。此外，随着新质生产力的不断涌现，新兴产业和未来产业的出现都对商业银行的金融服务提出了更高的要求。商业银行需要不断更新提高自身的数字化能力来满足这些涌现的新需求。新质生产力的发展也给金融市场带来更为激烈的竞争格局，商业银行不仅要面临传统金融业的竞争，还要直面金融科技公司带来的压力，数字化转型也成为商业银行提高自身竞争力，保持市场地位的必然选择。

2.2.1 国有大行数字化转型趋势

在金融科技投入方面，国有六大银行的资金投入规模逐年增加。2023年国有六大行的总体投入为1228.22亿元，较上年增长5.38%。从单个银行来看，工商银行在2019年至2023年间投入资金的总规模最高，为1197亿元，随后是建设银行（1116亿元）和农业银行（997亿元）。交通银行资金投入规模增速最快，从2019年的50.45亿元到2023年金融科技投入的120.27亿元，增速高达138%（见图2-2）。

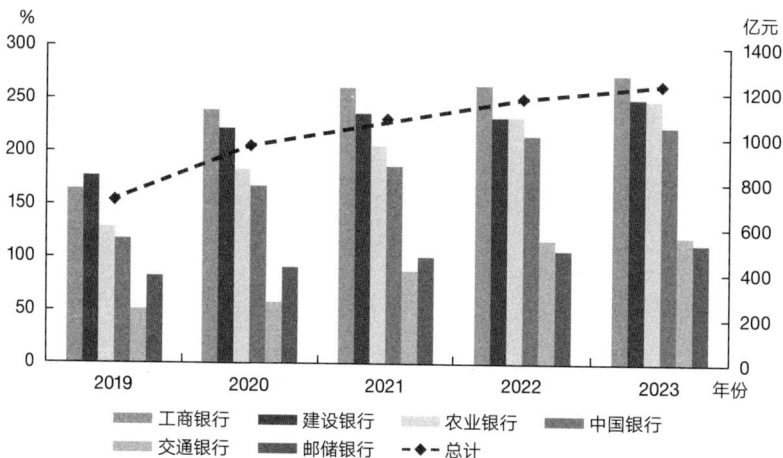

图2-2　2019年至2023年国有六大银行金融科技投入

（数据来源：公司年报）

在金融科技战略方面，工商银行坚持科技驱动、价值创造，推动"科技强行"和"数字工行"建设，并在筑牢安全生产运营底线，深化创新技术驱动能力，强化数据治理与赋能应用，提升金融服务供给能力四个方面持续完善科技创新体系；建设银行则是将持续推进业务的全面云化转型，打造"建行云"高价值品牌，将推进技术中台建设和分布式架构转型作为下一步转型方向；中国银行则将科技金融作为集团"八大金融"战略之首，致力于成为科技金融的全要素整合者、全链条创新者、全周期服务者，争做新发展阶段科技金融领军银行；农业银行则强调要加快推进新一代技术体系转型，打造面向未来的数字新基建与IT架构底座，深化金融科技的应用；交通银行将加快数字化新交行建设，坚定推动以"平台、开发、智能、企业级、重塑"为核心的金融科技发展愿景落地，将数字化思维和运营贯穿经营管理的全部过程之中；邮储银行将数字化转型作为全行重要的战略举措，规划了"123456"数字化转型战略，即坚持数字生态银行转型这一条主线，并行推进"数字化商业模式创新"和"传统银行智能化重塑"这两大轨道，实现个人金融、工商金融、资金资管这三大板块数字化改造，打造产品创新、风险防控、数据赋能和科技引领这四大数字化能力，重点突破生态、渠道、产品、运营和管理这五大领域，强化顶层设计、协同机制、敏捷组织、专家队伍、资源保障和考核激励这六大支撑。

在人才战略方面，工商银行进一步增强科技精英人才引进力度，并首次开展科技与数据人才专项社会招聘，分层开展数字化精英跨部门联合培养、科技精英人才集中培养；建设银行将金融科技人才工程列为全行首个重大人才项目，并着力推进"懂科技的管理人才""懂业务的科技人才""懂行情的市场化IT人才"三类人才队伍建设；中国银行着力打造数字化管理，行业规划和架构设计人才，数字化营销、产品、运营、风控和交易人才，数据分析和信息科技人才等10支队伍；农业银行持续打造"ABC菁穗计划"，并向优秀的科技类毕业生实施"智领计划"，加大对各类人才的吸引力度；交通银行全力推进金融科技万人计划，聚焦金融科技等重点领域，持续引进高层次领军人才；邮储银行初步完成"青年、骨干、领军"三级金融科技人才队伍建设，并建立了分行综合化金融服务团队。

在科技人员占比方面，国有六大行中金融科技人员占比逐年提升。工商银行不论是金融科技人员的总数还是占比都处于绝对领先地位。2023年，工商银行的金融科技人员为3.6万人，超过9300人为数据分析师，2019年至2023年间，金融科技人员占比逐年增加，分别为7.8%、8.1%、8.1%、8.3%及8.6%。建设银行在2023年有金融科技人员16331人，占员工总人数的4.33%，2019年、2020年、2021年及2022年间金融科技人员占比分别为2.75%、3.51%、4.03%及4.20%；国有六大银行中邮储银行的金融科技员工人数最少，2023年为5061人，占全行总员工的比例为3.58%，较2019年科技人员占比提高2.05个百分点。

2.2.2 股份制银行数字化转型趋势

股份制商业银行是银行业数字化转型的主力军，2023年国内股份制商业银行（浙商银行未披露）在金融科技方面共投入资金701.28亿元，较2020年增长42.11%（见图2-3）。其中，招商银行在金融科技上的投入连续多年居股份制银行第1位，其在2023年投入141.26亿元，较2020年增长18.59%。虽然从资金投入的绝对规模来看，股份制银行的数字化转型远远落后于国有大行，但从金融科技投入在营业收入中的占比来看，股份制银行进行数字化转型的动机十分强烈，2023年股份制银行（浙商银行未披露）金融科技投入占营业收入的比例最低为3.85%，恒丰银行金融科技投入占营业收入的比例为4.59%，2021年恒丰银行将占营业收入8.84%的巨量资金投入金融科技研发。持续多年的巨量资金投入，彰显了恒丰银行全面进行数字化转型的决心与魄力。

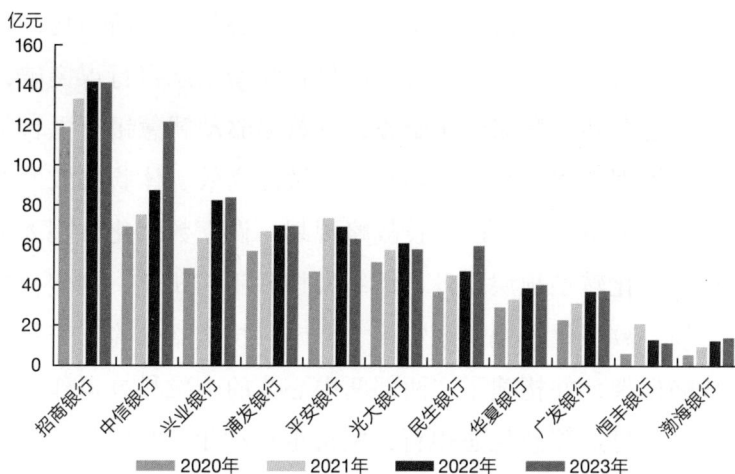

图2-3　股份制银行金融科技投入

（数据来源：公司年报）

在金融科技战略方面，招商银行以打造"最强金融科技银行"为目标，聚焦"财富管理、金融科技、风险管理"三大核心能力建设，围绕线上化、数据化、智能化、平台化、生态化的目标，从客户服务、风险管理、经营管理、内部运营等层面持续推进"数字招行"建设；兴业银行强化顶层设计，围绕"数据+技术+平台"，持续加大数字化转型领域资源投入，形成数字化转型委员会领导下的"四个部门、一个公司、一个研究院"的崭新格局，共同推动"数字兴业"制度体系建成；浦发银行作为开放银行理念的先行者，坚定推进数字化转型，持续打造新型数字化客户经营体系，通过构建丰富的生态场景平台，不断赋能产业数字化能级提升，推动"面向全用户、贯穿全时域、提供全服务、实现全智联"的"全景银行"建设进入新阶段；平安银行以"中国最卓越、全球领先的智能化零售银行"为战略目标，坚持"科技引领、零售突破、对公做精"十二字策略方针，着力打造"数字银行、生态银行、平台银行"三张名片；中信银行坚定不移地推进科技兴行战略，持续构建企业级数据能力，成立一级部门大数据中心，着力打造全行数字化能力中心，形成信息技术"一部三中心"组织新架构；民生银行将自身定位为敏捷开放的银行，以科技驱动生态银行谋突破，优化场景融合、生态共建等综合化服务，以数据驱动智慧银行上台阶，全面提升经营管理数智水平，为客户提供敏捷高效、体验极致的综合服务；光大银行围绕新一期的科技战略规划，设立数字化转型委员会，建立全行数字化转型顶层设计、组织架构和工作机制，制定"全行战略规划引领、数字化转型规划实施、金融科技战略保障"三位一体数字光大战略框架，并构建了"两部两中心"的金融科技运作体系；华夏银行聚焦于打造智慧生态银行，坚持走移动化、智能化、平台化和开放化的转型方向；浙商银行构建了"185N"的架构体系，即夯实一个浙银数智大脑，建设数智零售、数智企服、数智投行、数智资管、数智跨境、数智监督、数智运营和数智管理八大系统，围绕个人、企业、政府、同业和员工这五大客群，打造N项管用实用、真实可感的重大应用；恒丰银行围绕建设一流数字化敏捷银行的战略目标，成立数据资源部一级部，统筹全行的数据资源，实现数据资源的共治共享，打造"数字恒丰"。

从各家股份制银行披露的金融科技人员数量来看，股份制商业银行的金融科技员工总人数虽然远低于国有大行，但是金融科技人员占总职工人数的比重更高。截至2023年末，股份制银行中，招商银行的金融科技人才数量最多，为10650人，占全行员工总数的9.14%。在人才战略方面，招商银行不断强化科技人才队伍建设，构建适配金融科技银行的人才体系，强化人才专业能力建设，强化"六能"机制，即干部能上能下、待遇能高能低、员工能进能出；兴业银行设立金融科技研究院，大力实施科技人才万人计划，调整优化数字化人才队伍结构，加大科技人才引进与培养力度，绘制科技条线人才岗位地图，完善科技应用型人才培养和认证体系；浦发银行推进资源配置改革，结合全景银行建设，持续着力加强人力资源数字化建设；平安银行对标领先的互联网科技企业，为科技人员创造良好的职业发展道路，建立金融科技领军人才队伍，进行多元化的"金融+科技"复合型人才团队建设，打造"精技术、懂业务、会管理"的人才队伍；民生银行持续加大科技人才的招聘和培养力度，对总行科技和民生科技公司的研发团队实施一体化管理，加快建设异地研发中心；光大银行持续优化公司金融、零售金融、数字金融等领域科技派驻机制，加大科技资源投入和人才队伍建设；华夏银行制定了2023年至2028年数字化人才体系建设行动方案，并启动了运营千人数字人才计划，组织数据分析建模特训营。

2.2.3　城商行数字化转型趋势

在数字化转型的浪潮下，城商行也开始进行战略转型。公开资料显示，2023年北京银行在金融科技方面投入资金30.02亿元，投入资金占营业收入的比重为4.5%，信息科技人员977人，占员工总数的5.02%；上海银行在2023年将24.42亿元投入金融科技，投入资金占当期营业收入的4.98%，较上年末提高0.8个百分点，其中资本化投入9.51亿元，金融科技职工人数为1373人，占总员工数量的比例为10.25%。

数字化转型的顶层战略方面，北京银行围绕"数字京行"战略布局，成立了数字化转型战略委员会、金融科技委员会和北京市首家金融企业科协，加快建设科技银行、数字银行、生态银行和文化银行"五大银行"体系；上海银行围绕"全面融合、数据驱动、创新引领、安全高效"的金融科技发展战略，深化业技融合，持续加大金融科技对数字化转型和高质量发展的牵引力；宁波银行聚焦智慧银行建设，发挥开放银行金融服务方案的优势，建立了"十中心"的金融科技组织架构和"三位一体"的研发中心体系，通过金融科技驱动助力商业模式迭代升级，为业务和客户持续赋能；江苏银行成立苏银研究院金融科技研究部，并优化组织架构，成立大数据部一级部门，建立集团级统一架构、统一数据、统一安全的管理体系，推进敏捷转型，纵向实现跨层级目标的高度聚集，横向实现跨部门的快速协同；南京银行以"鑫五年"金融科技发展规划为指引，充分发挥信息科技管理委员会及各专题小组职能，从组织机制层面保障推动全行数字化转型、金融科技创新战略的全面实施。

第 3 章
商业银行在数字金融时代面临的关键挑战

当前，随着产业数字化与数字产业化深入推进，商业银行的数字化转型面临四方面关键挑战。一是竞争环境更加激烈。随着大数据技术的广泛应用，监管政策对银行业数据安全和隐私保护提出了更高要求。同时，互联网科技公司的跨界竞争不断挤压传统商业银行的业务边界，逐步在支付结算、财富管理、借贷融资和投资咨询等方面抢占个人端小额消费的支付市场，使得银行在支付结算领域的地位被削弱。而在此过程中，大型银行借助资本与技术优势，不断向下挤压，形成的"马太效应"使得中小银行的生存环境更加恶劣。二是数字化转型意识与能力薄弱。商业银行尤其是中小型商业银行对于数字化转型的意识淡薄，在组织架构、数据治理、人才培养、产品创新等方面存在明显桎梏。三是金融科技应用能力较弱。虽然部分商业银行不断加强核心系统、IT架构等数字基础设施方面的投入，但受到传统业务条线割裂、总分行步调不一致等因素影响，"部门级"和"烟囱式"系统应用仍然较多，金融科技研发效率不高。四是组织保障难到位。银行传统的组织架构难以支撑数字化时代的敏捷反应和快速决策，无论是高层管理人员对数字化转型的认识不统一，还是不同业务条线之间的利益分配不一致，都是组织架构落后的体现。再加上商业银行在数字化转型早期的投入大、见效慢，会进一步加剧部门之间、总分行之间的割裂感。

3.1　商业银行面临复杂的竞争环境

3.1.1　监管政策的合规性压力

　　监管政策的变化对商业银行的数字化转型提出了更高的要求。尤其是在发展新质生产力背景下，商业银行以信息技术为核心，通过科技创新和数字化转型，推动业务与管理模式优化升级，监管机构对商业银行的监管政策也发生了相应的变化。这些变化不仅对商业银行的业务模式和运营方式提出了新的要求，同时也对数字化转型提出了更高的要求。

　　首先，监管政策对商业银行的数据安全和隐私保护提出了更高的要求。中国人民银行发布的《中国人民银行业务领域数据安全管理办法》规范了数据分类分级要求，提出数据安全保护总体要求，并细化风险监测、评估审计和事件处置等合规要求。随着客户信息和交易数据的不断增加，如何保护客户数据的安全和隐私成为一个重要的问题。监管机构对数据安全和隐私保护的要求越来越严格，商业银行需要采取更加严格的数据保护措施，以确保客户数据的安全和隐私。

　　其次，监管政策对商业银行的业务连续性提出了更高的要求。《商业银行业务连续性监管指引》（银监发〔2011〕104号）规定了诸多关于业务连续性的硬性指标。商业银行进行数字化转型后，业务流程和交易处理方式发生了根本性的变化。如果数字化系统出现故障或遭受攻击，可能会对银行的业务连续性造成严重影响。因此，商业银行需要采取更加严格的业务连续性措施，以确保数字化系统的可靠性和稳定性。

再次，监管政策对商业银行的合规成本提出了更高的要求。新的监管规定可能要求银行加强客户身份验证和交易监控，这需要投入更多的人力和技术资源。同时，监管机构还可能要求银行加强风险管理和内部控制，这也需要银行投入更多的资源来满足监管要求。

最后，监管政策对商业银行的技术更新换代提出了更高的要求。数字化转型需要商业银行不断更新和升级其技术基础设施。新质生产力背景下，利用大数据分析和人工智能技术，商业银行能够更有效地识别和管理风险，然而这需要大量的投资和技术支持。对于一些规模较小的银行来说，这是一个巨大的挑战。此外，技术的更新换代也可能会带来一些不可预见的问题，如系统故障或数据丢失等。

3.1.2 金融科技公司跨界参与竞争

在数字经济背景下，银行业的发展前景取决于金融科技水平。近年来，金融科技作为技术与金融紧密结合的新兴领域，如雨后春笋般蓬勃发展。新质生产力背景下，新兴的金融科技公司凭借先进的技术，如大数据、云计算和人工智能等，提供了更加便捷、个性化的金融服务，对传统商业银行带来了巨大的竞争压力。作为金融科技发展的典型代表，金融科技公司已逐步在支付结算、财富管理、借贷融资和投资咨询等方面占领技术前端和业态优势，并挤压传统银行业的市场份额。尤其是以支付宝、微信支付为代表的第三方支付以低成本、高效率、全天候为突破口，抢占个人端小额消费的支付市场，在交易数量上占据明显优势。截至2023年末，我国网络支付用户规模达9.54亿人，较2022年12月增长4243万人，占网民整体的87.3%。根据2022年电子支付数据，银行因企业端的支付偏好在交易总额上高于第三方支付，但在交易量上由2015年第三方支付笔数的1.28倍缩减至仅占第三方支付的27.2%，银行在支付结算领域的地位被削弱。

以数据、技术服务为核心的金融科技创新对商业银行的传统经营模式形成了冲击（王利民和张大璐，2021）。随着金融科技企业的迅速发展，商业银行目前在贷款、存款和中间业务等方面均受到影响。在贷款功能方面，出现了流水贷款、信用贷款和消费贷款等各种贷款；在存款功能方面，出现了依托理财的一系列高收益存款产品，例如余额宝等；在中间业务如支付业务方面，移动支付已经成为个人支付主要渠道，支付机构依托服务优势和产品能力，挤压商业银行中间业务份额；在投资管理方面，出现了人工智能资产管理。

金融科技公司提供的第三方支付还影响了银行存贷款业务。不同于银行专注前20%客户的"二八定律"，第三方支付主要服务于后80%的客户，长尾效应明显。在存款方面，第三方支付的便利性使大量个人客户将存款存储在第三方支付平台里，对银行存款造成分流效应；在贷款方面，第三方支付平台积累了海量支付数据，结合大数据等技术对中小型客户开展信用评级，进行小额贷款业务的扩张。众筹融资与网贷业务规模不断扩大，对银行的存贷款业务产生一定影响，银行线下网点的重要性被削弱。此外，第三方支付的巨大流量促进了互联网金融的发展，而各大金融科技公司借助互联网生态优势，依托互联网金融迅速发展，开始向消费金融与普惠金融领域扩展，不断提供多元化金融产品。以蚂蚁金服为例，自2013年到2017年，蚂蚁金服先后推出余额宝、芝麻信用、蚂蚁花呗等金融产品，涵盖了理财、信用管理、信贷消费等诸多金融领域，不断完善其金融生态体系，与银行的同质化业务增多，形成一定竞争态势。基于此，金融科技的蓬勃发展迅速瓜分商业银行的市场份额，对商业银行经营模式产生一系列影响，倒逼商业银行的数字化转型。

3.1.3 银行业内部竞争加剧

自1985年现代银行体系初步建立以来,中国银行业由高度垄断形态逐步发展到竞争不断加剧的局面。首先,银行业内部竞争加剧迫使商业银行不断提高自身的业务水平和服务质量,以应对其他竞争对手的挑战。这包括在数字化转型中不断优化和创新业务模式、提高数据处理能力和效率、加强风险防控和管理等方面。其次,银行业内部竞争加剧也对商业银行的科技投入和技术创新能力提出了更高的要求。数字化转型是银行业发展的趋势,商业银行需要不断引进和掌握新的技术和业务模式,以适应市场的变化和客户的需求。再次,竞争加剧还使得商业银行需要更加注重客户体验和服务质量。在数字化转型中,客户的需求和体验是至关重要的,商业银行需要不断优化客户体验和服务质量,以提高客户的忠诚度和满意度。最后,竞争加剧也要求商业银行加强合作和创新。在数字化转型中,单打独斗难以取得成功,商业银行需要加强合作和创新,与其他金融机构和科技公司等开展合作,共同推动金融业的发展。

3.1.4 客户消费模式多样化

随着新质生产力的发展,商业银行的竞争焦点逐渐从传统的存贷款业务转向了金融科技的应用和服务创新。银行业务的数字化转型成为竞争的新热点,特别是手机银行App的功能和服务创新成为各家银行争夺市场的焦点。例如,银行通过App提供生活缴费、在线购物、美食外卖等非金融服务,以及推出针对特定客群(如银发族群)的定制化服务,以满足客户的多元化需求。客户希望得到投资理财、保险和贷款等更复杂的金融服务,并且逐渐转向线上渠道,同时对金融服务的需求也变得更加复杂和多样化。客户消费模式的多样化要求商业银行在数字化转型过程中不仅要提供传统的金融服务,还要开发新的金融产品和服务，以满足客户对金融服务的安全性、便捷性、高效性等方面提出的多元化需求。相关数据显示，我国Z世代（1995年至2009年出生）人口数量达2.6亿，成为新时代市场消费的主力军。依据麦肯锡2021年发布的《洞悉中国消费者：全球增长引擎》，我国Z世代生活在信息时代，生活方式深受互联网的影响，更加注重财务规划，在消费倾向上更偏向个性化、多元化的产品，在方式上更青睐便捷、迅速的数字化场景，在服务上，更倾向于使用在线金融服务，包括移动支付、P2P转账和数字货币等。

《中国银保监会办公厅关于银行要业保险业数字化转型的指导意见》（银保监办发〔2022〕2号）指出，促进场景开发、客户服务与业务流程适配融合，加强业务流程标准化建设，持续提高数字化经营服务能力。为了使客户消费模式多样化与商业银行业务流程适配，商业银行需要采取一系列综合性的措施。这些措施不仅包括业务流程的优化，还包括金融产品和服务的创新、科技水平的提升、内部协作的加强等方面。据统计，2022年中国银行业机构离柜交易达4506.44亿笔，同比增长103.1%，行业平均电子渠道分流率为96.99%。此外，各行先后推出线上手机银行App应用，积极创新线上金融服务，截至2023年5月，手机银行服务应用活跃人数达5.23亿，同比增长8.12%。从典型个例来看，工商银行通过持续进行产品创新，推出个人客户经理"云工作室"等全线上服务平台，该平台推出十个月已有近2.6万名客户经理开通服务，累计访问近2000万人次；中国银行推出"中银企业e管家"，打造"非金融+金融"一站式服务能力，助力企业降本增效等。因此，随着客户消费模式的多样化程度日益提升，商业银行所处的经营环境持续发生着变化。在数字化时代的大背景下，商业银行面临着更为严峻的挑战，对其未来的发展提出了更高的要求。

3.2 商业银行面临的业务发展难题

3.2.1 制度环境有待改善

推动商业银行数字化转型升级，首先要营造监管透明、政策灵活、营商市场开放的外部环境。尽管我国已经出台"数据二十条"等政策文件，助力银行数字化转型，但是当前能够具体指导银行业数字化转型的政策尚且缺乏，关于银行业的行业规范、市场原则、监督管理等政策仍停留在线下业务时代，未来有待更多政策出台。在商业银行传统的组织制度下，银行各部门独立完成工作，前中后台、总分行协同不足，这些问题极大降低了商业银行对客户个性化、多元化、差异化需求的敏捷响应水平。数字化转型需要构建适应数字科技创新发展、金融产品与服务更新迭代的敏捷性组织形式。

3.2.2 金融科技产品创新能力较弱

银行数字化转型面临的挑战之一是金融科技产品创新能力较弱。在金融领域，新质生产力的发展促使商业银行加速科技赋能，利用大数据、云计算、人工智能等新兴技术不断在产品领域推陈出新，以满足客户的需求并保持市场竞争力。然而，一些银行在金融科技产品创新方面表现不佳，存在一些问题和挑战（史明磊，2022）。第一，银行在科技研发方面的投入相对较少。相较于互联网科技公司和其他非银行金融机构，传统银行在科技研发方面的投入往往较低，这限制了其金融科技产品的创新能力和市场竞争力。由于金融科技产品的研发需要大量的资金和人力资源投入，因此银行需要增加对科技研发的投入，以提升其金融科技产品的创新能力。第二，银行缺乏科技人才和团队。金融科技产品的创新需要具备专业技能和知识的人才和团队。然而，一些银行在科技人才和团队方面存在短板，缺乏对科技研发和创新的人才支持。这使得银行在金融科技产品创新方面难以有实质性的突破和发展。因此，银行需要加强科技人才的培养和引进，建立专业的科技团队，以支持金融科技产品的研发和创新。第三，银行在科技应用方面存在一定滞后性。由于传统银行的业务模式和管理体制等方面的限制，银行在科技应用方面往往存在一定滞后性，难以跟上科技发展的步伐。这使得银行在金融科技产品的研发和创新方面难以达到预期的效果和市场竞争力。因此，银行需要加快数字化转型的步伐，积极推广和应用新技术，以提升其金融科技产品的创新能力和市场竞争力。

3.2.3 缺乏有效的市场细分

市场细分是营销学中的一个重要概念，指的是根据消费者的需求和特点将整体市场划分为若干个具有共同特征的小市场。然而，目前我国商业银行在数字化转型过程中普遍存在市场细分不足的问题。《中国银行业发展报告（2023）》的数据显示，我国商业银行的客户满意度普遍偏低，其中一个重要的原因就是缺乏个性化的产品和服务，这反映出商业银行在市场细分方面的不足。由于无法准确识别不同客户的需求和偏好，商业银行难以提供有针对性的产品和服务，导致客户满意度下降。

银行数字化转型面临的挑战之一是各银行缺少有效的市场细分。在数字化时代，市场细分对于银行来说至关重要，通过对市场进行细分，银行可以更好地了解客户的需求和偏好，并提供针对性的产品和服务。然而，目前商业银行缺少有效的市场细分，产品同质化严重，无法更全面地满足客户的需求。第一，缺乏有效的市场细分会导致银行对客户需求和偏好的了解不足。在数字化时代，客户需求和偏好日益多样化，银行需要精细地了解客户的需求和偏好，以提供个性化的产品和服务。如果银行缺乏有效的市场细分，就会对客户需求和偏好的变化反应迟缓，难以满足客户的期望和需求，进而影响其市场竞争力。第二，缺乏有效的市场细分会导致银行资源配置不合理。银行在进行数字化转型时，需要合理配置资源，以支持其数字化战略的实施。如果银行缺乏有效的市场细分，就难以准确地评估不同市场的价值和潜力，进而难以合理地配置资源。这可能导致银行的数字化战略难以落地实施，或者实施效果不理想。第三，缺乏有效的市场细分也会影响银行的盈利能力和可持续发展。在数字化时代，银行需要不断推陈出新，以满足客户的需求并保持市场竞争力。如果银行缺乏有效的市场细分，就难以准确地把握市场机会和商业趋势，进而难以实现盈利能力和可持续发展的目标。这可能使得银行在数字化转型过程中面临较大的风险和不确定性。

3.2.4 风险防范难度加大

商业银行传统业务经营过程中最主要的风险就是信贷风险，即贷前财务风险难以有效识别、贷后信贷资金用途难以有效监测、贷款逾期风险无法提前预判，而依靠大数据的搜集及分析能够在一定程度上规避此类风险，但是在数字化转型过程中新的风险点也随之出现（刘小伟，2021；张湉，2023）。首先是技术性风险，数字化发展离不开先进的技术支持，但技术的应用也带来了技术风险。如果银行的技术系统出现故障或被攻击，可能会导致业务中断、数据泄露等风险。因此，数字化业务对商业银行的技术性风险管理能力提出了更高的要求。其次是数据安全和隐私保护风险。在数字经济背景下，客户群体更加广泛，涉及的信息及数据更加多元，商业银行信息安全性面临较大的挑战。数字化转型使得数据的处理和保护变得尤为重要。如果银行的数据安全和隐私保护不到位，可能会导致客户信息泄露、身份盗用等风险。因此，银行需要加强数据安全和隐私保护，确保客户信息的安全性和保密性。再次是操作风险，数字化转型中，银行的业务流程和操作方式发生了变化，但这也增加了操作风险。如果银行的业务流程设计不合理、操作不规范，可能会导致业务失误、错误交易等风险。最后是市场风险，数字化发展使得银行的市场风险更加复杂和多样化，数字技术的迅速发展加强了企业之间的金融联系，风险的传播速度更快，这对银行的风险分析能力和风险管理措施提出了较高要求，增加了银行风险防范工作的复杂性，加大了风险防范难度。

3.2.5 缺乏线上获客渠道

现阶段，许多商业银行的营销策略仍停留在传统的"铺天盖地"式广告阶段，方式单一、缺乏创新。根据麦肯锡的调查数据，72%的消费者表示，如果银行能根据其消费行为提供个性化的推荐服务，他们更有可能选择该银行。相比之下，只有45%的消费者认为广告是有用的。这表明，个性化的营销策略是吸引客户的关键。同时，我国商业银行的获客渠道主要依赖线下网点和传统媒体广告。然而，随着互联网和移动设备的普及，客户的行为发生了巨大变化。他们更倾向于通过线上渠道获得金融服务。根据艾瑞咨询的数据，2022年我国互联网理财用户规模已超过1.6亿，同比增长10.9%。因此，拓展线上获客渠道是数字化转型的关键。此外，商业银行拥有大量的客户数据，但如何有效整合并分析这些数据，以提供个性化的服务和产品，是数字化转型过程中的一大挑战。根据波士顿咨询公司（BCG）的报告，只有33%的金融机构能够有效地整合和分析客户数据，这是导致大部分金融机构营销和获客效果不佳的重要原因之一。

3.3 商业银行技术架构挑战

3.3.1 数字基础设施待升级

在数字化转型浪潮推动下，商业银行大力发展金融科技，加强核心系统和IT架构等数字基础设施建设方面的投入。部分银行受制于自身能力，应用系统建设一般采用外购软件包再进行客户化开发，存在根据部门需求被动开发，缺少统一的应用架构规划和设计，从而形成较多的"部门级"和"烟囱式"系统。在系统建设集成方式上，部分银行尚未完成企业服务总线（ESB）建设，导致系统间交互复杂、多种多样集成模式混用以及业务流程组装方式不一致。部分银行核心系统等底层平台的参数化配置能力较弱，导致新产品开发效率较低，甚至难以快速支持同业、投行和互联网金融等新兴业务的发展需要。商业银行亟须通过云化平台等现代化架构，推动全行集中的"企业级"应用平台建设，建立更强大、更安全、更灵活的数字基础设施平台，以此提升研发效率与应用运行及创新效率，满足零售或对公等业务的创新与发展需求。

（1）核心系统

在银行信息化建设中，银行核心系统承担着商业银行对客户的基础金融服务功能，在建设方面长期保持着相对保守和稳健的风格。然而，在"互联网+"的新时代，随着互联网金融的崛起，银行核心系统在高并发交易处理能力、功能响应市场变化速度等方面面临着诸多挑战。目前国内大部分银行已经建立了核心系统交易和总账松耦合的"瘦核心系统"，近几年银行核心业务系统的规模急剧扩大，所面临的运行风险、困难和挑战日益增大。外部客户对银行IT系统的交易并发度、响应时间和使用便捷性等要求越来越高。商业银行核心系统转型在技术层面面临运行维护难度增大、数据库运行压力突出、峰值业务量难以控制等挑战。

（2）云原生技术架构

数字基础设施的建设需要以云原生技术架构为基础，不仅需要实现无缝工作负载移植和API集成，将停机时间降至最低，同时也需使商业银行具备系统、业务、数据和客户间交互的基本能力，以此为商业银行提供强大、可扩展、自动化的基础设施，并实现高级的自动扩展和自我修复功能，从而打造有韧性的基础设施。随着云技术的快速发展，银行核心业务系统逐步趋向分布式改造成为主流趋势。可将分布式改造分为三个阶段实施：第一阶段为主机下移阶段，将应用架构从小型机下移至X86，整体系统架构有可能仍为集中式架构，对部分应用进行分布式改造，与集中式架构整合，统一管理，对于开发和验证有一定工作量。数据库方面可以采用基于X86环境的高性能分布式数据库。第二阶段为云化改造阶段，建立云平台之后，将各类应用迁移至云来实现数据层与业务分离并对数据层进行分布式改造。第三阶段为云化服务阶段，通过云平台打造开放服务能力平台，建立微服务治理框架、抽取公共服务能力、统一数据处理，实现业务逻辑下移，按需提供云化业务服务。

（3）分布式架构

集中式逐渐成为过去式。基于IBM大型机的集中式核心系统仍是主流，但性价比、非自主可控劣势正在显现。目前我国各大型国有商业银行普遍采用"IOE"等海外厂商掌控的集中式架构，这一架构主要基于IBM大型机构建，具有集中、专有、封闭等特点，银行每年需要为此投入极高昂的计维费用，且无法自主可控。根据国家监管部门对银行系统提出的安全可控要求，以及银行内部对IT发展的需要，都使银行现有的IT技术体系必须创新转型。分布式是未来式，国产分布式核心系统切中集中式痛点，在多重因素的共振下，正在撬动新一轮银行IT改造周期。面临互联网金融浪潮冲击，集中式核心系统受到负载性能以及更新维护成本的双重压力；与此同时，脱胎于互联网厂商的国产分布式核心系统（基于X86服务器）应运而生，叠加金融信创的政策推动，各大银行正在稳步推进分布式对集中式的架构替代工程。X86分布式架构是目前金融行业主流选择，以低成本、标准化的开放硬件和开源软件，应对互联网金融竞争，在网络资源、经营对象、信息安全及线下服务可以发挥出其巨大的优势，也验证了在互联网时代，采用云计算和分布式处理架构是构建新一代的银行核心业务系统的发展趋势。

3.3.2 数据价值挖掘难度大

大部分银行已经认识到数据挖掘的重要性，并积极探索大数据创新应用。通过各个业务系统信息化和自动化的实现，银行各领域业务系统产生了大量的业务数据，但这些数据并非为了分析而收集，而是因银行正常业务运营而产生。由于基础薄弱、起步较晚，大部分中小银行仍处于数据挖掘的初步阶段，数据应用效果不明显，主要体现在以下三方面。

（1）数据未充分共享

尽管许多银行都建立了数据仓库或其他数据整合平台，但大都未对数据共享进行统筹管理，未设置合理的共享策略、范围，数据仅仅做到了存储，并未最大限度地服务全行。由于数据共享不充分，银行难以实现对客户信息、业务信息等高度关联的数据进行精准、协同分析，大数据在精准营销、风险防控和管理决策等领域的价值未能充分体现。

（2）数据未充分管控

相比大型银行，部分银行仍未构建成熟完整的数据管控体系，普遍存在数据多头管理的现象，管理职责分散，标准不统一。由于管控不充分，部分银行存在数据源准确性不高、手工记录和系统提取的数据不一致、统计口径定义不清等情况，数据的真实性、准确性、连续性难以保证，数据挖掘困难重重。

（3）缺乏高效的数据挖掘能力

部分银行尚未搭建专业用于数据深挖、分析的软件平台和工具，数据挖掘缺乏完善的系统支撑和技术手段。尽管拥有海量数据，但如何实现数据挖掘与反欺诈、授信决策、精准营销、舆情感知等具体场景的结合，如何线上、快速、智能落地数据挖掘，仍是部分银行面临的主要问题。随着大数据技术的不断演进，计算机性能的不断提升，越来越多的业务、产品、功能都需要算法模型的支撑，如何快速、高效地训练模型、使用模型，也是银行亟待解决的问题。

3.3.3 安全防范技术手段需加强

数据安全保护是银行金融科技发展的关键一环，监管机构也对银行业金融机构强化数据安全意识、依法合规采集数据、依法保护客户隐私作出了要求。大数据应用对于用户数据的获取和积累越来越广泛，需要对这些数据信息进行保护、防范泄露。数据运用的过程涉及四个环节，即数据产生、数据获取、数据存储和数据分析。在数字化转型和金融科技创新趋势下，敏感数据主要面临外部威胁、内部威胁和互联网金融风险三种威胁。

应用安全是信息安全的一部分，包括应用程序运行安全和应用资源安全两个方面。为了保障应用安全，需要加强应用系统在安全性方面的设计和配置，防止在运行过程中发生应用系统不稳定、不可靠和资源被非法访问、篡改等安全事件。随着原有应用的漏洞被不断发现以及新的应用技术的诞生，应用安全还将面临更多更严峻的挑战。数据安全以及对个人信息保护的监管，对应用安全提出了更严格的要求。2021年全年，工信部累计检测208万款App，通报1549款违规App，对514款拒不整改的App进行下架处理。监管加强的同时，法律保障也不断完善。2021年9月1日和11月1日，《数据安全法》和《个人信息保护法》先后正式施行，对应用程序过度收集个人信息、"大数据杀熟"等行为作出针对性规范。

3.3.4 敏态与稳态系统构建要求标准高

随着数字化进程的深入，核心系统、关键负载上云，企业面对的是混合多云的复杂环境，基础架构也面临着挑战。"稳态"架构需求只增不减，构建"敏态"系统势不可当。银行业务模式呈现"双态"化趋势。同时随着集中式架构的六边形能力（高并发、线性扩展、敏捷开发、按需弹性、精细化治理、多活可靠）已经达到极限，银行核心系统的云原生重塑也来到了时代拐点。目前，全国银行业已经进入到了数字化转型的深水期，银行已经不再满足于单项高新科技的应用，转而关注更加全面、更加体系化的数字化转型。要想又好又快地实现转型，就应从银行内部治理和基础架构入手，搭建"双态"系统，构建银行IT生态。

敏捷开发是一种以用户需求为中心，通过构建敏捷开发框架、规范化敏捷交付流程或敏捷项目管理等方式，实现迭代和增量式软件开发的一种方式。这种开发方式能极大地推动业务在持续规划探索及产品敏捷创新上实现突破。例如，敏捷团队通过明确开发需求、选配跨职能人员，结合"以客户体验"为核心的敏捷协作和项目管理方式，并通过IT工具和敏捷方法，从而缩短产品迭代投产时间，打造持续交付能力，而DevOps和低代码或零代码的应用是商业银行提升敏捷开发能力的重要方式。

在敏捷开发与DevOps融合方面：DevOps是数字创新的重要组成部分，包括方法、流程和底层技术。它可以创建统一协作的团队，由该团队负责创建和交付基于软件的业务功能。随着IT团队越来越精通于DevOps和敏捷原则，将敏捷开发与DevOps相融合，有助于打造围绕业务成效或业务目标的端到端价值闭环，从而提高产品创新力和需求响应力。在市场规模快速增长的同时，DevOps的内涵也在不断丰富，不断融合新的技术和理念，如DevSecOps、云原生、容器化、持续扩展和AI等。目前，部分领先银行的敏捷开发平台已经开始在应用开发中融入新的DevOps理念和技术，并设计支持"敏态"和"稳态"双开发模式，从此提升应用开发和交付效率。

3.4 商业银行转型的组织保障难到位

3.4.1 体制机制不够优化

组织架构是现代商业银行高效运行的基础保障，组织架构设计是否科学合理，关系到银行的核心竞争力与服务能力。在数字化转型过程中，银行面临的最大挑战往往是原有组织架构难以支撑敏捷反应和快速决策。如事业部制组织架构逐渐退出历史舞台，组织架构扁平化成为改革趋势。随着行业周期下行、监管环境趋严，事业部制带来的弊端也开始显现，垂直化管理造成各地分行长期处于弱势，不能适应客户灵活多变的需求；事业部的过度细分，增加了内部协调的成本，导致整体运营效率下降。当前，银行业的增量竞赛逐步转为存量博弈，风控的优先级已高于追求规模，商业银行开始对组织架构进行部分必要的合并和调整，以确保资源和职能更加集中，达到缩短决策链条、减少沟通节点、打通资源配置和提高效率的目的。但对于部分中小银行而言，事业部制仍然是加大贷款投放的有效方式，尤其是对于上升期的战略性新兴产业，仍可考虑设置事业部，以充分发挥其专业性、服务的深度和广度，以及独立决策上的优势。例如，上海农商银行于2023年6月正式成立科技金融事业部，成为上海地区首个总行级的事业部。该行表示，后续将重点打造一批科技特色支行。

近年来，国内银行已经不断围绕战略进行组织架构调整，招商银行、平安银行和北京银行等商业银行纷纷开展组织架构调整，通过必要的合并和调整确保资源和职能更加集中。

（1）高层思想不统一

数字化转型投入高、见效慢，尤其是前期的数据治理和数据仓湖建设等环节，通常需要专业团队的长期投入。因此需要全行思想目标一致、行动步伐统一，才能由上到下地贯彻数字化转型战略。目前，整个经济社会发展都在从IT时代向DT时代过渡，数字化成为最重要的生产动力。在此背景下，银行数字化转型已经不可避免，当然具体的数字化转型步伐、节奏、程度、重点，并非一成不变。无论如何，商业银行必须从战略层面高度重视数字化探索，无论是主动出击，还是做好准备，都需要尽快实现数字化的自我"赋能"，把数字化贯穿到银行变革与发展的"基因"中。

（2）创新文化底蕴不足

银行数字化转型也意味着需要改变僵化、缺乏社会责任的"公众认识偏颇"或"固有形象"。数字化时代的开放性，天然意味着彼此的责任与义务。由此，银行数字化也需要重视ESG，即环境、社会和公司治理，将对三项非财务类因素的考核纳入运用决策中，这是一种在长期中带来更高投资回报率的新兴投资策略。与此同时，充满活力与未来感的数字化银行，还需伴随着新型的、正能量的银行家精神，其特点包括乐观主义与创新精神、源于管理掌控力的自信心、作为安身立命之本的信用、生于忧患的危机意识、共享理念下的社会责任感、维护职业道德与市场原则的勇气、咬定青山不放松的坚持。

（3）难以保障数字化转型的安全原则与边界

传统银行在数字化转型过程中，出现了各类数字网络型、互联网型、直销型和虚拟型的业务类型，就行业整体来看，逐渐从过去的封闭走向开放，在此过程中，遭遇的风险挑战更加复杂，如客户信息保护、网络风险防范、外包风险、业务连续性风险等。银行的数字化转型，如果离开了安全保障，甚至带来了难以避免的风险，则这项改革就成为"无源之水、无本之木"。当然，数字化反过来也能够服务银行风控，如推动风控体系的流程自动化、决策自动化、数字化监控和预警，尤其是着眼于信用风险、压力测试、运营风险与合规等。

（4）部门之间的协调机制不通畅

目前部分商业银行仍采用传统的组织架构，未做合适的调整，或者是做出相应变革后，传统组织架构形成的业务惯性仍旧存在，只是单独设立科技部门，而未真正地打破业务部门与科技后台之间的壁垒，各条线与各部门之间界限依然明显，未能相互融合。在传统的组织架构模式下，缺乏统一合理的安排和调度，部门间无法做到充分协调合作，组织敏捷性不足，导致部门之间协同困难，出现了信息传导不畅、执行难、响应慢等问题。商业银行的"总分支行+科技部门"的组织架构模式相比于互联网科技公司的事业部制和扁平化管理在信息传导和响应速度方面存在明显劣势。

3.4.2 人才梯队基础不够扎实

人才队伍建设是一项系统工程，只有建立一套完整规范、管用有效的机制才能整合调动各方力量，构建人才职业化成长路径，形成完整高效的"培养链"，提升人才队伍培养效率。近年来，商业银行采取大规模外部招聘和内部培训，使员工队伍数量和质量得到明显加强和改善，有效支持了业务发展。但是，随着经济结构演化和金融改革深化，人才开发明显不足，科技人才总量少、占比低，特别是科技的领军人才、尖子人才严重不足。据调查，多数商业银行科技人员占比不足5%。

（1）综合性人才不足

近年来我国经济迅猛发展，各行各业的转型发展都需要大量人才，就业市场提供了更多职业选择。同时，在新时代科技变革背景下，涌现出一大批包括电子信息、生物工程、新材料研发在内的高技术含量、高附加值、发展前景广阔的高新技术产业。相比于需要迫切转型创新发展的传统银行业，高新产业在人才的薪酬回报、职业前景、员工自我成就感的激励上，都具有相当强劲的竞争力。同时，具有科技背景的高精尖业务人才，特别是复合型科技人才，都偏向于选择从事与其所学专业相符的行业，而银行作为传统金融行业，在吸收新兴科技人才方面并不占优势，金融背景人才仍为员工招聘的主要来源，既懂金融又懂科技的复合型人才缺乏。目前，部分商业银行设立的科技部门人才队伍知识背景仍然相对单一，科技部门员工多从事基础型的数据处理，对于数字化转型所需的具备金融业务背景且精通数据分析和建模的金融科技人才储备有限，也不具有数字化转型战略发展眼光的专家型人才。一些规模较小的城商行和农商行，更是偏向采用科技业务外包的形式来解决自身的数字化需求，但业务外包人员因数据保密与合规性的限制，显然只能解决基础性问题，并不能真正解决数字化转型的问题。

（2）培训机制不完善

虽然商业银行开展了各种形式的内部培训和外部学习，但是由于培训机制不完善，培训内容和方式单一、缺乏针对性和实效性，导致培训效果不佳，难以满足人才队伍建设的需求。大部分商业银行对金融科技人才体系的建设还不够成熟和完善。如何培养既懂业务又懂技术的复合型员工、建立一套跨部门交流学习机制、设置与数字化转型相契合的绩效评价考核体系、设置合理的薪酬体系等一系列问题，还需要各大商业银行共同探讨与努力。

3.4.3 投入产出效率不够科学

从金融科技的"投入"视角来看，近几年银行业各类科技资源投入的持续快速增长趋势明显，并逐渐与银行营业收入和利润水平挂钩，决心渐进；而从"产出"视角来看，越来越多的银行管理层对于金融科技投入所带来的直接与间接效益的关注度持续提升，数字化改革进程对业务价值的正向促进效果正等待被检验评估，而其评估结果同样考验着下一阶段数字化转型战略的决心定力与决策方向。因此，如何建立一套科学、清晰的金融科技投入与价值产出的衡量机制，以持续洞察并校准数字化转型的业务价值属性，促进管理层精准决策、支撑数字化长期战略的执行，是每一位银行业数字化管理者所必须面对的重要课题。

资源投入与成本控制也是数字化转型的重要基础。数字化转型可以节约客户经营总成本，但本身也需要成本投入，而且需要持续投入。国内银行数字化转型投入力度不足，投入资金有限，尤其对于中小银行而言难以形成持续投入。为保障数字化转型切实有效，还需要对关键机制进行创新优化。数字化转型的资源投入不等同于科技预算投入，但目前没有清晰地区分科技投入与非科技投入，业务部门在数字化转型重大项目上的决策权被弱化。

大型银行凭借着规模效应可以大规模的投入以实现大规模的产出，从而实现较高的经济性和效益性。数字化转型客观上需要资金、人才等资源的大量投入，对于中小型银行来说，高成本的投入压力较大。由于不同银行规模的差异，不可能存在普遍适用于所有银行的数字化转型之路。各家银行应结合自身的业务发展战略、资源禀赋制定相匹配的、差异化的数字化转型实践路径。

数字金融时代
新银行

数字金融时代已来

第二篇

剖 析

第 4 章
面对挑战海内、外银行发展经验

全球范围的商业银行转型可以追溯到21世纪初，作为金融领域数据驱动的先行者，美国第一资本金融公司（Capital One）凭借数据和技术彻底改变了信用卡行业，成为业内第一批广泛使用客户数据预测风险、定制产品的公司。随后美国、欧洲、亚洲等国家头部商业银行不断进行技术创新，将人工智能、大数据、云计算和区块链等数字技术应用到银行业务中，推动银行业在数字金融时代的转型进程不断深化。本章选取美国银行、摩根大通银行、花旗银行、荷兰国际银行、星展银行、工商银行、建设银行、中国银行、招商银行和中信银行等国内外知名银行作为研究样本，从组织模式、技术布局、场景生态、产品结构和人才队伍建设等维度提炼分析上述知名银行的转型经验与举措。

4.1　组织架构调整与数字人才培养

4.1.1　优化组织架构，构建敏捷组织

国内外领先的商业银行在其数字化转型过程中，不约而同地对其组织架构进行优化改组，利用敏捷组织打破部门壁垒、优化组织架构，打破项目、服务和业务关系管理等职能的隔阂，实现跨职能、跨部门合作，提升市场需求响应速度和银行运行效率。

国际银行方面，荷兰国际银行采用了互联网公司的组织架构作为参考，推动了从传统的部门结构向以"部落"和"小队"为基础的敏捷组织模式的转型。该银行将大约2500名全职员工从数据分析、产品管理、信息技术、市场营销和渠道管理等传统部门中解放出来，重新组织成13个"部落"和350支"小队"，以形成一个能够灵活应对市场变化和客户需求的敏捷组织。这种组织结构允许银行根据不同项目的需求设定具体目标，并负责从开始到结束的全过程实施。通过这种敏捷转型，荷兰国际银行在技术开发和管理方面进行了优化和重构，实现了产品发布周期缩短80%，员工效率提升30%的显著成效。与此同时，汇丰银行对其开发团队进行了重组，整合了7万个应用程序和近4万名技术人员，并将他们划分为多个小型项目研发团队。通过实施端

到端的客户旅程重塑,汇丰银行将客户旅程的范围从金融服务扩展到了非金融场景,从而增强了用户黏性并提升了用户体验。西班牙对外银行则由董事长和CEO直接领导全行的数字化创新业务。在总部建立了全球数字化委员会,全面负责监督转型进程,并在各地成立了转型执行委员会,确保各项战略措施得到有效实施,建立了一个强有力的数字化转型战略执行机制。

在国内银行业,工商银行积极采纳敏捷研发模式,创建了灵活的敏捷研发团队,以客户需求为核心,迅速适应市场变化。同时,该行建立了一种创新的"揭榜挂帅"机制,挑选关键项目和优质工程进行试点,明确市场和业务目标,致力于产品的精细化和优化,专注于解决技术挑战。邮储银行针对市场需求迅速变化、需求强烈以及与客户关系紧密的项目,实施了"派驻式"敏捷开发模式。在此模式下,业务和技术部门联合创建了敏捷、专业和轻量级的开发小组,实现了业务与技术的深度整合,加快了项目的推进速度。兴业银行则在探索融合机制创新方面迈出了步伐,建立了跨部门的任务型团队,试行柔性组织结构,增强了各部门的敏捷开发能力,促进了协同共生的发展。华夏银行自2021年起开始打造企业级的敏捷组织体系,成立了"两组两委",实施了科技人员到业务部门的派驻制度,并建立了包括人才、财务、物资、项目、容错和裁决在内的六大机制。中信银行致力于构建一套全流程、商业级的敏捷体系,并持续推动以领域制为核心的科技组织转型。领域制改革的核心特征包括扁平化结构、自我驱动能力和自治机制,这些特点使得改革取得了显著的成果。通过领域制改革,中信银行成功打造了多种典型的业务与技术融合模式,并组建了超过100个融合团队。目前,总行中有高达77%的科技人员已全面融入业务领域,通过领域负责制为业务提供强大的技术支持和赋能,进一步推动了银行业务的创新与发展。

4.1.2 应对转型挑战,打造数字化人才队伍

数字化转型在经济社会发展过程中对全球商业银行提出新挑战,需要打造新的数字化人才队伍,引领银行的数字化转型发展。中国银行制定发布《数字化新军建设方案》,着力打造一支以业务科技高度融合为鲜明特征、以揭榜挂帅、联合攻坚为创新使用方法、以配套激励机制为支撑保障的复合型人才新军。在建设理念上,数字化新军要立足于不同领域深度融合,组织边界不断打破,知识能力迅速变化的新形势、新视角,深度融合科技、业务、运营和管理等多个领域。在队伍结构上,数字化新军包含了从管理到运营、从业务到科技的多层次、多类型人才,既有顶层架构设计的领军人物,又有衔接业务场景的行业专家,也有大批IT基础支撑的技术力量。在培养方法上,数字化新军要立足充分发挥作用,在实战中建功立业。一方面,通过参与重大工程建设来培养使用和磨炼人才,特别是一些年轻人,通过培养"尖兵"和"种子"再输送回各个机构和条线,进行全员转型。另一方面,在一些关键领域,秉持开放融合的理念,通过内部挖潜与外部引入相结合的方式,从市场上引入一些高端专业人才,充实队伍。工商银行为激发人才创新活力,深化人才发展体制机制改革,实行更加开放的人才政策,全方位引进、培养、用好金融科技人才,构筑集聚国内外优秀人才的创新高地。招商银行建立金融科技人才内生培养体系,构建协同顺畅、梯队合理的人才结构,不断强化全行员工的金融科技意识,提升全行员工的数字化思维能力,截至2023年6月底,招商银行研发人员达10997人,同比增长1.39%,占总员工的9.83%。兴业银行坚持"战略落地,人才先行",实施科技人才"万人计划"以及行业专家人才计划,将大量科技研发人员注入科技子公司兴业数金,推行市场化激励措施,建立"BA(业务分析师)+SA(系统分析师)"协同机制,提升全行员工的数字化思维、理念和技能,打造学科技、懂科技

的复合型人才队伍。民生银行推出"民芯金融科技人才计划",以科技板块作为应届毕业生专属人才孵化及发展基地,加快培养专业复合型人才。建立异地研发中心,快速扩充科技人才队伍,提升研发和交付能力。

4.2　基础设施建设与技术变革

完善核心系统，筑牢数字化转型的技术底座，是商业银行进行数字化转型的重要基础，并在此基础上进一步积极进行技术变革，布局云架构，推动技术上云，为业务敏捷开发奠定基础。

4.2.1　推进基础设施建设，构建数字化核心系统

中国建设银行成功部署了"新一代核心系统建设工程"，在对业务和信息技术架构进行全面重构的基础上，利用企业级的、模块化和参数化的综合优势，整合了全行的客户数据，构建了"统一客户视图"，并实现了全面的"360度客户画像"，以支持定制化服务和精确营销。该系统还支持根据客户需求迅速调整产品组合，以敏捷的方式快速适应市场变化。此外，该系统建立了集中运营平台，实现了前台和后台业务的有效分离，并全面提升了风险管理能力。总体而言，"新一代核心系统"为建设银行的数字化转型和运营提供了坚实的基础。工商银行第五代新系统——智慧银行ECOS工程顺利推进并取得实质性成果，基本实现了客户服务"智慧"普惠、金融生态"开放"互联、业务运营"共享"联动、创新研发"高效"灵活、业务科技"融合"共建的目标。依托第五代新系统，全面打造赋能零售、对公、政务、乡村、同业等领域协同发展的数字新业态，实现全行经营动能转换、质量升

级和效率变革。中国银行启动"绿洲工程"作为数字化转型主要的抓手和实践。通过企业级架构的建设，破解银行在流程、产品、数据、IT方面的制约，站在企业的视角重新规划业务架构和技术架构，打造覆盖营销、产品、运营、风控和数据等方面的企业级中台。同步构建以"承接业务脚骨、实现分布式转型、支持信创落地"为目标的全新IT架构平台。新架构采用了标准化、服务化、组件化设计，着力打造企业级技术平台底座，锤炼自主核心能力。依托四地多中心的基础布局，形成同城双活、异地可实切的高可用容灾能力。构建金融级分布式云，实现资源弹性灵活配置。采用自主可控基础软硬件，建设了专门的信创单元承载客户信息等核心业务。中信银行成功推出了国内中大型银行中首个自主研发的分布式核心系统，从而显著增强了其金融科技的综合赋能能力。该行积极推动人工智能、区块链等新兴技术在各个业务领域的广泛应用，这些技术已逐渐成为推动银行发展的关键动力。

4.2.2 布局云上科技，推动业务系统上云

国际银行方面，星展银行将传统架构转换为微服务，将所有的应用迁移到云上，采用敏捷促进向DevOps①迈进的工作方式，从而实现数据中心自动化。目前星展银行大部分的基础设施都已实现云化，大大缩减了数据中心规模，可降低系统故障率70%以上。创建可在公共云上运行的GANDALF（甘道夫）程序，实现对所有数字资产进行自动化管理。Capital One自2011年起从技术底层开始重建基础设施，以100%使用公共云作为目标，着手改造数据生态系统，重建了1300个具有云原生和现代特性的内部应用程序，改变了构建软件的方式，并成为API

---

① DevOps 是一组过程、方法与系统的统称，用于促进开发（应用程序/软件工程）、技术运营和质量保障（QA）部门之间的沟通、协作与整合。重视"软件开发人员（Dev）"和"IT运维技术人员（Ops）"之间沟通合作的文化、运动或惯例。通过自动化"软件交付"和"架构变更"的流程，使构建、测试、发布软件能够更加快捷、频繁和可靠。

微服务、DevOps 以及自动化测试和部署的早期采用者。截至 2020 年，Captial One 完全进入了云端，并退出了数据中心，2021 年完全退出了内部大型机。

国内银行方面，建设银行不断研究、丰富和打磨"建行云"这一新型基础设施，依托数字新基建在全国进行算力布局，规划环京、中西部等四大数据中心集群，以"技术+业务+应用"为驱动，进入自主可控、全域可用、共建共享的新发展阶段，并于 2023 年 2 月举办"建行云"发布，首批推出三大类 10 个云服务套餐，为行业提供一站式解决方案。招商银行打造了"双云多端"的企业数字化服务体系，开发了一整套大数据平台即服务（PaaS）解决方案，并建立了大数据平台和可视化平台。为了同时满足业务连续性、计算能力、标准化程度、技术成熟度和安全性的需求，招商银行采取了"双云"策略：一是"金融交易云"（FTC），它接替了传统主机的功能，主要负责招行的借记卡、信用卡核心账务处理，以及零售转账、快速支付和数字人民币等稳定业务，确保业务的连续性和核心交易的稳定性；二是"原生云"（ACS），它承载了除主机系统之外的传统开放架构系统，主要处理渠道类、零售信贷和客户经营等敏捷业务，与顶尖的公有云服务相匹配，同时在技术先进性和高可用性之间实现了平衡。截至 2023 年末，招商银行科技体系完成了云端迁移，零售客户全面迁入自主研发的金融交易云 FTC，全面进入云服务时代。兴业银行建立起全新的数字化经营体系，通过建生态、搭平台、扩场景，积极推进 F 端、G 端、B 端和 C 端等场景生态平台建设，加快构建金融机构财富云，利用云计算的高效运算和服务优势，把数据、客户、流程及价值通过数据中心、客户端等技术手段分散到云中心，改善系统体验，提升运算能力，重组数据价值，为客户提供更高水平的金融服务。民生银行以加强云计算等技术应用作为目标，开展实时数据规模化应用专项行动，在总行云、分行云、生态云"三朵云"的基础上，构建云原生应用和服务平台。

4.3 场景渠道搭建与营销获客

4.3.1 搭建场景和生态，筑牢数字化经营基础

建设银行持续完善以手机银行、"建行生活"App、"双子星"为核心的零售领域生态，加快构建以企业网银和企业手机银行为核心的对公领域生态，聚焦"三大战略"、智慧政务、乡村振兴、绿色金融和大财富管理等重点业务领域，推进"CCB建融家园""建行惠懂你""裕农通"和智慧政务等场景平台运营升级，实现流量与价值转化。工商银行通过结合API开放平台和金融云平台，打造了一个开放的生态系统，促进了政务、企业和个人客户的全面协同发展，形成了金融、消费互联网、产业互联网和政务互联网高度融合的"数字共同体"。具体措施包括：一是推进数字政务的发展，构建了"1+N"的数字政务产品体系；二是促进数字产业的赋能，推出了工银聚链、工银聚融等数字供应链平台，服务超过20万家上下游企业；三是提升数字民生服务，不断提高客户的满意度和幸福感。邮储银行则运用数字化思维进行产品创新，发展场景金融。该行建立了线上运营和智能推荐系统，实现了业务的智能化运营、客户的智能化感知和产品的智能化推荐，为客户提供个性化的"千人千面"产品和服务。邮储银行以"美好生活，智享随心"为主题，打造了"金融+生活"的双重服务引擎，并通过手

机银行深化了"邮储食堂+邮政服务+生活场景"的特色生态布局。兴业银行将生态银行建设作为重要转型项目，以标准化和定制化的金融服务组件广泛连接FGBC的各种场景和生态圈。通过打造场景生态圈，增强客户黏性和结算性存款沉淀能力，扩大客户规模，夯实商行基础；通过打造投行生态圈，为表内外资产构建提供充足来源；通过打造投资生态圈，以自营和代客双向发力，形成新的大财富业务格局。基于"积木式"的快速场景金融方案搭建能力，兴业银行生态银行现已在企业金融、零售金融和同业金融等各条线实现标杆业务的生态场景服务，服务范围覆盖医疗、教育、住建、交通、供应链融资和社区管理等场景，全面提升客户场景服务能力和批量获客能力。浦发银行专注于整合多元化的场景、流程和服务体系，致力于创建一个产业数字金融的SaaS平台。该行正在加速探索基于平台的生态经营新策略，并深度开发企业级的内部管理平台以及大数据能力体系。通过激发数据的潜力，浦发银行旨在加强业务发展，并推动全景银行建设向更高效率和更优效能的方向发展。

4.3.2 打造开放银行，将银行服务融入外部生态

开放银行主要是一种基于开放API技术的平台化商业模式，其核心在于银行通过与商业生态系统参与者共享数据、算法、交易和流程。通过这种模式，银行能够为生态圈的各类用户提供基于业务场景的数字化金融服务，其特点是无缝衔接的客户体验和商业生态圈属性，这些特性使得开放银行成为国外领先商业银行在数字化转型过程中不可或缺的一环。花旗银行在2016年建立了一个全球API开发者中心，利用API技术实现银行系统与第三方平台的直接连接。这个平台允许符合条件的合作伙伴通过API访问客户的账户信息、进行转账和授权等操作，从而扩展了客户在信息时代的业务使用场景，并显著扩大了传统商业银行金融服务的可达范围。用户不仅可以利用花旗银行的数据，还可

以依托该平台自主开发金融应用程序。目前，全球的开发者可以通过该中心接入包括账户管理、点对点支付、资金转账、投资产品购买在内的11种服务类别。通过将开放银行的理念与数字化转型相结合，花旗银行不仅提升了客户满意度和市场占有率，还实现了显著的数字化转型成果。同样地，汇丰银行在2017年推出了名为"App Connected Money"的开放银行产品。该产品通过API开放了账户、支付和数据接口，整合了多家银行的账户、信用卡和贷款服务。客户在使用这些服务时无须分别登录每个银行的网站，这样既提高了业务处理的效率，也改善了客户的数字化金融体验。星展银行推出了API开发者平台，平台使软件开发人员能够与星展银行连接并与银行的服务联系起来，截至2021年末，星展银行已经拥有超过1300个应用接口，允许第三方合作伙伴在场景化服务中调用和嵌入，在客户的生活生态圈为其提供综合服务，将服务化繁为简，银行在满足客户需求的同时对客户"隐形"。

4.3.3 线上线下全渠道融合，敏捷响应客户需求

国际顶尖的商业银行都非常注重移动和在线平台的建设与发展。他们通过手机银行、网上银行、直销银行和数字借贷平台等在线服务方式，实现了实体网点与在线服务的无缝结合，提供全天候的在线服务，确保了全渠道运营的高效性。Merrill Edge，作为美国的金融服务平台堪称典范，它成功地将线上服务和线下服务结合起来，为客户提供投资建议、交易执行、经纪服务和银行业务。自2010年成立以来，Merrill Edge的资产管理规模增长了超过1800亿美元，开户数量也超过了240万户。该平台不仅在线下将Merrill Edge与现有的财富中心整合，还持续提升线上服务的质量，引入了投资组合表现优化、业绩跟踪和专业的投资研究分析等支持功能，使客户能够比较自己的投资表现和业绩基准，有效平衡风险和收益。荷兰国际银行则积极采用大数据、云计算和人工智能等金融科技手段，增强了线上渠道、智能设备和智

慧网点对零售业务的贡献，提供了全方位的数字化客户服务体验。该
行建立了全面的客户视图，确保了不同渠道和接触点上客户体验的一
致性和透明度，显著提高了客户服务的效率，改善了以往反应迟缓、
渠道不连贯和产品定制化程度低等问题的客户的体验，赢得了客户的
认可，并开辟了新的发展机遇。汇丰银行则专注于客户旅程中最为关
键的流程，如开户、客户咨询、信用卡发放、贷款和高级管理等（这
些流程覆盖了大约90%的客户活动场景），进行了端到端的数字化流程
再造，从而显著提升了客户体验和销售成效。

4.4 产品服务创新与智慧经营

4.4.1 利用数字化技术创新金融产品和服务

领先商业银行加速数字化金融产品和服务的多元化布局，积极将数字化技术应用到特定业务领域，提升金融服务的智能化和数字化水平。工商银行在数字金融产品方面的发展体现了其对数字化转型的重视和对创新科技的应用，包括工银数据金融服务平台，为企业客户提供的数字供应链金融解决方案，集成了工行的全球现金管理、贵宾服务、投资银行和融e借等优质产品；数字工行（D-ICBC），代表"数字生态、数字资产、数字技术、数字基建、数字基因"五维数字化整体布局；手机银行和网上银行，提供全面、便捷的个人金融服务，涵盖9大类别、100余项栏目和3000余项服务；云工行，非接触金融服务品牌，提供"云网点""云工作室""云客服"等服务场景的线上化整合，实现业务云办理、急事屏对屏、沟通全天候、服务一体化。建设银行在数字金融产品方面的发展体现了其对数字化转型的重视和对创新科技的应用，如"建行惠懂你"App3.0，立足融资、成长和生态"三条主线"，提供进度查询、明细查询、额度管理等高频信贷服务，以及结清证明、贷款合同等资料证明服务；"云税贷"，通过与税务部门合作，关联企业纳税数据，验证小微企业的经营能力和信用状况，为小微企业、个体工商户提供纯信用贷款;"减税云贷",在四川省分行先行先试的创新产品,依托国家电网用电数据,为小微企业提供贷款;"云电贷",关联用电数据,为企业提供贷款服务;"薪金云贷",关联公积金中心数据,为稳定发放工资或缴纳住房公积金的小微客户提供贷款。汇丰银行作为全球最大的贸易银行,每年实现的贸易额达7600亿美元,为使贸易更加简单、安全、快捷,汇丰银行率先将区块链技术应用在贸易流程中,实现了跟单贸易合同数字化,将交易时间从10天缩短到24小时以内,同时减少了纸张和成本。美国银行于2018年在手机客户端推出智能虚拟助理ERICA,其基于自然语言处理、人工智能、数据聚合分析等技术,可以实时回答任何问题,具备同用户进行语音和文字互动、分析客户的消费习惯、对客户的过度消费发出预警、提供理财指导等功能。截至2022年末,与ERICA互动的客户累计超过10亿次,每年为美国银行节省40000个小时的工作时间,并将客户响应时间缩短了三分之二。此外,美国银行于2022年1月推出CashPro Forecasting,这是一款基于人工智能和机器学习的工具,可以更准确有效地预测客户未来的现金头寸。花旗银行推出全球外汇在线管理平台CitiFX Pulse,是其为企业客户量身定制的点对点在线外汇解决方案,核心功能包括交易前市场信息获取、多产品交易执行以及交易后报表汇总统计三大模块;该平台内嵌多种增值功能,例如投资组合分析、外汇敞口管理、全球/区域外汇管理中心等,并可通过STP方式与客户的TMS系统直连,完成自动化的外汇交易、确认、统计流程。客户通过花旗平台可在全球近100多个国家/地区进行交易。星展银行于2019年推出"星展e链通",基于核心企业的付款责任,可为供应链上游多层级的供应商提供便利的线上低成本融资服务,客户仅需在星展银行智能电子平台上完成线上认证,一键签约,即可自动获取交易信息并审核,极速融资放款,实现全过程一站式无纸化管理,有效提升了运营效率,带动供应链效能,降低中小企业融资成本。

4.4.2 搭建自动化智慧经营模式

摩根大通在全行组织运营领域内部署AI驱动的虚拟助理,以处理诸如维护内部帮助台、跟踪错误和转介查询等工作任务,大大节省了重复性劳动运营。2017年初,摩根大通开发了一款机器学习技术驱动的金融合同解析软件COiN（Contract Intelligence）。COiN运行于摩根大通的私有云平台上,基于机器学习的图像识别技术使得软件能够自动比对金融合同中150项相关条款性质,只需要几秒钟就可以完成原先律师和贷款人员每年需要耗费360000小时才能完成的工作。同时,COiN完成工作的准确率也高于人工,摩根大通每年由于人为失误造成的合同错误超过12000例,COiN的应用大大减少了以往人工分析可能出现的错误。在ATM服务运营管理过程中,摩根大通使用人工智能和机器学习技术,以优化ATM设备现金加载安排、降低ATM现金重新加载成本以及自动安排ATM设备的定时维护。此外,针对简单便捷的用户需求,摩根大通于2012年上线平板样式的eATM,并已在全美部署超过5000个设备。浙商银行把数字化作为未来创新发展的主线,综合运用科技手段赋能内部管理、外部展业,实现高质量发展。以金融科技辅助信贷投放决策和风险判断,为政府、企业、公众输送了多项看得见、摸得着的数智金融特色服务,落地如供应链金融综合服务应用、金服宝·小微（普惠数智贷）、大数据风控平台、新一代票据数智综合服务应用和全流程数智评审管控平台等数字化应用,数字赋能金融"活水"精准滴灌。

4.5　风险管控优化与智能决策

4.5.1　智能风险管控优化

工商银行利用大数据和人工智能技术，打造智慧化风险管理大数据应用生态链，推动反欺诈、交叉性金融风险、信用风险管控等从"事后分析"向"事前甄别、事中干预"转变，提升智能化管控水平。兴业银行正式启用集团智能风控系统，实现了风险信息一站式查询展示、风险预警、授信监督、财务智能分析、风险标签和风险政策等功能，增强风控智能化水平。兴业银行一方面建设了风控决策一体化平台，实现高性能的实时欺诈交易侦测，单笔交易处理时长仅需20毫秒，其中99.9%的交易能在50毫秒内完成，平台准确率在相同召回率下提升了6倍以上，显著提高了交易安全防护能力；另一方面推出了"黄金眼"智能风控产品，该产品以随机森林机器学习算法为核心，结合大数据信息技术，通过企业客户在互联网上的公开行为数据和银行内部数据的分析评价，识别和警示风险。

建设银行利用知识图谱、机器学习等技术，构建网络金融智能"风控大脑"，实现智能化风险策略应用与决策执行，使用海量金融数据进行智能分析，提供决策参考。国际银行智能风控建设方面，摩根大通逐年提升金融科技投入，2017年、2018年的技术投入总额分别为95亿美元、108亿美元，2019年至2022年年均金融科技投入约120亿美元，占净利润的比重均超过40%。这些资金重点投向了数字银行、在线投顾、数字人技术和网络安全等领域的技术应用和产品开发，其中较大部分资金定向投资于云计算和人工智能等新兴金融科技领域。国内银行的智能风控建设方面，工商银行建立了风险过程控制体系，涵盖运行管理事前、事中、事后全流程，覆盖全机构、全业务、全人员，集定性管理与定量管理于一体的风险过程控制体系全面建立并不断完善。加强技术创新在流程管控风险中的应用，业界率先推进核算印章管理改革，从根本上解决了实物印章管理的行业难题。全面实施监督体系改革，全面构建起以数据分析为基础、以监督模型为风险识别引擎的风险导向型全新监督模式，从根本上改变了沿袭20多年的重凭证要素、轻风险实质的简单业务复审模式，完成向风险管理与质量控制的战略转型，显著提高了风险识别的针对性和有效性。集规则制约、流程管控、模型监测于一体的内部账户挂账监控管理体系成功构建，实现了内部账户核算的提质增效。同时，按照质量和效率兼顾的原则，建立起集中式、跨机构的授权管理体系和专业化、流程化的远程授权模式，实施跨地区甚至省行集中远程授权，授权规模效应充分发挥，事中风险控制能力显著增强。

4.5.2 数字化智能决策系统建设

工商银行在智能决策方面进行了多种引擎平台建设，包括智能决策引擎，引入了专注于智能分析与决策领域的领先科技企业，共同推动智能决策引擎的优化建设；风险管理大数据服务云平台，启动了风险管理大数据服务云建设，利用大数据和云计算技术构建统一的风险量化数据云存储平台，对各类风控应用进行改造和升级，提高风险量化数据管理和应用能力；智能运维管理，探索分布式架构下智能运维管理的新模式，基于业界主流的开源技术、自主研发的企业级云平台和分布式技术体系，以数字化转型为契机，逐步打造"智慧运维"新生态。建设银行利用大数据和智能决策等数字化工具，创新了"科创评价"体系，推出了"脱核链贷"供应链金融模式。这些工具和模型通过分析企业的科技水平、知识产权信息等，自动生成评价结果，将企业的"软实力"转化为融资的"硬通货"。同时，建设银行从2019年开始启动智能运维建设，目标是构建以感知力、控制力、决策力为支撑的企业级智能运维平台，实现运维活动的全流程、自动化、智能化的协同发展。Capital One在2002年实施"信息决策"战略，针对信用卡客群，探索大数据技术在获客、风控、运营等领域的应用，形成了一套基于数据驱动的核心能力。平安银行加快人工智能、区块链等新技术与银行场景的应用融合，将打造技术能力、数据能力、敏捷能力、人才能力、创新能力"五项领先科技能力"全面应用于以"用户场景"为中心的金融服务中，促进前台、中台、后台决策精准、资源优配、运营高效和价值提升，推动实现决策"三先"、经营"三提"、管理"三降"的目标。同时，浙商银行创新发布"数智浙银"数字化战略品牌，迭代形成"185N"数字化改革体系构架和"数智浙银·微海"生态，依托1个"数智大脑"底座支撑，聚焦50余项具有浙银辨识度的重大应用落地生效，助力企业创新变更、产业生态优化、金融精准服务。搭建数字化系统平台，加强人力、财务、绩效等全方位管控，优化管理驾驶舱等智能应用，通过对每个客户、每项业务、每家分行、每位员工的画像刻画，提升高效协同水平及决策效率。

4.6 金融科技创新与新质生产力

4.6.1 以科技创新支持新质生产力

工商银行不断增强对科技领域的金融支持，致力于促进科技自主和强化核心技术，为培育和发展新质生产力注入新动力。截至2023年底，工商银行向战略性新兴产业提供的贷款总额达到了2.7万亿元，比年初增加了9500亿元，其贷款总额和增长量在行业中均处于领先地位。农业银行积极推动制造业向高端、绿色和智能方向发展，通过实施"一链一策"策略，抓住新质生产力发展的机遇，积极推广针对产业链的金融服务，支持先进制造业集群建设和强化产业链。在2024年第一季度，农业银行为超过2000家科创型央企的上下游企业提供服务，累计提供了超过210亿元的供应链融资贷款。建设银行针对科技企业的特性，创新性地推出了"科技创新表"这一新的评估模式，作为"科创评价"的第四张表，对企业的创新能力进行客观和量化的分析，使得企业的知识产权得以"信用化"和"数字化"。此外，建设银行还根据科技企业在其生命周期的不同阶段，创新性地推出了"科企融资链"，为创立、研发和技术转化等各个阶段提供定制化的信贷产品。光大银行则以国家级产业集群为关键点，采用"龙头战"和"集群战"策略，专门定制新型金融产品和业务模式，紧密结合各个产业集群企业的融资需求，构建与集群企业特性相匹配的金融服务生态系统。

4.6.2 探索创新金融服务新模式

当前，业界普遍认同并致力于发展以股权投资为核心，结合股权、信贷、债券和保险联动的金融服务支持体系。为了更好地适应新质生产力的发展需求，银行业持续拓展股权融资的途径，并积极探索投贷联动的金融服务模式。工商银行积极促进苏州地区科技创新企业的发展，为其注入新的动力和能力。通过推动工银投资与苏州创新投资集团的合作，工商银行助力成立了规模高达200亿元的苏创工融产业集群基金，这是目前苏州市规模最大的由银行主导管理的私募股权投资基金。除了与金融资本的合作，工商银行苏州分行还积极与产业资本合作，推出了针对科创企业的"供应链孵化贷"，并与苏州的领军企业建立投贷联动合作模式，专注于培育核心产业以形成新质生产力，有效地解决了科创企业在早期和发展阶段的融资难题。光大银行为了更有效地构建科技金融服务体系，于2024年推出了新版的《中国光大银行科技金融工作方案》。该方案采用了"商业银行+投资银行+私人银行"的新型服务模式，旨在为科技型企业提供更加精确、高质量和高效率的综合金融服务。光大银行还为科技型企业提供了更加灵活的利率定价和利息支付方式，扩大了"专精特新企业贷"的服务范围，并打造了"认股权"这一特色产品，以帮助科技型企业满足在国内外债券市场和股票市场的融资需求。

4.6.3 打造专业团队实现科技与金融相融合

遵循国家金融监督管理总局发布的《关于加强科技型企业全生命周期金融服务的通知》的指导，银行和保险机构被鼓励在科技资源丰富的区域建立专门的科技金融分支机构或特色机构，以便更好地服务科技型企业。为了消除金融服务在支持新质生产力方面的障碍，国内多家银行已经开始优化其组织管理结构，建立了专门服务科技型企业的团队。在2024年初，工商银行在总部层面建立了科技金融中心，并构建了一个由总行、分行、支行和网点组成的四级联动的专业化科技金融服务网络。该行增加了政策授权，并提供了必要的支持，以创建具有工商银行特色的科技金融产品与服务体系。截至2024年第一季度，工商银行已在全国设立了17个科技金融中心和160个特色支行。浙商银行通过设立专门的组织体系、提供专属的产品和服务、配备专业人员队伍、制定专门的风险政策、执行专项经营政策和建立专门的信息系统，将更多的金融资源投向科技创新领域，帮助企业解决从创立到成熟的各个阶段所面临的问题。在总行层面，浙商银行成立了科创金融部门，并提供了强有力的配套政策支持，实施了差异化的绩效评估机制，致力于构建由专业客户经理、产品经理和评审人员组成的三支专业团队。北京银行也在不断改进其支持科技创新的金融服务体制和机制，设立了总行科技创新金融中心和分行专职管理团队，建立了41家科创特色支行和18家"信贷工厂"，以提高服务的精确性和响应速度。

数字金融时代
新银行

数字金融时代已来

第三篇

明 道

第 5 章
数字金融时代
新银行的行动策略

随着数字金融时代的到来，银行业正面临着前所未有的机遇与挑战。在这个变革的时代，数字金融时代呼唤新银行的出现，而数字化敏捷银行已成为行业发展的新趋势，完美阐释了新银行的核心内涵，将引领着银行业迈向更加智能化、高效化的未来。本章将深入剖析数字金融时代新银行的概念内涵，揭示其在银行业务模式、客户体验和风险防控等方面的独特优势。在此基础上，我们将分析数字化时代银行的商业模式选择，包括盈利模式与营销模式的创新，以展现数字化转型对银行业务模式的深刻影响。数字化产品创新、数字化渠道建设、数智化客户营销以及数字化风险防控是数字化赋能的重要路径，通过分析路径及如何助力银行提升客户体验、优化业务流程、增强风险防控能力，从而实现数字化转型的全面提升，以期为银行的未来发展提供有益的参考与借鉴。数字化转型并不仅仅是技术和数据的变革，更是一场深刻的管理变革。本章还将关注管理保障方面的策略，包括人才战略、组织转型、安全保障以及财务保障等，帮助银行构建适应数字金融时代的组织架构和管理体系，确保银行转型的顺利进行。

5.1　数字金融时代新银行的定义

　　数字化浪潮下，数字化转型是各行各业加快质量变革、效率变革、动力变革的必然趋势，也是拥抱光明未来的主动选择，在这一过程中，新质生产力的概念和应用变得尤为重要。新质生产力是指由技术革命性突破、生产要素创新性配置、产业深度转型升级所催生的先进生产力。它涵盖了人工智能、大数据分析、云计算和物联网等一系列前沿技术，这些技术正在重新定义银行业务的运作方式和服务模式。传统银行服务模式正逐渐向更加数字化、智能化、敏捷化的方向发展，以应对日益激烈的市场竞争及不断扩充的服务边界。

　　IDC认为，数字化敏捷银行是以客户为中心，通过打造全面数据要素流通能力和支撑商业银行敏捷创新与高效发展的技术能力要素，赋能商业银行业务创新与可持续发展，同时以组织转型、人才支撑、财务保障和机制保障等管理手段，重塑生产力和生产关系，从而实现开放化、智能化的新型银行。

　　数字化转型不是一场简单的技术应用，其实质是一场组织变革与管理创新，关键在于将敏捷融入企业文化基因，在体制机制、工作流程和服务模式等多个方面打造一个与金融科技深度融合、适应金融科技发展要求的敏捷组织。敏于感知，用分析去竞争；捷于行动，靠速度来取胜。敏捷组织转型是数字化战略落地的前提，数字化过程极为复杂，它要求所有相关方协同合作，涉及从高层管理人员到基层员工的观念更新，并且要求银行解构并重新构建其传统的组织结构。通过整合新质生产力，银行能够实现业务流程的自动化，提升决策的数据驱动性，优化客户服务体验，从而在激烈的市场竞争中保持领先地位。这不仅仅是技术的升级，更是业务模式、组织结构和管理理念的全面革新，以确保银行能够在数字化时代中持续发展和繁荣。

敏捷银行以跨职能敏捷组织为基础，以客群经营、体验优化、产品交付和数字化营销为动力，推动银行数字化转型的落地。

运营敏捷方面，关键在于打造一个数字化的运营平台，促进运营模式从传统的流程导向转变为以数据为核心的新模式。在整体层面上集中数据资源，以便在确保授权的前提下，各个业务板块如产品开发、投资、日常运营和风险管理等能够方便且安全地获取所需数据，有效提高数据在业务运作中的基础支撑能力。

业务敏捷方面，将全组织科技活动与企业战略发展方向和商业愿景对齐，从而实现从商业愿景到科技活动的流程一致性、数据一致性、标准一致性，通过全科技运营数据的入仓与建模，实现科技加业务的全视角分析能力。

科技敏捷方面，即全组织按照敏捷方式开展科技研发活动。科技敏捷的标志是有完整的支撑需求，项目、资源、研发、测试、运维的一体化工具支撑，实现100%科技活动纳管、100%系统纳管、100%科技资源纳管，它带来了需求快速迭代能力、流程自动化能力、运维智能化能力的提升，同时具备科技效能度量与科技运营的基础能力。

组织敏捷方面，积极打造敏捷团队。一是构建团队：打造"懂用户、懂业务、懂技术、懂合规"的专业产品经理队伍，挑选具备业务能力、数据能力、技术思维的复合型人才组建敏捷团队。二是内外部专家：开展敏捷理论、组织架构、敏捷测试、持续集成工具、优秀实践与经典案例分析等内容培训，配备专门的敏捷教练负责指导行动落地，培养并提升敏捷思维。三是考核激励：打破研发项目技术单向考核的传统模式，建立"业务+技术"双向考核机制。

数字化敏捷银行致力于打造开放化、智能化、可信任、可持续发展银行。

开放银行的发展受到日益增长和不断演变的金融需求的推动，旨在更有效地满足社会的需求并增强其综合服务能力。为了应对客户对金融服务质量的日益增长的期望，商业银行采纳了一种全面开放、协作和共赢的开放银行理念，以优化生态圈的运营效率，并确保金融服务更加便捷、安全和高效。这种理念引导着银行在金融产品、基础设施、业态乃至功能方面进行深刻的变革，从而持续提升金融服务的整体质量。

智能银行的构建是数字化转型过程中的关键策略。通过打造智能银行，能够向客户提供更优质的金融服务，同时降低运营成本并提升业务绩效。商业银行在推进智能银行建设时，需全面评估自身的业务需求、技术能力、人才资源和财务状况，并根据所处的发展阶段，运用大数据、云计算和人工智能等前沿技术，打造具有自身特色的智能银行。这样的智能化转型将有效促进整体的数字化转型进程。

可信任银行，应建立健全可信数字银行安全免疫体系。随着银行数字化转型进程的不断推进，近年来各家商业银行都在持续加大科技投入。银行业的数字化转型不仅仅是工作效率和服务质量的提升，还包括银行业务的数字化决策、数字化经营和数字化管理分析等多方面。然而随着银行数字化程度加深，所有的运营服务线上化以后，网络安全的接触面和复杂度也随之上升，随之而来的是安全威胁等级提升、安全与效率的矛盾更加突出等问题。在复杂的安全环境下守住数字银行安全底线，确保信息安全系统"防得住，防得全"是商业银行在数字化转型过程中的重要挑战。

银行的可持续发展与科技创新的结合是实现数字化转型和高质量

发展的关键路径。在当前严峻的行业形势下，如何有效管理风险并保持稳健的发展成为银行业的核心挑战，为了维持可持续发展的趋势并保持优良的业绩，银行业必须持续提升创新能力。目前，国家正在加速构建一个全国性的统一大市场，随着一个标准化、定价明确、可交易的全国数据市场的形成，这些变化将为银行业的创新和可持续发展提供有力支持。

5.2　数字金融时代新银行的商业模式选择

5.2.1　盈利模式选择

从银行的经营模式转变来看，数字化转型不仅有助于实现商业银行全业务场景、业务流程的线上化、平台化转型，以提供更高效、更便捷的服务，而且通过新质生产力的融合和应用，银行能够进一步创新服务模式和提升服务质量。例如，移动银行等数字化服务形态和服务模式的普及，已经改变了人们获取金融服务的方式。通过利用人工智能、大数据分析和云计算等新质生产力技术，商业银行能够更深入地洞察客户需求，实现精准且高效的服务，从而构建以客户为中心的组织架构、业务流程和客户参与及反馈机制。这不仅提升了客户服务效率，还不断推动产品和服务的改进，提高客户满意度和忠诚度。

从银行的商业模式转变来看，平台化/开放化的商业模式成为数字化转型的主要方向。新质生产力的应用，如物联网和区块链技术，为银行提供了更多的连接机会、更丰富的资源获取及客户服务机会。商业银行正通过建立平台化战略或生态化战略，充分整合内外部资源，如数据资源、渠道资源和科技资源等，以更敏捷地响应市场变化和客户需求。通过与其他金融机构、科技公司和产业公司等建立合作关系，银行可以共享数据、产品或服务等资源，共同开发新产品和服务，提高其在客户营销、产品建设、运营服务和风险防控等领域的市场竞争力。这种合作和资源共享的模式，不仅加速了金融服务的创新，也为客户提供了更加多元化和个性化的金融解决方案，推动了整个金融生态系统的发展。

商业银行数字化转型以业务线上化、服务智能化、内控数字化敏捷服务客户需求。具体来讲，商业银行数字化转型将通过交易成本、运营效率、客户价值和风险管理四个维度对营利性产生影响。

数字化转型可降低交易成本。科斯的观点是，交易成本主要源自价格机制，这包括搜寻市场交易信息的成本、进行谈判和签订合同的成本，以及交易完成后的监管和监督成本。随着信息技术、物联网和大数据等领域的快速发展，数据的自动流转成为现实，这使得商业银行能够更迅速地掌握客户的需求，从而减少了收集信息的成本。同时，数字技术的发展也推动了线上业务场景的深化和活化，从电子化银行到互联网银行，再到数字银行的演变，用户现在可以更加方便地完成各种业务的签约流程，显著减少了交易时间，进而降低了签约成本。

数字化转型可提高运营效率。一是商业银行通过线上平台收集用户的基础信息和交互数据，实现快速而精确的客户获取。二是利用积累的客户数据，银行能够向用户推送个性化的服务信息，降低营销成本，提高营销活动的转化率。三是通过创建针对特定业务场景的数据集市和实施标准化的流程，提高业务流程的连贯性和执行效率，减少自身的运营开支。

数字化转型可提升客户价值。唯有立足于客户的实际需求和行业面临的挑战，商业银行才能通过提升业务处理速度、减少服务成本和有效风险管理，为客户创造真正的价值。通过开发场景化的综合性解决方案，使客户能够以最快捷、便利的方式完成金融和财务管理事务，从而显著提升客户的体验，并深度挖掘客户的潜在价值。

数字化转型可完善风险管理体系。借助数字化手段和方法，构建智能化的风险控制体系，能够提高风险管理效率。具体做法包括银行将财务、业务和行为等各类风险相关数据的分析工作提前进行，并建立在线的数据分析和审查模型。利用人工智能技术进行精确的监测和分析，可以充分核实客户的信用状况和经营状况，在风险行为发生之前进行有效预防。

在数字经济浪潮下，商业银行应积极把握时代大趋势，积极探索新的商业模式，具体而言，主要包括以下几个方面。

（1）以数字化方式维护合作伙伴与客群关系

强化合作伙伴生态圈构建。强化合作伙伴生态圈构建的过程中，新质生产力的融合对于提升银行的内部管理效率和外部合作能力至关重要。对内，银行通过采用人工智能和大数据分析等新质生产力技术，优化部门间的信息流通和业务协同，实现智能化的决策支持系统，从而提高业务效率并降低沟通成本。数字化的工作流程和自动化的数据处理能力，使得银行能够快速响应市场变化，提升内部运营的敏捷性。对外，银行通过与技术服务商、企业等金融机构的合作，利用云计算、区块链等新质生产力技术，完善业务系统和信息系统建设，共同探索创新的金融服务模式和产品。这些技术的应用不仅提升了服务场景的多样性和丰富性，还加强了银行与合作伙伴之间的数据共享和资源整合，促进了跨界合作和价值共创。对于个人和企业客户而言，银行可以利用新质生产力中的物联网、移动技术等，建立更加个性化和便捷的服务渠道，如通过智能设备和应用程序提供定制化的金融解决方案，增强客户体验。同时，通过数据分析和机器学习技术，银行能够更准确地识别和满足客户需求，建立长期、积极、有效的客户关系。

在数字化时代背景下，新质生产力的应用使得银行能够更好地适应客户需求和行为模式的转变，提供更加精准和高效的产品和服务。

通过构建"GBC+"（政府、企业、消费者）综合性客户生态系统，银行不仅能够实现从网络流量到忠实用户的转变，还能够通过数字化手段，如虚拟助手和智能投顾等，提供无缝衔接的线上线下服务体验，支持实体经济的增长。开放银行的理念和实践，结合新质生产力的应用，推动了银行业务模式的创新和服务模式的转型。通过构建数字生态圈平台，银行能够与企业、消费者、政府和同业进行多元化的互动，提供更加丰富和便捷的金融服务，同时也为银行自身带来了新的增长点和竞争优势。通过这样的生态圈建设，银行不仅能够提升流量转化效率，还能够增强客户的忠诚度和价值贡献，实现可持续发展。此外，通过场景化的生态系统，银行能够更有效地服务政府机构和行业领先企业，同时扩展到产业链的上下游，覆盖更多的中小企业。目前，以工商银行为代表的优秀同业在客户生态协同发展生态圈已取得了积极成果。

（2）以数字化赋能关键业务效率提升

强化数字化运营。银行应积极整合新质生产力，如人工智能、大数据分析、云计算等，以提升业务场景的智能化水平。通过这些技术的应用，银行能够更深入地理解客户需求，实现精准营销和个性化服务，同时提高风险管理和运营效率。首先，在数字化场景建设方面，银行应利用新质生产力中的物联网和区块链技术，加强与合作伙伴的协同，共同打造跨界融合的金融服务场景。这不仅能够将金融服务无缝融入消费者的生活各个方面，如娱乐、旅游、酒店等，还能够通过智能合约等技术确保交易的透明性和安全性，构建金融交易的完整闭环。其次，数字化风控能力的提升可以通过运用机器学习和自然语言处理等新质生产力技术，对大量数据进行实时分析，从而更准确地识别潜在的欺诈行为和信用风险。这样的技术应用不仅提高了审批流程的自动化程度，还能够通过智能算法优化决策过程，实现更高效的资源配置和风险控制。再次，数字化营销获客可以通过利用新质生产力中的数据分析和预测模型，全面分析客户行为和偏好，从而实现更精准的市场定位和个性化营销。结合人工智能平台，银行能够通过深度学习技术识别高价值客户群体，并在广告投放、优惠券发放等营销活动中实现更高的转化率。最后，数字化在线管理的核心在于利用新质生产力技术，如云计算和大数据分析，将战略和目标细化并落实到每一个环节。通过这些技术，银行能够实现业务流程的自动化和优化，确保战略规划在各个层面得到有效执行，提升整体的执行力和运营效率。总体来看，新质生产力的融入为银行的数字化运营提供了强大的技术支持，使得银行能够在激烈的市场竞争中保持领先地位，更好地服务客户，实现可持续发展。

（3）以数字化挖掘渠道资源价值

①渠道统筹与管理。通过建立基础性制度，实现对各种渠道的有效统筹和管理，包括制定统一的渠道发展目标、建设与管理体系的承接，以及促进不同渠道之间的相互协作。在这个基本制度框架内，明确线上和线下渠道各自的特色及其协同工作机制，并创建统一的用户体验管理标准。同时，引入新质生产力，如大数据分析、人工智能和云计算等，可以进一步提升渠道管理的智能化水平。在考核和评估体系的建立上，除了根据各个渠道的独特定位和目标确定关键绩效指标外，还应将客户体验的相关指标纳入评估体系中。通过实时监控和分析客户反馈数据，银行可以及时调整渠道策略，优化客户体验。此外，运用机器学习算法对客户满意度进行预测和趋势分析，可以帮助银行提前发现潜在问题并采取改进措施。这样的做法能够确保从高层到基层的体验管理贯穿始终，推动渠道的创新和研发工作。新质生产力的融入，使得银行能够更好地适应数字化时代的需求，实现渠道管理的智能化、精准化和高效化，为客户提供更加优质、便捷的金融服务。

②渠道协同。加强新质生产力的融入和应用，银行能够在数据资源共享、交易流程协同和全渠道平台建设等方面实现质的飞跃，为客户提供更高效、更便捷、更个性化的金融服务，同时也为银行自身的创新和发展提供了强大的动力。首先，实现数据资源共享的过程中，新质生产力的应用至关重要。通过建立全渠道运营的数据集市，不仅实现了各个渠道的数据接入、整合和共享，而且利用大数据分析和人工智能技术，可以更深入地挖掘数据价值，提供更精准的洞察和预测。这样的数据资源共享机制，能够为银行的决策提供强有力的数据支持，同时也为客户画像和个性化服务提供基础。其次，在构建交易流程的协同能力方面，新质生产力如区块链技术和云计算提供了新的可能性。以网点转型为契机，银行可以利用这些技术对业务场景进行梳理，设计并重构全渠道协同的交易流程。区块链技术可以确保交易的透明性和不可篡改性，而云计算则提供了弹性和可扩展性，使得银行能够更灵活地调整和优化业务流程，提高效率。最后，在打造全渠道协同平台方面，新质生产力的应用进一步增强了银行的服务能力和客户体验。利用物联网技术，银行可以将金融服务无缝集成到客户的日常生活和工作场景中，提供更加便捷和个性化的服务。同时，通过智能算法和自动化工具，银行可以实现业务流程的自动化，提高服务效率和准确性，优化客户旅程。

（4）以数字化降低成本收入比

数字化的营运和发展模式不仅推动了商业银行业务的扩展和精细化管理，而且通过新质生产力的应用，进一步提升了银行服务的质量和效率。首先，数字化的客户获取手段减少了新客户的边际成本，打破了传统商业银行依赖的"二八法则"，提高了小微企业、低收入群体和边远地区居民的金融服务可及性，使得银行能够更有效地挖掘长尾市场客户的价值。其次，基于客户行为数据的数字化信用评估系统与传统的信用评估手段相结合，能够从多个角度进行更精确的风险评估，从而提升银行的风险管理能力。再次，数字化的营运模式能够充分利用平台经济的优势，进一步降低运营成本并提升效率。最后，商业银行的数字化转型有助于构建数字化金融生态系统，整合生活场景，提供一站式的金融服务体验。

①提升商业银行长尾客户覆盖率。根据长尾理论，在互联网时代，企业的关注客户群体正在从需求分布曲线头部的少数热门的主流产品和市场向需求分布曲线尾部的大量而分散的利基产品和市场加速转移。实现长尾客户价值的关键基础在于运用新兴技术和商业模式，针对特定领域客户群体进行精准挖掘。手机银行应用程序通过采用数字化运营、提供个性化服务和构建共享平台等创新手段，对长尾市场进行重塑。这使得那些在传统模式下处于边缘地位的客户群体能够在新的运营规则下释放其潜在的巨大经济价值。

在数字化时代，商业银行通过采用新质生产力中的先进技术和创新做法，显著提升了对长尾客户的覆盖率和服务效率。首先，手机银行App作为数字化平台的代表，结合线上交易方式，不仅降低了服务长尾客户的边际成本，而且通过集成人工智能和机器学习技术，银行能够更精准地分析客户数据，识别客户需求，并向他们推送更为定制化的金融产品与服务。这种数字化运营方式不仅提高了服务的个性化和匹配质量，而且大幅度降低了传统网点宣传和客户经理推销的成本。其次，商业银行通过手机银行App整合了基金公司、证券公司和保险公司等金融服务商，构建了一个多元化的金融服务生态系统。利用大数据分析和云计算技术，银行能够实现更高效的资源配置和产品创新，同时，随着用户基数的增长，规模经济和范围经济效应逐渐显现，有效降低了服务长尾客户的单位成本。通过与电商平台的合作，银行能够将金融服务无缝嵌入到用户的在线购物体验中，利用用户数据分析，提供更为精准的金融产品推荐，扩大长尾客户群体。最后，手机银行App与各类商户和服务提供商的合作，使得银行能够针对特定的生活场景提供更为定制化的金融或非金融服务。例如，通过物联网技术，银行可以提供与智能家居设备相连的金融服务，或者通过增强现实技术，提供沉浸式的金融体验。这些创新服务不仅增强了用户的日常生活体验，也提高了用户对银行服务的黏性和忠诚度。通过推出与交通、餐饮、零售等行业的合作项目，银行能够通过手机银行App提供优惠券、折扣和积分兑换等服务，使得金融服务更加贴近用户的日常生活，从而提升了长尾客户的参与度和忠诚度。

②降低商业银行运营成本，提升商业银行营运效率。手机银行App作为商业银行数字化转型的重要工具，不仅显著降低了运营成本并提高了运营效率，而且通过新质生产力的整合和应用，进一步推动了银行服务模式的创新和优化。根据国际电子银行的运营数据，电子银行的运营成本大约占其经营收入的15%到20%，而在传统的线下网点扩张模式中，商业银行的运营成本则高达经营收入的60%。手机银行App通过替代传统物理网点，以及利用大数据、云计算、人工智能等新质生产力技术提升银行的数字化水平，有效降低了成本。一方面，随着数字化的快速发展，商业银行的物理网点作为传统商业模式的一部分，其业务增长模式正逐渐向线上转移。智能服务和技术支持的优势，如通过人工智能提供的智能客服和风险管理，以及云计算提供的弹性计算资源，使得银行能够突破时间和空间的限制，提供更加便捷和高效的服务。另一方面，手机银行App的快速发展得益于技术的持续更新和市场适应性的改进。例如，利用机器学习算法对用户行为进行分析，银行能够提供更加个性化的服务和产品推荐。同时，通过区块链技术提高交易的安全性和透明度，增强了客户对手机银行App的信任和依赖。此外，商业银行的业务相互关联，手机银行App的发展也推动了线下网点的数字化转型，促进了智能网点的建设。智能网点利用物联网技术，如智能监控和自助服务终端，提高了网点的运营效率和客户体验。随着智能网点的建设，基层网点运营人员数量减少，而银行数字

终端和智能柜台的数量增加，这不仅提高了服务效率，也降低了人力成本。商业银行数字化转型的加速，将使得手机银行App与智能网点之间形成更多良性互动，推动网点的进一步智能化和集约化。通过新质生产力的应用，如自动化流程和智能分析工具，银行能够实现更高效的资源管理和风险控制，从而进一步降低运营成本，提高运营效率，为客户提供更加优质和便捷的金融服务。

③提升商业银行风险控制水平。在传统商业银行的客户信用评级方法中，主要关注点包括客户的财务状况、行业发展趋势、抵押质押物的价值和流动性。这些评级方法在指标选择和重要性分配上往往包含较多的主观性，缺乏基于大量实际数据的统计分析验证。在企业信用评级过程中，往往忽视了企业的独特特征，同时对评级对象各指标间的相关性分析也不够充分。在个人客户授信方面，关注指标较少，代表性不足，导致小微贷款风险难以有效控制。随着数字化转型的推进，商业银行的风控手段正经历着一场智能化的变革。新质生产力的融入，尤其是大数据、人工智能、机器学习和云计算等技术的应用，为信用评级和风险管理带来了革命性的变化。互联网金融产品如花呗、借呗和京东白条，它们通过利用大数据技术对个人客户的交易记录、消费习惯和现金流状况等进行量化分析，从而提供更加精确的信用评分和风险评级。这些技术的应用不仅提高了信用评估的准确性和效率，还能够实时监控客户的信用状况，及时发现潜在的风险点。通过大数据分析和App平台的支持，授信后的资金流向监管也变得更加便捷。手机银行App作为商业银行数字化转型的关键措施之一，其积累的客户数据为银行提供了利用大数据改进信用评估模型、提高信用评级准确性的机会。这不仅强化了资金流向的监督，也显著提升了商业银行的整体风险控制水平。通过智能风控系统的建设，商业银行能够更有效地识别和预防潜在风险，实现风险管理的精细化和智能化。例如，利用机器学习算法对客户行为进行模式识别，银行可以预测贷款

违约的可能性，并采取相应的风险缓解措施。此外，区块链技术的应用可以提高交易记录的透明度和不可篡改性，进一步增强信用评级的可靠性。

5.2.2 营销模式选择

（1）要满足客户自主化、个性化、专业化需求

在数字化时代，银行业务的传统运营模式已经发生了根本性的变化，新质生产力的融入成为这一变革的关键驱动力。管理和重建与客户的关系成为金融行业未来的首要任务，而提供最佳的客户体验成为数字化运营的核心目标。新质生产力，特别是人工智能、大数据分析、云计算和物联网等技术，正在引领现代银行管理模式的根本变革。在运营控制手段上，银行正从传统的行政推动转变为信息推动，其中大数据和人工智能技术的应用使银行能够更精准地分析市场趋势和客户需求。在运营管理上，银行从交易资金的商品化转向行为数据的商品化，利用客户行为数据来优化产品和服务。在经营管理上，银行从标准化、独立化、专业化转变为更加个性化、敏捷化和协同化的新模式，这得益于云计算和物联网技术提供的灵活性和连接性。

商业银行应当采纳以"创新、数字化、开放性、合作"为核心理念的发展策略，致力于实现具备"管理智能化、产品个性化定制、业务协同运作、渠道边界模糊"四大特点的数字化运营目标。通过利用新质生产力，银行能够提供更加精准和个性化的金融服务，满足客户多样化的价值需求。同时，银行应寻求在虚拟与实体、数字技术与人类互动之间实现最佳平衡，确保与客户的互动自然、直接且流畅。管理智能化方面，商业银行应利用人工智能、大数据等先进技术，建立智能化的金融风险评估体系，以提高风险管理能力，提前预防风险。产品定制化方面，银行应深入洞察客户需求，利用大数据分析提供细

致、可定制的金融产品组合。经营协同化方面，通过构建跨部门横向合作、前中后台纵向一体化的运营体系，促进银行内部的业务协同。渠道无界化方面，银行应将金融服务无缝衔接到个人和企业的日常活动中，利用物联网技术将实体渠道与线上渠道相结合。

（2）要把握金融服务参与者与内容多样化特征

在数字化的当下，银行业务模式正经历着显著的转变，新质生产力的融入成为这一变革的关键驱动力。线上吸引客户的能力变得尤为关键，银行不断地对客户群体进行细分，并持续推出新的金融服务产品和业务，使得其业务平台具备了"渠道、产品、营销"等多重功能。在未来的金融行业中，管理和重建与客户的关系成了核心任务，而提供最佳的客户体验则是数字化运营的核心目标。在金融服务中，极致的用户体验主要体现在以下三个方面：一是客户接触点无处不在，使得金融服务随时随地可及；二是客户体验过程连贯无阻，确保金融服务的流畅性和愉悦感；三是对客户特征进行深入分析，以满足客户的多元化和个性化需求。

以人工智能、大数据等前沿技术为基础，银行正在广泛深入地改善营销领域新型基础平台建设、应用场景建设与服务能力改进。例如，利用大数据分析，银行能够更准确地识别和预测客户需求，实现精准营销和个性化服务。同时，云计算平台提供了强大的数据处理能力和灵活的资源配置，支持银行快速响应市场变化，提供更加灵活和高效的金融服务。一方面，以VR、AR和MR为代表的XR系列技术将成为改变银行营销方式的"未来能力"，为用户提供虚拟场景与现实世界无缝转换的视觉交互体验。这些技术不仅改善了银行营销业务的服务质量与模块化协作能力，而且在运营成本和服务模式方面也带来了技术性变革。以这些技术为基础的虚拟数字人，能够在银行营销中提供智能化、专业化的营销服务，实现营销机会的挖掘，为银行建设元宇宙社区营业厅、实现元宇宙中的银行用户社交奠定技术基础。另一方面，以人工智能的大模型技术为基础，决策式AI和生成式AI的综合化广泛应用将重新定义银行营销服务业态。决策式AI能够模拟人类决策过程，依据输入信息在短时间内快速做出决策，而生成式AI则能够模仿人类的创造能力，处理大量创新问题与生成创新式内容。在银行数字化营销产品的应用层面，这些AI技术与深度学习大模型一起形成了一个紧密联系的技术生态体系，通过提升图像识别、自然语言处理、模型预测等能力，实现对于用户的商机挖掘与销售预判。这不仅能够增加消费场景，提升营销决策效率，还能够自动化生成宣传文案和图片，全面降低营销的人力成本。

（3）要抓住营销渠道的服务综合化趋势

渠道建设作为银行业务的基石，在数字化转型的过程中，新质生产力的融合和应用成为推动银行业务发展的关键因素。数字化转型的成效不仅对银行在营销、产品创新、风险管理等关键领域的数字化能力产生深远影响，而且通过构建数字化渠道并实现这些渠道之间的智能联动，银行能够更有效地满足客户需求，提升服务质量。在数智化建设方面，银行正通过整合大数据分析、人工智能和机器学习等前沿技术，提升渠道的智能化水平。例如，利用机器学习算法对客户行为进行分析，银行能够预测市场趋势，实现精准营销和个性化服务。同时，人工智能技术的应用使得银行能够提供7×24小时的智能客服支持，提高客户服务效率和满意度。通过数字化渠道，银行能够提供一站式的金融服务，涵盖从传统的存款、贷款到投资咨询以及财富管理等多元化金融解决方案。这些服务通过智能算法和个性化推荐系统，确保每位客户都能获得最适合自己的金融产品和服务。例如，一些银行推出了集支付、理财、转账、贷款等多种功能于一体的手机银行App，这些App不仅能够提供基础的金融服务，还能够通过分析客户的财务状况和消费习惯，提供定制化的金融建议和服务。此外，银行还与第三方服务商合作，将金融服务融入电商、旅游、教育等日常生活场景中，进一步拓宽了服务范围，提升了客户黏性。例如，通过与电商平台的合作，银行能够提供便捷的支付解决方案和即时信贷服务，同时通过大数据分析客户的购物习惯，提供个性化的金融产品推荐。

5.3 数字化赋能路径选择

商业银行在进行数字化转型的同时，应积极观察数字经济发展变化，从中找到商机和发展机遇，借助数字经济发展势头，加快前行速度。

5.3.1 数字化产品创新

在数字化敏捷银行的建设中，数字化产品创新作为新质生产力的重要体现，不仅有助于银行响应国家创新驱动发展战略，更是应对市场竞争、提升客户体验以及实现转型升级的必由之路。新质生产力强调以数字化、智能化为核心，推动传统产业转型升级，提升产业价值链的整体竞争力。因此，在数字化产品创新中，银行需要深入挖掘客户需求，整合内外部资源，提升产品智能化水平，打造创新产品生态，并确保创新产品的稳健发展。

（1）深入了解客户需求

深入了解客户需求是数字化产品创新至关重要的第一步。为此，银行需要建立一套完善的客户数据收集机制。通过线上渠道、线下网点和社交媒体等多种途径，银行可以全面收集客户的交易记录、行为偏好和消费习惯等信息。在收集到这些数据后，银行应运用大数据分析技术，对这些数据进行深度挖掘和分析，以揭示客户的潜在需求和痛点。基于对这些客户数据的深入分析，银行可以进一步设计并推出个性化的数字化产品。例如，针对年轻客户群体，银行可以推出具有时尚元素和便捷操作的移动支付产品，以满足他们对便捷性和时尚性的追求；而对于高净值客户，银行则可以提供定制化的财富管理方案和投资组合推荐，以满足他们对财富增值和个性化服务的需求。

（2）整合内外部资源

为了推动数字化产品创新，银行需要积极整合内外部资源，发挥新质生产力的优势，打造跨界创新产品。在合作伙伴的选择上，银行应关注科技公司、电商平台、社交媒体等领域的领先企业，关注其技术实力、市场影响力以及双方业务的互补性。通过与这些合作伙伴的资源共享和优势互补，银行可以获得更多的创新资源和数字化能力。与科技公司合作，银行可以引入先进的人工智能和区块链等技术，提升产品的智能化水平和安全性；与电商平台合作，银行则可以获取更丰富的消费场景和用户数据，为产品创新提供更多的市场洞察。基于这些资源整合和优势互补，银行可以推出具有跨界特色的创新产品，如基于社交关系的金融理财产品或与电商平台合作的一站式购物金融服务等，从而拓展服务范围并提升市场竞争力。

（3）提升产品智能化水平

在数字化产品创新中，产品智能化水平的提升起到决定性作用，而新技术的应用在其中至关重要。银行可以积极运用人工智能技术，实现智能风控、智能投顾和智能客服等功能。通过机器学习和深度学习等技术，银行可以对客户进行精准画像和风险评估，为客户提供个性化的金融服务。大力发展区块链技术的运用也可以为银行带来诸多优势。区块链技术具有去中心化、不可篡改等特点，可以应用于数字资产交易和供应链金融等领域，确保交易的安全性、透明性和可追溯性。云计算技术也可以帮助银行实现数据的实时分析和处理，提升产品的响应速度和用户体验。通过构建灵活可扩展的金融服务系统，银行可以更好地满足客户的即时需求，提升服务质量和效率。

（4）打造创新产品生态

数字化产品创新是一个持续优化的过程，打造创新产品生态也是新质生产力的重要体现。为了保持产品的竞争力和适应性，商业银行应建立快速响应市场变化的机制，定期对创新产品进行迭代和优化。通过收集用户反馈和市场数据，银行可以深入了解产品的优势和不足，并制订针对性的改进方案。商业银行应重视创新产品生态的构建工作，通过与其他产品的互联互通，可以形成完整的产品链和服务链，为客户提供一站式的金融服务体验。例如，将移动支付产品与贷款产品、理财产品等进行融合，实现客户资金的灵活配置和增值。商业银行还应积极培育创新文化，鼓励员工创新，通过设立创新基金、举办创新大赛等方式，激发员工的创新热情和创造力，推动创新产品的不断涌现。

（5）确保创新产品稳健发展

在数字化产品创新的过程中，合规与风险管理是银行必须重视的方面。为了确保创新产品的合规性，商业银行应加强对员工的合规培训和教育，确保员工了解并遵守相关法律法规和监管要求。同时，还应建立完善的合规管理制度和流程，对创新产品进行严格的合规审查。在风险管理方面，银行应对创新产品进行风险评估和监控，确保产品的风险可控。通过建立风险预警机制、制定应急预案等方式，及时发现并应对潜在风险，保障客户的资金安全和合法权益。此外，商业银行还应积极与监管部门保持沟通与合作，及时了解监管政策的变化和要求，确保创新产品符合监管导向并推动行业的健康发展。

总体而言，数字化产品创新是新质生产力的重要体现，数字化产品创新的策略是银行实现转型升级、提升竞争力的关键所在。通过深入挖掘客户需求、整合内外部资源、运用新技术以及持续优化迭代产品，商业银行能够打造出更具个性化、智能化和竞争力的创新产品。这些创新产品不仅能够帮助商业银行提升客户体验，满足市场多样化需求，还能够拓宽服务领域，增强盈利能力。因此，银行应积极推动数字化产品创新策略的实施，不断探索创新路径，以应对日益激烈的市场竞争，实现可持续发展。

5.3.2 数字化渠道建设

全渠道协同能力是商业银行竞争成败的关键（刘银行，2021），这种能力会直接影响客户体验、金融服务供给能力、运营效率和成本。加快发展高附加值生产性服务业不仅是实现中国现代化的必由之路，也是新质生产力的重点领域之一，金融服务类作为高附加值生产性服务业的一部分，值得重点研究。随着大数据、云计算和AI等为代表的互联网金融企业的快速发展，用户对于体验要求逐步升高并呈现多样化和个性化的趋势。而用户满意度直接与财务回报呈正相关关系，因此商业银行需大力推动用户体验工作的发展，推动线上线下渠道的深度融合与互补，构建全面协同的渠道体系，实现客户信息的共享与业务流程的协同，提升服务效率与客户体验。

（1）加强线下渠道智能化改造

在数字化敏捷银行建设中，线下渠道的智能化改造是提升网点服务能力的关键所在，也是展现新质生产力的重要手段。通过引入智能设备，如智能柜员机、人脸识别系统等，可以实现快速、准确的客户身份识别和业务处理，减少人工操作环节，提高服务效率；优化业务流程，简化烦琐的手续和步骤，缩短客户等待时间，提升客户体验。加强员工技能培训，提升员工对智能设备的操作能力和业务处理能力，确保能够为客户提供高效、专业的服务。在环境优化方面，注重厅堂环境的整洁、明亮和舒适，营造温馨、专业的服务氛围。通过合理的布局和标识，引导客户快速找到所需服务区域，提高服务流程的顺畅性。关注客户动向的改进，通过优化服务流程、设置合理的等候区域等方式，减少客户在网点的移动距离和时间，提高服务效率。

（2）优化线上渠道功能

线上渠道作为银行服务的重要延伸，其功能的优化对于提升客户体验至关重要，也是释放新质生产力潜能的关键。完善手机银行、微信银行等线上服务平台的功能，包括账户查询、转账汇款、投资理财和贷款申请等，满足客户的多样化需求；优化界面设计和操作流程，简化操作步骤，提高操作的便捷性和直观性。注重客户需求的深度挖掘与精准营销。通过收集和分析客户的交易数据、行为偏好等信息，深入了解客户的需求和偏好，为客户提供个性化的服务推荐和精准推送。例如，根据客户的投资偏好和风险承受能力，推荐适合的理财产品；根据客户的消费习惯，推送优惠活动和折扣信息。加强线上渠道的互动性和社交性。通过引入在线客服、社区论坛等功能，为客户提供实时咨询和交流的平台，增强客户与银行的互动和黏性；利用社交媒体等渠道，加强与客户的互动和沟通，提升品牌影响力和客户忠诚度。

（3）实现渠道间的无缝衔接与协同服务

实现渠道间的无缝衔接与协同服务，是数字化渠道建设的重要目标，也是新质生产力优势的重要体现。构建全渠道客户数据的集成和管理能力，将各渠道的数据进行整合和共享，打破数据壁垒，实现信息的互联互通。通过数据分析，深入挖掘客户需求和行为特征，为渠道建设提供决策支持。构建交易流程协同能力，通过梳理业务场景和优化业务流程，实现线上线下渠道的深度融合与互补。例如，通过线上预约、线下办理的方式，实现业务的快速处理和交付；通过线上咨询、线下解决的方式，提供全方位的服务支持。建设全渠道协同平台，实现线上线下渠道的协同作业和资源共享。通过优化客户旅程、提供多元化服务通道等方式，提升服务效率和客户体验。例如，通过线上渠道引导客户前往线下网点办理业务，或通过线下网点推荐客户使用线上渠道进行自助服务。

（4）数据驱动提升渠道运营效率

数据是数字化运营的核心驱动力，也是新质生产力的重要驱动力。通过收集和分析渠道运营数据，可以深入了解渠道的运行状况和客户需求，为渠道建设提供决策支持。建立完善的数据收集和分析体系，收集各渠道的交易数据、客户数据和市场数据等，进行深度挖掘和分析。运用数据分析结果优化渠道运营策略。根据数据分析结果，调整渠道布局、优化服务流程、提升服务质量等，提高渠道运营效率和客户满意度；通过数据监测和预警机制，及时发现和解决渠道运营中的问题和风险。注重数据安全与隐私保护。在数据收集、分析和应用过程中，应严格遵守相关法律法规和隐私政策，确保客户信息的合法合规使用和保护客户隐私权益。

（5）推动渠道建设不断升级

数字化渠道建设是一个持续创新的过程，也是新质生产力创新活力的重要体现。银行应密切关注市场动态和技术发展趋势，不断探索新的服务模式与渠道形态。引入新技术，如人工智能、区块链等，推动渠道建设的智能化和自动化水平提升。通过新技术应用，优化服务流程、提升服务效率、降低运营成本。拓展新场景和新业务。根据市场需求和客户偏好，拓展新的服务场景和业务领域，如智能家居和智慧医疗等，将金融服务与日常生活场景相结合，提供更便捷、更贴心的服务体验。加强与其他行业的合作与共赢。通过跨界合作和资源共享，实现优势互补和互利共赢。例如，与电商平台合作推出联名信用卡、与旅游平台合作提供旅游金融服务等，拓宽服务渠道和增加客户黏性。

总体而言，数字化渠道建设不仅能够提升客户体验和运营效率，还能拓展业务范围、降低运营成本并提升盈利能力。因此，商业银行应积极推进数字化渠道建设，全面提升银行的服务效率、客户体验和市场竞争力，推动银行数字化转型的深入发展。

5.3.3 数智化客户营销

在数字经济蓬勃发展的时代，商业银行正面临着前所未有的机遇与挑战。尽管商业银行也在不断转变营销管理的机制体制（陆岷峰，2023），但传统营销模式本身拥有的一系列痛点将无可避免地制约银行的发展。数字化手段不仅为银行业提供了突破困境的战略路径，而且精准数字营销更是成为银行拓展业务、提高市场占有率的核心策略。特别地，新质生产力的崛起，为商业银行数智化客户营销带来了前所未有的机遇。新质生产力强调通过技术创新和模式创新，实现生产力的跨越式发展，提升经济效率和社会福祉。商业银行应积极拥抱新质生产力，以数智化客户营销为突破口，实现业务的快速发展和市场的深度拓展。

（1）深度利用大数据

第一，建设强大的数据基础设施，通过投资先进的数据存储和处理系统，引入云计算和大数据平台等技术，确保高效处理大规模的数据。此举能够有效应对日益增长的数据量和复杂性。第二，整合多渠道数据源，包括网银、移动应用、ATM交易和社交媒体等。通过整合这些多样化的数据源，银行能够构建全方位的客户视图，更全面地了解客户行为和需求。第三，采用先进的数据分析和挖掘技术，建立专业的数据科学团队，利用机器学习和人工智能等先进技术对客户数据进行深度挖掘和分析。通过识别潜在的消费趋势、客户偏好和行为模式，银行能够更深刻地理解客户群体。第四，实施个性化营销策略，开发个性化的产品和服务，制订精准的营销计划，包括个性化的推荐系统和金融方案，以满足不同客户群体的独特需求（袁栩，2022）。第五，建立实时数据监测和反馈机制，确保能够实时监测客户行为和市场变化，及时调整营销策略，建立实时数据仪表板、利用预测分析等手段，以保持对市场的高度敏感性。

（2）整合人工智能

首先，引入先进的聊天机器人和智能客服系统。通过这些技术，在数字渠道中可替代员工完成大量重复或在规定时间内难以完成的任务，为客户提供全天候的支持。其次，通过机器学习算法不断优化聊天机器人的性能。通过分析客户的互动历史和反馈，商业银行可以训练机器学习模型，使聊天机器人更具智能化和个性化，更好地理解客户需求并提供个性化建议，提升工作效率。再次，银行可以将人工智能整合到多个数字渠道中，包括网银、移动应用和社交媒体平台，为其他数字技术的发展提供了支持，从而在综合应用中创造出更大的效益，也能有助于提高客户体验的连贯性，增强品牌形象。此外，银行可以通过数据分析挖掘客户互动数据，了解客户的偏好和需求。这样的洞察可以用于优化人工智能系统，确保提供的服务更符合客户期望，有针对性地推送相关产品和服务，从而提升数字营销的精准度。最后，银行需要关注人工智能技术的不断创新和发展。通过跟踪行业趋势，及时引入新技术和功能，确保人工智能系统始终保持领先水平，商业银行能够推动新质生产力的发展，提升服务质量和市场竞争力。

（3）实施个性化营销策略

充分整合元宇宙技术，以拓展新的营销场景和提升客户体验，推动个性化营销，充分发挥新质生产力的优势，提升营销效果和市场竞争力。一方面，可基于元宇宙的虚拟场景构建与现实世界平行的虚拟世界，使得客户在虚拟环境中能够与自然人和数字机器人相互交流，随时切换虚实场景，从而加强与客户的互动，为场景金融提供创新可能性。对于商业银行的营销人员而言，虚拟场景的刺激感触能够提高工作的幸福度，促进更富创意的营销策略的制定。另一方面，基于对客户深入的理解，银行可以开发个性化的产品和服务，制定定制的促销活动、个性化的推荐系统、定制的金融方案，以满足不同客户群体的独特需求。借助元宇宙虚拟环境中构建的营销场景可以无限复制和应用的特点，商业银行营销活动的风险和成本能大幅降低，这使得商业银行能够在虚拟的营销世界中灵活尝试各种策略，由传统的被动营销转变为主动选择性营销，更能提高客户的满意度和忠诚度。

（4）持续创新与优化

首先，银行应不断发展和利用新技术，如通过物联网技术获取大量实时数据。将物联网传感器应用于各个业务场景，例如ATM、移动支付设备和智能终端等，可以收集客户行为、交易模式和位置信息等数据，为银行提供更全面、准确的客户洞察，帮助银行更好地理解客户需求和市场趋势，为数字营销提供更有针对性的数据支持。其次，确保新技术的全面运用与完成效果，如通过物联网技术保障银行和客户双方金融交易活动的全过程可控、可见。这有助于建立真诚的合作关系，降低了在银行和客户合作过程中可能出现的风险，提高了合作的透明度，使双方更加信任和依赖彼此。最后，商业银行需要建立灵活的调整和优化机制。利用物联网技术传输的实时数据，银行可以快速响应市场变化和客户反馈，及时调整数字营销策略。通过物联网技术使资产管理变得更为高效可行，为商业银行提供了新的保障资源，拓宽了产品创新的空间。

总体而言，数字化营销为商业银行带来了快速、快捷、精准、低成本、强黏性和高信息利用率等多方面的优势。通过以上策略的整合，商业银行可以更好地满足客户需求、提升服务水平、拓展市场份额。因此，商业银行应该大力推进数字化营销，以适应数字时代的潮流，不断提升竞争力，实现可持续发展。

5.3.4 数字化风险防控

随着金融业务的不断发展和科技的迅速崛起，商业银行在面临日益复杂多变的市场环境时，传统的风险控制方式逐渐显露出一系列问题。这些问题不仅令银行在应对新型风险、提高风险应对效率上面临挑战，也阻碍了其更好地满足客户需求、拓展业务领域的能力（曾刚，2023）。

在数字时代，商业银行面临的风险也更为多面，主要包括信息安全风险、技术风险以及市场风险等（王佩雯，2023）。信息安全风险是指在数字化环境下，客户的个人信息可能遭到非法获取或滥用，网络攻击和数据泄露等威胁不断增加。技术风险涵盖了系统故障和软件漏洞等技术层面的问题，可能导致业务中断和不稳定性。市场风险则主要源于数字经济的快速变化，包括市场需求波动、竞争格局变化等，对商业银行的运营和策略提出更高要求。只有充分了解数字时代的风险特征，商业银行才能更好地应对和规避潜在的风险威胁，制定出有效的数字化风险控制策略，确保金融体系的安全稳定。新质生产力的崛起为商业银行应对这些风险提供了全新的解决方案和思路。商业银行有望通过数字化手段实现更加智能、精准、高效的风险管理，为金融业务注入新的活力。因此，商业银行亟须制定切实可行的数字化风险控制策略。

（1）深化风险管理机制的智能化建设

银行需要对现有的风险管理机制进行全面梳理，发现其中的短板和不足。借助新质生产力，通过引入先进的科技手段，如大数据和人工智能，可以使风险管理机制更加智能、精准。深化风险管理机制的关键在于建立全流程的数字化风控体系。这需要从客户身份验证、交易监测和风险识别等方面进行细致而全面的规划。通过智能化的手段，银行可以更好地了解客户行为，发现潜在风险，并及时做出响应。同时，深化风险管理机制还需要与业务流程深度融合，使风险管理不再是简单的制度层面的执行，而是与业务运营紧密结合，形成有机的整体（曾利彬，2023）。智能风险管理机制的深化不仅是一次性的建设，更需要定期优化和更新。银行应当建立灵活的制度调整机制，随时适应市场和技术的变化。这样的动态调整机制能够使银行始终保持在数字化风险控制的前沿，不断提升风险管理的水平。

（2）构建高效的数字化风险管控团队体系

首先，银行需要根据数字化风险控制的需要，明确不同层级、不同职能的风险管理人员，并设立相应的责任和权限。这有助于形成层级分明、协同高效的组织体系。其次，为团队成员提供专业的培训和培养渠道，使其具备数字化风险控制所需的技术、理论和操作能力，以便更好地应对风险管理工作的复杂性和多样性。最后，数字化风险控制团队需要具备对新技术的敏感性和创新意识，因为科技的不断发展使得风险形势日新月异。因此，需要建立一种具备前瞻性和创新性的组织文化，鼓励团队成员积极尝试新的数字化手段和方法，以提高风险管控的灵活性和适应性。构建高效的数字化风险管控团队体系并不是一劳永逸的事情，而是需要不断调整和优化。银行应当建立起灵活的组织架构，允许在需要时迅速调整团队结构，以适应不同业务和市场情境。

（3）构建智能化客户风险管理体系

在数字化时代，客户风险管理变得尤为重要。商业银行应借助新质生产力的优势，构建智能化客户风险管理体系。首先，银行可以通过引入大数据和人工智能技术，建立客户画像和行为分析模型。这使得银行能够全面了解客户的交易模式、使用习惯以及资金流向，为客户风险提前预警提供数据支持，更准确地判断客户潜在的风险状况。其次，采用高度自动化和即时性的智能化客户风险管理系统，实现实时监测和快速反应。通过设置智能报警机制，银行可以在客户出现异常行为或风险迹象时及时发现并采取相应措施，降低风险损失，更加灵敏地应对动态的风险情况。最后，数字化风险控制还需要将客户风险管理纳入更广泛的业务体系。通过与其他业务系统的无缝连接，银行可以实现信息的共享和协同，使得客户风险管理更加全面和深入。这也包括了与银行同业共享数据，增加企业客户违约的成本，以有效发挥信用市场的激励机制和失信惩戒效应，与合规部门的紧密合作，确保客户风险监测体系在法规和政策层面的合规性。

（4）维持信息安全和系统的稳定可靠

首先，银行需建立高效的数据加密和隐私保护机制，确保客户敏感信息在数字化操作中得到妥善保管。采用先进的加密技术和访问控制措施，银行可以最大限度地降低数据泄露的风险。其次，定期对系统进行全面的安全审计和漏洞扫描，及时发现并修复潜在的安全漏洞，从而确保系统的整体稳定性。商业银行可进行定期的红蓝团队演练，通过模拟攻击和防御来检验系统的安全性，并及时修复潜在漏洞。再次，引入多种先进技术，如区块链技术的应用可以确保数据的安全性和不可篡改性，为数字化业务提供可信赖的基础，多因素身份验证（指纹识别、面部识别和短信验证码等），以提高客户身份验证的安全性，减少恶意访问风险（韩晨宇和张颖，2023）。最后，商业银行可以与专业的网络安全机构合作，共同应对数字领域中的新兴威胁和风险。建立信息安全合作机制，及时获取最新的威胁情报和安全防护技术，以提高数字化风险控制的前瞻性和实效性。

（5）确保数字化转型在法律法规框架内的合规性

首先，商业银行在数字化转型过程中应严格遵循国家相关法律法规，确保数字化业务的合法性。通过建立法务团队，深入研究各项法规，并将其融入数字化转型的方案中，以确保银行的数字化转型在法律框架内健康有序地推进。其次，商业银行需加强内部合规培训，确保员工充分了解并遵循法规要求。包括定期组织培训课程，使员工具备数字化时代的法律法规素养，加强他们对合规风险的认识，降低操作过程中的法律风险。再次，商业银行需积极与监管机构进行沟通和合作，及时获取最新的监管政策和法规动态，通过建立有效的沟通机制，更好地理解监管的要求，调整自身的数字化策略，保持与监管政策的一致性。最后，商业银行还应加强数字化转型过程中的风险评估，及时发现可能存在的合规隐患，并采取相应措施进行纠正，包括建立全面的合规检查机制，确保数字化转型的每一环节都符合法律法规的要求。

数字化风险控制具有多方面的优点。首先，它实现了全面性和实时性的风险监测，通过运用大数据和人工智能技术，系统能够即时感知市场和客户变化，提高对各类风险的全面性监控。其次，数字化风险控制系统采用智能化决策模型，借助大数据分析，提高了对客户行为和潜在风险的准确预测能力，使决策更加科学和智能。再次，数字化风险控制有效降低了相关运营和管理成本，通过高效处理大量数据，提高了风险管理的效率。客户体验方面，数字化风险控制通过个性化监测，更好地满足客户需求，提升服务水平，增强客户满意度。最后，数字化风险控制系统提高了信息的利用率，有效利用数据为决策提供支持，为商业银行提供了更全面、准确的风险管理工具。综合来看，数字化风险控制为商业银行带来了全面、智能、高效、个性化、成本降低等多方面的优势。因此，转型中的商业银行应加强数字化风险控制，为银行各项金融业务提供可靠保障。

5.4 技术与数据支撑

5.4.1 数字化基础设施

　　银行数字基础设施是数字化敏捷银行提供金融服务的重要支撑，它可为银行提供更高效、更便捷、更安全的金融服务能力。持续推进新型数字基础设施建设，是银行业实现数字化、网络化、智能化升级的前提，是提升客户体验（CX）和业务韧性的基础，将其智能化、自动化融入业务运营中，并支持企业和行业数字化的持续创新。构建弹性、敏捷的基础设施是商业银行推进数字化敏捷银行建设的重点。

　　银行数字基础设施建设是一个长期而复杂的过程，涉及多个方面和维度。数字化敏捷转型需要经历深层次的改造，包括底层连通向枢纽化交互结构改造，产品服务向标准化或准标准化改造，运营管理向开放共享架构改造。这个过程不仅需要银行内部加强金融基础设施建设力度，也需要整个金融同业协同加大公共性投入。央行《金融基础设施监督管理办法（征求意见稿）》明确提出，"不断优化金融基础设施布局"，"促进金融基础设施之间有序互联互通，促进服务市场与支持监管并重"。未来，数字化基础设施在立足各自领域、行业基础上，会更强调协调发展，突出数字支撑和数字风控两方面的整体性、系统性。

从行业共建角度来看，一方面需要依托数字化基础设施来搭建安全可靠的"数据桥梁"，整合金融资源，深化金融供给的普惠性，对实体经济形成有力支撑；另一方面需要依托数字化基础设施来构建行业的数字化风险治理体系。

(1) 加快构建金融行业的数字化基础设施底座，对实体经济形成有力支撑

推进金融基础设施数字化。加快推进包括金融资产的登记、托管、清结算体系、支付体系以及交易设施、交易报告库，以及基础的征信体系等的数字化。

搭建"数据安全桥梁"。数据作为新型生产要素，是数字化、网络化、智能化的基础。数字化基础设施需要大力推动行业数据基础制度的健全，保障安全流通，促进数据价值释放。同时，在监管部门指导下依法合规加强管控，确保数据使用安全。

提升金融服务的实效性。金融行业的数字化基础设施应发挥公信力、中立性特点，衔接政府有形的手和市场无形的手，满足政府、商业机构和群众的多方诉求。通过广泛应用大数据、云计算、人工智能和区块链等技术，开展金融服务深化，创新经营管理模式、流程和产品，完善产品模式和拓宽金融服务范围。

(2) 依托数字化基础设施构建金融行业数字化风险治理体系

金融业强调风控先行，数字化的金融业需要数字化的风险治理体系与之匹配。金融基础设施在不干扰价格形成和市场自发选择的前提下，在交易一线监测和防范风险，于无形之中发挥有形作用。

积极融入数字化金融监管体系。通过嵌入交易流程，基础设施可将全面、真实的"生产数据"纳入监管视野，解决信息采集滞后且颗粒度不足的难题。还可定制开发监控模型，自动生成评估报告，对各类风险实现早识别、早预警。

提升金融行业风险控制能力。金融业整体数字化风险治理能力正在提升，但部分领域、部分机构仍有缺口。一方面，应加快大数据分析、人工智能和数字算法等技术的引入，推动商业银行资产负债结构的迅速转变，促进负债结构的多元化转型。另一方面，应扩大全面场景应用、大数据等技术应用广度与深度，提升风险评估、反欺诈、金融服务合同分析、贷前审查和贷后管理等风险管控能力。

从银行自身角度来看，通过从业务系统、应用系统、数据中台、技术中台和金融云平台五个维度，进行全面规划和实施，银行可以逐步实现数字化敏捷转型的目标。银行需要持续关注新技术的发展和应用趋势，不断优化和完善数字化基础设施架构和服务模式，同时加强人才培养和技术团队建设工作，为数字化转型提供有力的人才保障和技术支持，也为银行的可持续发展奠定坚实基础。

业务系统的数字化建设。业务流程优化：银行需要对业务流程进行全面梳理和优化，消除冗余环节，提高业务处理效率。通过数字化技术，实现业务流程的自动化和智能化，降低人力成本，提升客户体验。移动化服务：随着移动设备的普及，银行需要提供便捷的移动化服务。通过开发移动应用程序和微信公众号等渠道，实现随时随地的金融服务，满足客户的个性化需求。线上渠道拓展：银行需要积极拓展线上渠道，包括网上银行、手机银行、微信银行等。通过线上渠道，为客户提供更加便捷的金融服务，提高业务覆盖面和客户满意度。

应用系统的数字化建设。核心系统升级：银行需要对核心系统进行升级改造，提高系统的稳定性和安全性。通过引入先进的数据库技术和云计算技术，实现核心系统的分布式部署和弹性扩展，满足业务增长的需求。开发平台建设：银行需要建立高效的开发平台，提高应用系统的开发效率和灵活性。通过引入敏捷开发方法和DevOps理念，实现应用系统的快速迭代和持续交付，满足业务创新的需求。运维体系完善：银行需要完善运维体系，提高应用系统的稳定性和可用性。

通过引入自动化运维技术和智能监控手段，实现应用系统的实时监控和故障快速定位，保障业务的连续性。

数据中台的数字化建设。数据整合与治理：银行需要对各类数据进行整合和治理，实现数据的统一管理和共享。通过建立数据仓库和数据治理体系，确保数据的准确性、一致性和安全性，为业务决策提供可靠的数据支持。数据中台能力建设：银行需要建立强大的数据中台，提供统一的数据能力和服务。通过引入大数据技术和人工智能技术，对数据进行挖掘和分析，发现潜在的业务机会和风险点。同时提供可复用的组件和工具库，降低开发成本提高开发效率。数据挖掘与分析：银行需要利用大数据和人工智能技术对数据进行挖掘和分析，发现潜在的业务机会和风险点，通过建立数据挖掘模型和分析工具为业务决策提供智能化的支持，提高决策效率和准确性。

技术中台的数字化建设。技术能力整合：银行需要对现有的技术能力进行整合形成统一的技术中台，提供统一的技术能力和服务，包括云计算技术、大数据技术、人工智能技术等。技术中台能力建设：通过引入微服务架构和容器化技术实现应用的快速开发和部署，同时提供可复用的组件和工具库，降低开发成本提高开发效率。此外，还需要关注技术选型和架构设计，确保技术中台的稳定性和可扩展性。技术团队建设：银行需要加强技术团队建设工作，培养一支具备数字化技能和创新精神的技术团队，为数字化转型提供有力的人才保障和技术支持。

金融云平台的数字化建设。云基础设施搭建：银行需要搭建稳定高效的云基础设施，提供弹性的计算和存储资源。通过引入云计算技术实现资源的动态调度和按需分配，满足业务的快速增长需求。云服务模式创新：银行需要创新云服务模式，提供更加灵活个性化的服务。通过引入云原生技术和容器化技术实现应用的快速部署和扩展，同时提供多租户服务模式满足不同客户的需求。此外，还需要关注云安全保障工作确保金融业务的安全稳定运行。云安全保障：银行需要加强云安全保障工作，确保金融业务的安全稳定运行。通过引入安全防护技术和管理措施防止数据泄露网络攻击等风险事件的发生，同时建立应急响应机制和灾备体系确保业务的连续性。

5.4.2　敏捷的技术开发

随着金融科技的快速发展，银行业面临着前所未有的挑战和机遇。为了适应市场的快速变化和满足客户的需求，银行需要加快数字化敏捷转型的步伐，提高软件开发和运维的效率。敏捷开发是一种以用户需求为中心，通过构建敏捷开发框架、规范化敏捷交付流程或敏捷项目管理等方式，实现迭代和增量式软件开发的一种方式。这种开发方式能灵活地应对需求变化、适应快速变化的环境，是商业银行快速响应市场变化和需求的主要方式。敏捷开发能极大地推动业务在持续规划探索及产品敏捷创新上实现突破。据IDC调研数据，多达98.5%的人表示他们部门已经采用或计划采用规模化敏捷框架、敏捷交付或大规模敏捷项目管理等敏捷软件开发方法。

DevOps是一种集开发（Development）和运维（Operations）于一体的软件交付方法，强调团队之间的协作、沟通和创新，以实现快速交付和持续改进。银行按照DevOps体系进行敏捷的技术开发需要注重团队协作、自动化、持续改进和安全性管理等方面的工作。通过引入DevOps理念和方法，银行可以加快数字化敏捷转型的步伐，提高软件开发和运维的效率和质量，为银行的可持续发展提供有力支持。未来随着技术的不断进步和创新应用的发展，银行需要持续关注新技术的发展和应用趋势，不断优化和完善敏捷技术开发和DevOps实践，以为银行的数字化敏捷转型提供有力支撑。

（1）DevOps体系的关键要素

DevOps是一种以价值为导向的软件开发方法，强调软件开发过程中的团队协作、自动化、持续改进和安全性。团队协作：建立跨部门的开发团队和运维团队，加强团队之间的沟通和协作，共同应对项目中的问题和挑战。自动化：引入自动化工具和平台，实现自动化构建、测试、部署和监控，提高开发效率和软件质量。持续改进：建立持续改进的文化，不断优化流程和技术，适应市场变化和客户需求。安全性：加强安全性管理和合规性审查，确保软件开发过程中的数据安全和风险可控。

（2）银行敏捷技术开发的关键步骤

明确目标和愿景：银行需要明确敏捷技术开发的短期和长期目标，以及产品的愿景和定位。这有助于团队成员了解项目的方向和目标，为后续的开发工作提供指导。跨部门协作：建立跨部门的开发团队和运维团队，加强团队之间的沟通和协作。这有助于打破部门壁垒，提高开发效率和软件质量。自动化构建和测试：引入自动化工具和平台，实现自动化构建、测试、部署和监控。这有助于提高开发效率，减少人工错误，提高软件质量。持续改进：建立持续改进的文化，不断优化流程和技术。这有助于适应市场变化和客户需求，提高产品的竞争力和客户满意度。比如，低代码/零代码开发平台建设也是商业银行满足其在快速变化的市场环境中的开发应用需求，减少软件应用开发周期以及高技术人才的匮乏，突破技术创新与人才需求之间的矛盾、实现业务与技术融合发展的主要方式。低代码开发平台发展需充分融入微服务和DevOps等理念，通过平台架构设计、前后端分离等云原生技术和微服务架构，利用容器管理平台的编排调度能力和微服务架构的服务组件化能力，提高应用程序或软件的性能。安全性管理：加强安全性管理和合规性审查，确保软件开发过程中的数据安全和风险可控。这有助于保护银行资产和客户信息的安全。

（3）敏捷技术开发的实践案例

某金融科技公司基于标准化组件和容器化平台，成功打造了一套敏捷开发、容器化部署、持续化集成的开发运营一体化平台。该公司首先通过深入分析商业银行在产品开发过程中面临的主要挑战,发现传统开发模式存在周期长、成本高、灵活性差等问题。为此,他们决定引入敏捷开发理念,通过迭代式开发和持续反馈,使产品能够更快地适应市场变化和用户需求。

在标准化组件方面,该公司梳理了金融业务的共性需求,设计了一套可复用的组件库。这些组件涵盖了用户认证、支付结算、风险控制等多个关键领域,使得开发人员能够直接调用这些组件,而无须从零开始编写代码,从而大大提高了开发效率。

容器化平台则是该公司实现快速部署和弹性扩展的关键。通过将应用程序打包成容器,开发人员可以轻松地在不同环境中进行部署,无论是开发环境、测试环境还是生产环境,都能保持一致性。同时,容器化平台还具备自动伸缩能力,能够根据业务负载实时调整资源分配,确保系统始终保持在最佳运行状态。

持续化集成则是确保产品质量的重要手段。该公司通过搭建自动化测试框架和持续集成流水线,实现了代码提交后的自动构建、测试和部署。这不仅减少了人为错误的可能性,还使得问题能够更早地被发现和解决,从而提高了产品的稳定性和可靠性。

这家金融科技公司的开发运营一体化平台成功帮助多家商业银行快速开发了网络银行/移动银行类产品。这一创新举措极大地提升了商业银行在网络银行/移动银行类产品开发上的效率和质量,为银行赢得了良好的口碑和市场份额。

第 6 章
数字金融时代新银行业务高质量发展

2023年中央金融工作会议提出，要做好科技金融、绿色金融、普惠金融、养老金融和数字金融"五篇大文章"，为推动金融高质量发展指明了方向。2024年"五篇大文章"首次被正式写入政府工作报告，并列入货币政策工作之下。就商业银行而言，"五篇大文章"是信贷资金注入实体经济的重要领域，是践行"金融报国"支持新质生产力发展的重要阵地，也是实现自身高质量发展转型的重要抓手。当前，做好"五篇大文章"已成为各银行竞相角力的关键赛道，而数字化转型正是推动其加速迭代、跃迁发展的深层次驱动力量，依托数据要素释放产能，运用数字化工具降本增效，贯通数字化流程提速扩容，五大金融高质量发展的挑战和难题将在数字化转型的深层次赋能下，找到破解问题的新路径，当数字化与五大金融深度融合互促，将带来发展一流、高效敏捷的银行发展新未来。

6.1 科技金融

新一轮科技革命和产业变革正加快重塑全球经济结构，科技创新成为综合国力竞争的决定性因素。商业银行是现代金融体系的主体，大力发展科技金融既是商业银行落实国家战略和服务实体经济的社会责任，也是改善客户结构、谋划未来发展、打造第二增长曲线的内在要求。现阶段在科技创新促进下，新生产技术及工具加速涌现，包括土地、劳动力、资本在内的生产要素将被重新分配，各个产业在被颠覆的同时得到重构，在巨变中释放出新的生产力。科技金融与新质生产力间存在紧密联系及互动关系。科技金融作为一种以服务科技型企业为目标的金融模式，能够有效地促进科技创新与金融资源的结合，从而推动新质生产力的形成和发展。

世界银行对经济体发展阶段的分析框架指出，当人均GDP超过9000美元，经济体创新驱动要素对经济体竞争力的影响权重从10%跃升至30%，经济体创新动力不足容易掉入中等收入陷阱甚至产生经济结构严重失衡等问题。2019年以来，我国人均GDP已超过1万美元，现阶段正处于由要素驱动向创新驱动发展模式转型的关键阶段，科技自主创新步伐亟待加快。金融体系能否充分支撑科技创新，对科技创新实际进展至关重要。在各方共同努力下，近年来我国金融支持科技创新的体系化政策框架加速形成。然而，科技型企业具有独特的融资特点，在金融服务实践中，金融机构服务能力参差不齐、"点强面弱"的特征显著，存在无法精准适配科技型企业融资需求的实际情况，科技金融发展困局亟待破解。科技金融与传统金融存在多方面的差异，科技金融底层架构要以实现科技信用的创造、流动与经济内生动力的产生为基本功能，商业银行如何破解业务拓展困局需要立足于科技型企业成长逻辑，明确企业融资需求，充分借鉴国内外先进经验，加快统筹规划，创新业务模式。

6.1.1 数字时代的科技金融政策逻辑

科技金融的第一阶段（1985—2005年）。1985年10月，中国人民银行、国务院科技领导小组办公室联合发布《关于积极开展科技信贷的联合通知》，开启中国科技金融实践的帷幕。10年时间里，截至1995年末，当时五大国有银行累计发放科技贷款接近650亿元，共支持超过65000项科技开发项目。该时期科技金融的重点是信贷市场，主要形式是科技贷款，政策抓手是财政贷款贴息。1997年、2003年，我国发行了两期捆绑式国家高新区企业债券，支持国家高新区建设，科技企业债券成为科技金融新形式。1999年，《关于建立风险投资机制的若干意见》发布，以股权投资为特色的风险投资逐渐成为科技金融的重要力量。

科技金融的第二阶段（2006—2020年）。2006年，《国家中长期科学和技术发展规划纲要（2006—2020年）》出台，涉及科技金融的政策多达9项，科技金融工具全面泛化。2011年，科技部、财政部等8部门联合发布《关于促进科技和金融结合加快实施自主创新战略的若干意见》，财税金融政策紧密协同、社会各方力量积极整合、共同建设综合性金融服务体系，成为科技金融发展的主流理念。

科技金融的第三阶段（2021年至今）。金融支持科技创新的机制正在发生变革，在数字化科研及创新的新范式下，科技型企业对金融产品的创新诉求愈加强烈。随着区块链、大数据、云计算和人工智能等一系列前沿数字技术的兴起，科技型企业融资的风控方式和估值逻辑正逐步发生变化。2023年，中央金融工作会议强调做好科技金融大文章，大力支持实施创新驱动发展战略。新时代新征程下，以高水平科技自立自强为目标要求，完善科技金融服务体系，是做好科技金融工作的关键，有助于形成科技、产业与金融良性循环。

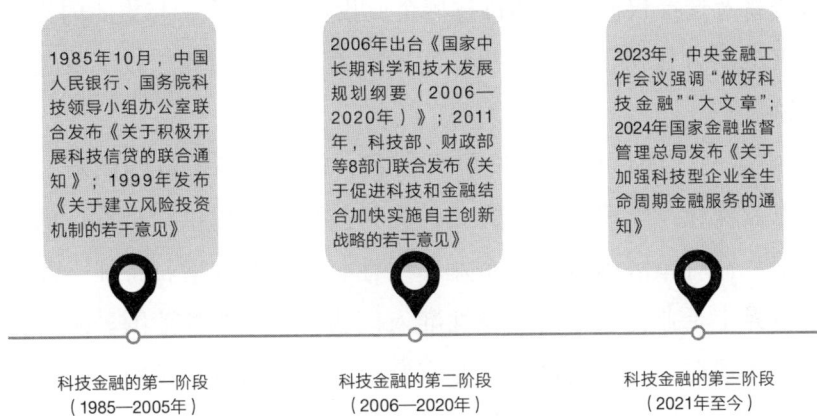

图6-1　科技金融发展进程示意图

6.1.2　数据驱动科技金融的探索与实践

（1）科技金融模式的国内实践探索

目前，我国科技型企业金融服务仍以大型商业银行、全国股份制银行、城商行为主，服务科技型企业的典型模式以"金融+孵化+产业+辅导"及"中关村"园区模式为主要代表。

"金融+孵化+产业+辅导"模式是一种综合性的服务模式，旨在通过金融支持、孵化服务、产业对接和辅导培训等方式，为初创企业和创新项目提供全方位的支持和帮助。商业银行通过加强与政府、核心企业、创投机构、产业园区和科研院校的合作，加强认识科技型企业成长逻辑，设计审批模型，建立科技型企业客群的客户准入机制。依托科技支行建立专门服务队伍，负责产品创新、渠道建设、孵化管理及营销推动，配套资源投入，实行"重远期、轻即期、重客群、轻利润"的差异化考核体系。重塑科技型企业的审贷逻辑，改变对客户财务指标的过度依赖，围绕客户创新能力、发展能力、行业势力等建立综合评价指标体系。聚焦多维度行业赛道，形成入园即贷、以投定贷、以订单定贷、以补助定贷等细分业务场景。建立投贷联动机制，通过贷款及选择权协议拿到科技型企业投资"门票"，与集团内投资机构签署战略合作协议，约定投资超额收益分成，用股权投资收益补偿贷款风险。

"中关村"园区模式通过集成创新、优化服务、鼓励创新、协同运营以及深化产学研合作等方式，为科技型企业提供了全方位的支持和保障。针对园区内科技型企业非线性、指数级的增长特征，商业银行重新界定企业标准，制定弹性准入门槛，扩大服务范围。园区模式的特征体现在：一是通过建立专家资源库、聘请科技顾问，引进科技专家独立审批视角；二是加强对科技型企业专利技术、知识产权的资本属性认可，结合市场发展趋势进行合理估值，创新知识产权质押贷款、投保贷等产品服务，有效盘活科技型企业无形资产；三是设立绿色审批通道，减少审批层级，提升审批效率；四是单独设置不良资产控制机制，合理有效设定银行可承受的不良贷款或不良率控制线，当超过容忍度阈值时，及时熔断业务，并根据实际情况进行业务重检；五是发挥大型商业银行飞轮效应优势，借助多种业务平台提供全生命周期一揽子综合金融服务，积极探索投贷联动业务可行性。

"技术流"评价体系是专注于评估技术实力和潜力的系统，主要关注技术素质、技术能力和技术成果等方面，该评价体系有助于识别具有创新能力和发展潜力的科技企业，为金融机构提供决策支持，以确定是否对这些企业进行投资或提供贷款。"技术流"评价体系与"金融+孵化+产业+辅导"模式和"中关村"园区模式三者之间相互促进、相互补充，共同构成了支持科技企业创新发展的完整生态体系。通过这一体系，可以有效地识别、培育和支持具有技术优势和市场竞争力的科技企业，推动科技创新和产业升级。以"技术流"评价体系强化信贷模式应用。科技金融的突破点在于构建与完善科创企业评估体系，目前已有多家商业银行针对科技型企业的技术特征建立专属信贷评估体系。2017年，中国建设银行广东省分行在全国银行业首创科创企业"技术流"专属评级体系，将反映科创企业科创实力的知识产权、科研团队实力等核心资源要素纳入评价体系，在商业银行层面实现对科技型企业信用评定方面倾斜。"技术流"评价体系在高新技术企业客户分层、信贷准入、额度授信、贷后管理4个方面开展试点应用，开创了服务科创企业"建设银行模式"，极大地丰富了科创企业融资应用场景。2021年，兴业银行构建"技术流"评价体系，从知识产权数量和质量、科研实力、科技资质、发明专利密集度和科技创新成果奖项等15大维度考察企业科技创新实力并进行量化评估。在客户准入、授权管理等方面实行差异化政策，注重解决科技型企业授信过程中的信息不对称问题，通过将"技术流"转化为"资金流"，推动实现科技创新在金融领域的信用量化。2022年，徽商银行突破传统信贷评价模式，把科技型企业与"特长生"联系起来，基于科技型企业的"技术流"，开展创新能力评价，与传统的"资金流"互为补充，评价体系基于企业历史信贷数据、专利数据、学历数据、获得国家奖补、创建实验室等数据，从人才、技术、成果、转化、政策五大维度建立指标体系，运用证据权重法（WOE）、主成分分析法（PCA）等方法，采用数据驱动方式定量化创新能力指标，对企业创新能力进行评分，直观展示企业创新能力，有效解决科技企业与金融机构、投资者等之间存在的信息不对称问题。

（2）科技金融业务的国外实践经验

在国外同业层面，硅谷银行曾占据美国"科技信贷"市场的半壁江山。尽管硅谷银行在2023年3月宣布破产，但在服务科技创新领域有30多年成功运营经验及成熟业务模式，仍值得学习借鉴。硅谷银行1983年在美国成立，是硅谷银行金融集团的子公司。硅谷银行注重科技型企业的发展逻辑，是助力科技型企业发展成长的专业性银行。硅谷银行属于中小型商业银行，难以与花旗银行、摩根大通、富国银行等大型商业银行比肩，但在服务初创企业的细分赛道上，市场占有率高达50%，并助力过Cisco、Meta（原Facebook）、Twitter等科技巨擘的发展。2021年末，硅谷银行动态市盈率达到21.4%，高于美国上市银行平均水平。

硅谷银行的组织及业务架构。硅谷银行金融集团将业务划分为全球商业银行、私人银行、股权投资和投资银行四大板块。其中商业银行是集团主体业务，为客户提供信贷、贸易结算、资金管理等传统银行服务；股权投资是硅谷银行金融集团旗下的风险投资基金管理机构，可对各类风险投资机构、目标企业进行股权投资。

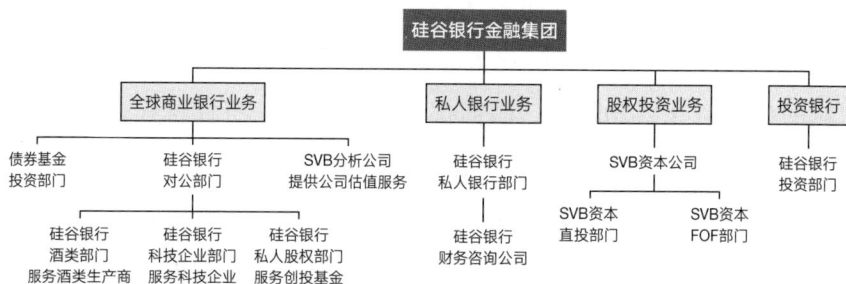

图6-2　硅谷银行金融集团的组织及业务架构

深度融合PE/VC企业成长生态圈。围绕PE/VC投资机构、科技型高成长企业及高净值客户，硅谷银行构建科技银行生态圈，客群结构及生态圈使其资产投放结构呈现鲜明的科技特色。2020年，硅谷银行向PE/VC机构的贷款占比达56%，超过一半，并主要集中在科技、生命科学和医疗健康领域，覆盖初创、成长、成熟科技型企业全生命周期。硅谷银行的信用风险主要来源于对科技、生命科学和医疗健康领域的中小企业贷款。

独具特色的科技银行业务模式。硅谷银行基于贷前、贷中、贷后三大核心环节，建立科技型企业的专属贷款审批流程。选择权贷款（贷款+购买认股权证）是针对科技型成长期企业风险贷款的典型业务模式。科技型企业的高成长性及其在资本市场的良好表现，为风险贷款提供了收益提升和风险补偿，硅谷银行的贷款利息收入、认股权证贷款收益率持续高于对标银行的传统贷款，且净资产收益率多年来保持较高水平。硅谷银行不仅借助风险投资机构开展国内业务，并加速拓展国际化业务。随着资产规模不断扩大，逐渐具备向完成上市的大型科技型企业提供信贷的能力，逐渐搭建起科技型企业由成立到退出的全生命周期金融服务体系。

表6-1　硅谷银行创新型科技初创企业贷款业务流程

贷前	贷中	贷后
硅谷银行采取跟投的策略，利用风投基金的专业认知进行初创企业筛选：企业只有在获得风投基金投资后，才可能获得一定比例的硅谷银行贷款；企业获得风险投资机构数越多，越容易申请到硅谷银行贷款。培养研究员参与信贷审批，提升专业认知水平。	根据初创企业特点设定个性化贷款条件：没有收入的初创企业，要求企业用知识专利抵押；已经开始生产的企业，以应收账款等进行抵押；为了增厚收益，硅谷银行会要求少量（通常不超过1%）的认股权证作为贷款附加条件，一旦企业上市，将获利丰厚。	硅谷银行要求企业将资金账户开在本行内，以加强对企业经营的了解和掌控，同时带来大量无息存款，增厚息差收益。另外，通过加强与投资机构的合作，当企业估值提升时，硅谷银行会择机退出。

成熟的科技银行风险管理模式。在风险管控方面，硅谷银行依赖严密的"贷前—贷中—贷后"审批流程识别、降低单体客户信用风险，并从风险隔离及组合投资切入，加强对企业经营面临的系统性风险管控。在风险隔离方面，硅谷银行股权投资与商业银行业务实行资金隔离，以平行子公司形式，实现对不同业务条线资金的隔离，严格禁止资金挪用，通过行业组合、周期组合、风险组合及地域管理，加强组

合投资风险分散。硅谷银行体系化的风险管理模型非常有效，帮助其平稳度过科技行业及金融市场的潮起潮落，如2001年互联网泡沫破裂、2008年国际金融危机等。

6.1.3 制约科技金融高质量发展的现实挑战

（1）传统风险管理策略不适用于科技型企业

传统风险管理策略与科技型企业高成长、高风险、轻资产属性不匹配，难以准确评估科技型企业的核心价值。一是信贷审批模型基于历史数据与科技型企业高成长性特征不匹配。科技型企业的核心价值包括成长溢价及产权溢价。传统银行信贷审批模型是基于生产经营历史表现数据预估违约概率，但科技型企业发展早期难以形成稳定亮眼的生产经营业绩，需在未来实现跨越式成长，其成长式溢价难以在银行信贷审批模型中得到有效评估。二是信用评价体系与科技型企业轻资产特征不匹配。银行现行信用评价指标主要参考企业资产规模、营业收入、净利润和费用成本等传统指标，而对科技型企业的技术、专利权等核心价值及现金流量缺乏合理评价，企业的产权溢价无法得到有效评价。三是风险和收益不对称。除传统的信用风险、操作风险、流动性风险外，科技型企业由于技术路线发展不确定性、产品未经市场检验、产品迭代速度较快，面临技术风险和经营风险。商业银行作为市场化的经营机构，本质是经营风险，主要收益来源是通过投放信贷资金获取固定的利差收入，在利差收窄趋势下，银行息差收入难以覆盖科技型企业风险成本，由于缺乏全生命周期收益反哺机制，银行不能分享科技型企业高速成长后的高额股权投资收益，导致收益与风险不匹配。四是多层次风险缓释机制有待健全。科技型企业的高风险特征需要相应的多层次风险缓释功能，企业风险具有"前大后小、前紧后松"的特征，需要匹配风险暴露的阶段、强度及节奏，建立内外共济、层次丰富、前后兼容的风险分担和缓释机制。但目前科技型企业增信途径狭窄、风险分担机制有待完善，融资担保机构参与不足，托举力度未充分发挥。例如，2022年3月末，山东省科技型企业2041.4亿元的保证类贷款中，融资担保公司参与的仅87.48亿元，占比为4.3%，占全部科技型企业贷款的1.2%；涉及融资担保公司115家，占融资担保公司总数的36%；共支持1184家企业，占科技型企业有贷户总数的8%。五是商业银行传统信贷文化不支持。商业银行"重资产、重抵押"信贷文化及风险规避倾向与科技型企业"轻资产、长周期、重投入、高风险"的特性难以匹配。银行往往偏好于体量和融资需求大的企业以及能稳定产生现金流、技术路线固定、产品市场成熟的项目，例如，交通运输、房地产、租赁和商务服务、水电燃气以及公共设施五大行业贷款规模占全部上市银行公司贷款的近60%。此外，银行现有考核机制下对不良贷款有严格的认定追责办法，针对科技型企业缺少容错空间，导致商业银行从业人员对于风险更高的科技型企业产生惧贷、畏贷心理。

（2）差异化资金需求与现有产品服务模式不匹配

科技型企业研发和生产同质化程度较低，资金需求个体化特征明显，需进行差异化资金管理，量身定制资金价格、资金期限、资金规模、融资方式、偿还方式等，而现有的银行产品和服务体系同质化明显，难以满足科技型企业的个性化金融需求。一是信贷供给难以满足特有阶段性、资金集中性融资需求。科技型企业的融资需求有鲜明特点，一方面阶段性特征强，企业在研发阶段和产品量产阶段融资需求大。另一方面资金需求集中，企业的融资需求主要集中在支付人员工资、项目建设等方面。伴随着企业不同生命周期会产生种子轮、天使轮、ABC轮和Pre-IPO轮等不同阶段的融资和服务需求，除商业银行外，天使机构、风险投资、私募股权投资、投资银行等也是科技型企业的主要融资对象。二是抵（质）押手段亟待创新，纯信用贷款缺乏。科技型企业缺的不是融资渠道，而是无抵押、低成本的信用贷款。当前科技型企业融资整体上仍以抵押贷款为主，信用贷款占比仍处于较低水平，从"专精特新""小巨人"企业贷款担保方式占比来看，抵（质）押贷款占比约40%，信用贷款占比仅25%左右。关键技术、知识产权、人才资本、品牌价值等科技型企业核心资源，却因专用性强、流动性低，难以量化市场价值和流通变现面临抵押难题。金融标准难以看懂科技成果的潜在市场价值，第三方评估中介出具的评估额难以转化为银行的真实授信融资。如何破解知识产权定价确权与人力资本量化，实现企业技术资产从评估值到融资额的转化，成为金融机构支持"专精特新"需要解决的难题。三是股票市场融资企业数量少，投贷联动增信作用较弱。通过股票市场融资，能对企业起到资质审查及增信的作用，有效推动信贷市场融资。但当前上市科技型企业数量少，且有部分企业仅从股票市场融资，信贷市场和股市的"同频共振"作用被减弱。例如截至2022年3月，山东省34506家科技型企业中，有178家企业在股票市场（A股）实现上市融资，占科技型企业总量的0.5%，其中42家为2021年以来首发。在上市科技型企业中，有133家在信贷市场有贷款。2022年3月末上市科技型企业贷款余额为1558.2亿元，较2021年增加310.7亿元，增速为24.9%，高于全部科技型企业贷款增速9.2个百分点。四是金融服务效率较低、成本较高。科技型企业也面临着中小企业普遍面临的审批效率低、成本高等问题，在银行传统"一户一审"信贷模式下，无论企业规模和授信金额大小，均需经过相同的贷前、贷中、贷后流程，投入的人力物力成本相似，金融服务效率低、成本高。如何跳出单个企业评估范围，创新供应链服务模式，是银行服务科技型企业需探索的重大课题。

（3）供需失衡降低金融资源配置效率

一是科技型企业成长周期长与金融资源供给的可持续性存在矛盾。科技型企业从初创期、孵化期、发展期到成熟期经历较长的成长周期，在迈向新的发展阶段时因新增资金和接续资金需求难以满足，导致研发和经营发展困境。而投资机构在对科技型企业投资时基于对赌理念，通常分散投资多家企业，靠概率获得超额收益，导致投资持续时间较短、有效投资规模较小。商业银行在向科技型企业发放贷款时受风险偏好影响也相对谨慎，以短期贷款、流动性贷款为主，难以为科技型企业的可持续发展提供保障。例如，山东省科技型企业2022年3月末中长期贷款余额2068.5亿元，占比27.4%，较全部企业中长期贷款余额占比低25.9个百分点。中长期信贷资金缺位加大了科技型企业的资金周转负担，不利于其进行中长期的科技研发或成果转化，并在一定程度上降低了企业投资意愿，拖累了其在信贷市场融资的积极性。二是综合金融服务能力弱亟须金融供给侧结构性改革。综合来看，对科技型企业金融供给的不足，表面上看是客户选择和客户营销的问题，实质上是银行经营能力的问题，经营能力除了前文提到的风险管理能力，更包括综合金融服务能力。不少银行囿于综合金融服务能力不足，难以满足科技型企业包括并购融资、银团贷款、债券承销、资产证券化、上市顾问、税务规划和财务管理等在内的综合金融需求。此外，商业银行对科技型企业所属行业的研判能力有限，银行信贷从业人员往往缺乏行业专业知识，在有限的专业储备、时间精力下难以充分了解细分行业的发展情况和科技型企业的真实技术以及生产经营情况，影响商业银行对科技型企业的融资质效。

6.1.4 数字科技金融的建设路径

一是强化科技创新与金融深度融合。一方面，加快推动金融业数字化转型，强化数字技术应用，使银行业、证券业和保险业积极应用新技术更新改进业务模式，加大力度支持科技型企业与金融机构之间在合规基础上的全面合作，为科技创新提供更多的应用场景和需求动力。另一方面，充分激活数据要素、应用新技术改进金融服务与产品，提升金融资源配置效率，针对科技金融产品进行技术赋能，缓解成本、信息、效率等方面的固有难题。对于商业银行，要借助数字化工具赋能业务，开发智慧营销管控系统，接入外部市场动态资讯平台，实时推送科技型企业及培育企业名单至一线客户经理，识别高成长性企业，自动匹配特色产品实现商机推送。统一数据标准及口径，打造科技型企业数据资产库，及时保存企业历史数据，定点形成数据切片，追踪分析企业业务需求变化。积极开展科技型企业互联网贷款业务，延伸拓展获客渠道，提升全流程自主风控能力，优化审批流程，缩短放款时间，提升金融服务效率。

二是推动金融产品模式创新。丰富银行业金融机构的科技金融服务框架，围绕科技型企业需求"痛点"，实现多维服务有效组合，适当提升针对科技型企业的风险容忍度，优化授信模式并更好地匹配科技企业估值特征。创新支持科技型企业发展保险产品与模式，为各类科技创新与应用场景提供多元化的风险分担机制，帮助科技企业管理好研发、生产、销售、售后以及其他经营活动的全流程风险。在保险产品创新方面，定制化保险产品，根据科技型企业不同的发展阶段、技术特点和风险状况，设计定制化的保险产品；提供综合性保险方案：提供涵盖企业运营、技术创新、市场推广等多个方面的综合性保险方案，以满足科技型企业全方位的风险保障需求。在保险模式创新方面，建立合作共保模式，与科技型企业、孵化器和风险投资机构等合作，共同为科技型企业提供保险服务。通过共享资源、共担风险，降低单一保险公司的承保压力，同时提高服务质量和效率；探索互联网保险模式，利用互联网技术，实现保险产品的在线销售、在线理赔等全流程服务。通过简化操作流程、提高透明度，降低科技型企业获取保险服务的门槛和成本。

三是提升信贷智能风控能力。引入金融科技，利用大数据、人工智能等金融科技手段，提升金融机构对科技型企业的风险评估能力，降低合作风险。推动金融机构有效结合经营模式及科技型企业客群特征，积极探索数字化风控实践应用，不断提升面对科技金融风险的把控能力。构建涵盖集大数据、机器学习和微服务等前沿数字技术于一体的智能风控平台，通过整合内外部数据、构建风险模型，实现科技型企业的贷前、贷中、贷后的全周期智能风险监控，对潜在风险进行主动识别，增强数据质量、改善风险管理流程，平衡效益与风险，促使银行风控系统与数字化时代的风险环境相适应。风控模型要注重科技型企业围绕技术研发和技术人才搭建发展框架的特征，科技型企业价值基于业绩成长或自由现金流，深刻理解科技型企业发展逻辑，运用金融科技对科创企业画像，完善智能风控模型。

6.2 绿色金融

6.2.1 数字时代的绿色金融政策逻辑

中国人民银行印发的《金融科技发展规划（2022—2025年）》提出，"在绿色金融领域，运用数字技术开展绿色定量定性分析，强化绿色企业、绿色项目智能识别能力，提升碳足迹计量、核算与披露水平，在依法合规、风险可控前提下为企业提供绿色信贷、绿色债券、绿色保险、碳金融等多元化金融产品和服务；利用大数据、人工智能等技术建立绿色信息监测与分析模型，搭建风险知识图谱实现对企业的风险监控，量化环境效益和转型风险，提升绿色金融风险管理能力。"绿色金融正成为发展趋势。2023年2月，中共中央、国务院印发的《数字中国建设整体布局规划》为各行业带来广阔发展机遇，"数字化"和"绿色化"已成为新冠疫情后经济恢复的两大重要方向。数字技术在绿色企业甄别、信息披露、风控、绿色金融产品研发等领域发挥着重要作用，为绿色金融体系建设和绿色金融可持续发展提供有力支撑。

（1）数字技术赋能有利于降低金融机构自身能耗

数字技术本身具有绿色属性，具有降低能耗、提高效率的"绿色"特征。当前，数字技术已经贯穿各行业，覆盖生活的各类场景，运用人工智能、大数据、区块链等数字技术可以为各行业绿色低碳转型赋能，系统提升能源资源利用效率。对于金融机构，运用数字技术可以实现对自身碳排放数据的监测、核算与管理，有助于进一步深化自身的节能减排、效能提升，实现绿色低碳运营目标。

（2）数字技术赋能有利于扩大绿色金融产品供给

数字技术赋能有助于金融机构拓展绿色金融产品谱系，满足企业和客户多层次、多元化、多场景的融资需求。一是大数据、云计算等技术可以实现对海量信息的收集和处理，能够更精准地发现客户不同场景、不同生命周期阶段的绿色金融需求，为绿色金融产品的创新和供给提供数据支持。二是数字技术能够提升信息收集与传递效率，提升计算速度，为开发金融产品提供算力与效率支持。三是基于区块链等技术的研发具有透明、可追踪、不可篡改特点，有利于促进绿色金融产品创新的产权保护和健康发展。

（3）数字技术赋能有助于提升绿色金融服务效率

一是数字技术赋能有助于实现绿色金融活动可计量、可验证，使绿色金融更加精准，配置资源更加高效，提升传统绿色金融业务服务效率。二是数字技术赋能可以拓宽绿色金融服务场景、渠道，实现交易成本降低、服务覆盖面拓宽、规模化效应改善，依托海量的客户资源和先进的数字技术形成的网络外部性，使得平台服务单个新增客户的边际成本不断下降。三是数字技术赋能有助于提升风险管控水平，通过完善智能化风控体系，为包括气候风险在内的各类风险的全流程管理提供系统化支持。

6.2.2　数据驱动绿色金融的探索与实践

发达国家金融机构积极开展前瞻性战略布局，将绿色发展与数字化列为企业重点战略方向。例如，巴黎银行将绿色低碳转型作为

2022—2025年发展战略的核心，将发展战略主题确定为"增长、科技、可持续（主要指向碳中和转型）"；三菱日联集团将"可持续经营（ESG）、数字化、增长与新挑战"作为2022—2025年三大发展主题；汇丰集团为实现"成为客户首选的国际金融合作伙伴"战略目标，提出"专注所长、大规模数字化、为成长赋能、向碳中和转型"四大发展主题。从国内市场来看，国有大行与股份制商业银行也都提出了各具特色的数字化绿色金融产品，在碳金融和转型金融等方面投入科技资源，抢占蓝海市场。

（1）运用数字技术赋能绿色金融产品及服务

随着全球金融市场交易规模与复杂程度的提升，数字技术在各类金融服务中的作用日益凸显。一是运用数字技术赋能绿色信贷、绿色债券、绿色基金、绿色保险、碳金融产品等。例如，法国巴黎银行与国家电力公司合作，运用区块链技术发行绿色债券，提高债券信息透明度、可追踪性。二是运用数字技术提升碳金融市场服务质效。例如，瑞银集团、渣打银行、三井住友银行等9家金融机构搭建以区块链为基础的碳信用交易网络"Carbonplace"，目标是成为碳交易市场的"SWIFT"，以实现简单、透明和安全的认证碳信用额转让；荷兰银行搭建线上碳金融服务平台，为客户提供融资担保、碳交易咨询和代理交易等金融服务。三是运用数字技术为客户管理碳足迹提供解决方案。例如，巴黎银行与碳管理公司Greenly开发客户碳足迹应用程序（Mon Empreinte Carbone）；汇丰集团与谷歌云联合开发客户碳足迹工具等。

（2）运用数字技术提升金融机构碳管理效能

发达国家金融机构加强数字技术在碳管理中的应用。一是为金融机构自身碳排放数据监测、核算与管理赋能。例如，巴黎银行资产管理公司在碳核算的过程中，运用人工智能（机器学习）算法测算投资组合的碳排放。二是助力提升自身数据中心的效率和性能。数据中心是金融机构能耗的主要来源，世界上的数据中心消耗约3%的全球电力供应（用电总量超过整个英国），数字技术有助于数据中心更有效地运作。例如，美国银行运用虚拟化技术对数据中心的服务器和应用系统进行整合，以及通过应用绿色电网来提升效率、降低能耗。三是助力提升智能风控系统气候风险管理水平。例如，花旗集团建立涵盖客户、第三方的气候数据库，并将相关数据应用于智能风控系统；巴黎银行运用数字技术在建模领域进行创新，并将气候相关风险纳入情景分析系统。

（3）运用数字技术拓展绿色金融服务场景

近年来，国内大型金融机构运用数字技术赋能绿色金融服务，提升客户体验。一是运用数字技术拓展绿色金融服务深度与广度。例如，平安集团运用AI技术实现客户与产品的智能匹配，满足客户多样化的产品需求，以及基于大数据、云计算等技术开发"平安绿金"，实现多维度数据实时监测；兴业银行基于大数据技术打造"点绿成金"，聚焦重点用能企业能耗评估，将评估结果作为信贷资源配置的参考依据。二是多家商业银行推出"个人碳账户"。例如，建设银行App推出"碳账本"；平安银行App上线"低碳家园"；中信银行依托信用卡App"动卡空间"推出碳账户，实现碳减排量记录、碳值社交分享、碳排放计算等功能，并引入电子信用卡、线上缴费等场景。三是运用数字技术优化业务流程。例如，平安银行通过AI技术赋能人工坐席，提升绿色信贷等业务效率，优化客户体验；平安寿险在核保核赔环节创新融合文本识别抽取（OCR）、自然语言处理（NLP）、机器学习等技术，辅助资料识别、案件审核，理赔效率提升近20%，大幅度缩短用户等候时间。

（4）运用数字技术提升数据中心效能

近年来，国内大型金融机构推进数据中心优化升级、提升效能。一是运用云计算技术赋能金融数据仓库平台建设。例如，招商银行搭建国内首个基于华为云底座的超大规模金融核心数仓，支撑其超大数据量计算和并发查询场景，使招商银行数据应用全链路运行时长缩短15%以上。二是聚焦数据中心电能利用效率（PUE）（PUE=数据中心总耗电功率/IT设备耗电功率，PUE值越接近1，表示数据中心的绿色化程度越高）。2021年，国家发展改革委、中国人民银行等部门发文，要求"新建大型、超大型数据中心电能利用效率不超过1.3；到2025年，数据中心电能利用效率普遍不超过1.5"。从金融行业数据中心PUE值的统计情况来看，2022年约82%的数据中心PUE值已低于1.6。从具体金融企业来看，工商银行绿色数据中心的PUE值从1.6（嘉定一期）降低到1.387（嘉定二期）；平安集团数据中心（平安观澜3号）运用"多层建筑叠放间接蒸发冷却"等技术，实现PUE值降为1.248；建设银行提出2022—2026年数据中心PUE值逐步降低目标等。

6.2.3 制约绿色金融高质量发展的现实挑战

（1）数据标准不统一，数据质量不高

在绿色金融业务活动方面，绿色金融产品、绿色项目的认定标准尚不统一，导致绿色项目识别成本上升，造成绿色资产登记、绿色产品交易等经济活动在绿色金融市场发展困难。在环境监测方面，仍缺乏统一的环境效益计算标准以及环境效益测算标准，各部门发布的环境相关数据，其定义和格式存在差异，所采用的公式和方法学所得出的结果不一，环境数据的真实性、可靠性、统一性很难得到保障。目前我国的环境数据在准确性等方面还存在不同程度的问题，不能充分地支持绿色金融领域的环境风险分析。环境数据质量直接影响环境风险分析的准确性。

（2）存在数据孤岛，数据共享困难

首先，在金融监管部门和商业银行之间，由于金融监管部门关于

企业的有效环境信息无法及时传达到商业银行，导致商业银行不能对企业的信贷审批工作做出正确的决定。其次，商业银行之间以及政企之间缺少企业环保信息共享手段，不仅使商业银行之间缺乏有效的沟通和意见交换，还使环境保护相关部门不能及时公布环境污染企业以及污染企业贷款等相关信息。由于政企之间以及商业银行之间信息沟通渠道不畅，当某一企业出现重大的污染问题时，市场和公众等主体不能对污染企业的贷款进行监督。

（3）数字技术应用不够深入，数据分析能力不足

目前，我国在绿色金融领域的数字化应用有待深入，绿色金融数字化不仅要求对污染排放、环境质量和绿色金融资产登记等数据进行收集、管理、分析、应用的大数据建设和使用能力，还需要绿色金融与环境风险管理相关的金融科技人才。但是，我国金融机构普遍缺乏绿色金融与金融科技相关人员，数字化技术在绿色金融领域的应用不够深入，大数据、区块链和人工智能等数字化新技术在绿色金融的应用还需要探索。

6.2.4 数字绿色金融的建设路径

（1）完善数字绿色金融顶层设计

把握数字化和绿色化转型重大机遇，深入实施数字化转型战略，将数字化转型与绿色金融同时纳入银行发展战略，推动二者融合发展。强化数字化思维，以系统化、数字化思维制定绿色金融的发展思路、产品创新方式以及风险管理理念。在组织架构方面，建立数字绿色金融工作专班，将绿色金融业务提级管理，以高层推动绿色金融重点业务、重点客户向前发展，形成工作合力。打破数据分布壁垒，提升数据治理能力和协同办公能力，释放数据要素产能。将数字技术赋能绿色金融作为重点战略方向，对数据治理、数据分析、系统建设等环节进行前瞻性谋划、整体性推进，避免重复建设、资源浪费等问题。加强ESG管理，定期发布ESG报告，逐步推动新增业务向绿色金融领域倾斜，融入国家"双碳"战略贯彻落实。

行业研究方面，加大绿色金融行业研究力度，加大对光伏、储能、新能源、绿色建筑、绿色交通等领域的信贷投放，统一前中后台风险偏好，不断优化总分行权限，提高市场敏锐度。

(2) 利用数字技术赋能绿色金融产品创新

加大绿色金融产品的研发与复制推广力度，加强人工智能、大数据和区块链等数字技术在绿色主体识别、绿色项目认证和环境效益测算等方面的应用，持续拓展绿色金融产品谱系。提高商业银行总行的产品研发能力，赋能分支行产品迅速迭代创新，提高分支行产品创新权限，提升分行自主经营能力，拉近业务与客户的距离。

商业银行针对绿色金融产品创新，可以分别在对公侧和零售侧双向发力，推动信贷资金投向能源安全保供、产业升级改造和绿色低碳、新能源绿电生产等重点领域。一是开展碳金融产品创新，随着CCER市场重启，碳排放权、资源减排量等碳资产质押贷款迎来新机遇。商业银行可以积极开展CCER资产开发，探索碳资产金融产品和相关服务。二是开展转型金融产品创新，不断探索碳减排支持工具挂钩贷场景，在风电、光伏、核能等领域先行先试，结合数字人民币积极创新应用场景，深度服务企业能源结构转型。三是不断丰富绿色元素零售产品，通过推出具有绿色标识的零售金融的产品和服务，如借记卡、信用卡等，以创新的方式向客户传递绿色共建的环保理念。四是探索"个人碳账户"建设，加强绿色业务与科技的融合、场景与系统的连通，形成数字技术与绿色金融深度融合的良好生态。

(3) 利用数字技术赋能绿色场景开发

建设完善绿色信贷识别系统，运用数据技术建立绿色标签，对绿色客户、绿色项目进行绿色识别和分级分类，提高绿色金融业务的科学性和可复制性。聚焦场景延伸，围绕绿色消费、绿色供应链、绿色文旅和绿色建筑等领域，拓展绿色金融服务深度与广度，提升客户体验。

一是绿色城市更新方面。发展零碳建筑对于实现碳达峰、碳中和具有重要意义，而城市更新所涉及的钢铁、水泥和电力等又属于高碳排放行业，即将被纳入碳排放配额行业进行统一管理。商业银行可以充分发挥在城市更新领域的业务经验，围绕碳足迹管理，开发绿色建筑、绿色园区和绿色城市等"融资+融智"的综合服务体系。二是绿色文化旅游项目。绿色低碳的文化旅游项目不仅要求项目的建设过程要实现"近零碳排放"，还要求项目的运营过程要实现消费主体、消费场所、消费服务全过程减碳，推动文旅业向绿色低碳的先锋产业转型。在此过程中，商业银行可以通过"绿色消费贷""个人碳账户"等多种碳普惠形式，全流程服务绿色文旅项目的开发和运营。三是"两高"企业的绿色低碳转型。高碳企业的绿色低碳转型需要更具有针对性的金融力量支撑，而碳排放配额和企业碳账户使得转型金融有了现实依据。对此，商业银行可以通过可挂钩贷款等产品，将贷款利率与碳排放、碳配额等挂钩，精准服务工业、交通、电力、建筑等碳密集行业的低碳转型。四是生态环境导向的开发（EOD）模式项目。EOD模式是指以生态保护和环境治理为基础，采取产业链延伸、联合经营、组合开发等方式，推动公益性较强、收益性差的生态环境治理项目与收益较好的关联产业有效融合的项目组织实施方式。EOD模式项目通常与温室气体自愿减排项目密切相关，在EOD模式项目打包融合过程中，可以利用碳资产的开发与清缴，实现项目整体的近零碳排放，提高社会效益。

（4）利用数字技术赋能碳金融、转型金融发展

首批放开的CCER市场包括并网光热发电、并网海上风力发电两项

新能源发电项目，旨在以市场化手段支持我国新型能源体系建设。并网光热发电项目和并网海上风力发电具有产业链长、初始投资较大等特点，商业银行可以围绕项目碳减排和可再生能源绿色电力（绿证）等资产的交易和管理，为项目建设提供综合金融服务。

一方面，可以围绕"碳减排"供应链沿链发力，助力并网光热发电和并网海上风力发电产业发展。上游的水泥、钢铁等碳配额纳管企业是碳减排的需求方，而发电项目在后期可以形成稳定的碳减排，因此商业银行可以利用供应链技术，通过碳期货、碳远期等产品创新，降低上游企业的购碳成本和发电项目的建设成本。另一方面，可以围绕"绿证"消费链向下游延伸，为企业提供基于碳关税申报、碳足迹核算的综合服务。绿证的需求方以外向型企业、出口型企业以及对绿色电力消费有要求的大型央企国企、跨国企业等为主。购买绿证是企业践行碳达峰、碳中和目标及能源消耗双控的要求，同时，对出口型企业而言，也是应对高额碳关税的有力举措。

（5）利用数字技术赋能零碳银行建设

夯实科技支撑基础，探索建立绿色数据中心、绿色金融数据仓库、ESG数据应用管理系统等，持续推进数据中心PUE下降，实现绿色、低碳、节能运行，推动建立节能降耗零碳银行。运用数字技术加强碳足迹管理，强化银行日常经营碳排放数据监测，鼓励员工低碳出行，开展无纸化办公，营造绿色低碳经营环境，助推降本增效。探索建立零碳排放网点，通过绿色金融业务、购买碳排放权等措施实现经营业务的零碳排放。

6.3 普惠金融

6.3.1 数字时代的普惠金融政策逻辑

（1）供给侧结构性改革驱动普惠金融发展新变革

小微企业是激活并提升新质生产力的重要力量。小微企业既是经济增长的关键主体，又是创新活力的重要支撑，更是扩大就业、增加收入、改善民生、促进稳定的重要渠道。一直以来，小微企业对国民经济发展有着不可替代的作用，据国民经济统计数据，小微企业贡献了全国50%的税收、60%的GDP增长、70%的发明专利、80%的就业和90%的市场主体比重。当前国家大力加强新质生产力发展，而小微企业正是持续激活并有效提升新质生产力的重要力量。以"专精特新"中小企业为例，截至2023年11月末我国累计培育"小巨人"企业1.2万家、"专精特新"中小企业10.3万家，"专精特新"中小企业占A股上市企业数量的32.9%，2023年新上市企业中超过70%为"专精特新"中小企业。其中，超过四成"专精特新""小巨人"企业聚集在新材料、新一代信息技术、新能源汽车及智能网联汽车领域，超过六成深耕工业基础领域，超过九成是国内外知名大企业的配套供应商。

供给侧结构性改革是驱动普惠金融长效发展的业务逻辑。从市场主体看，我国经济结构形似"金字塔"状，底层由大量中小微企业构成。而金融机构则与之相反，实践中，基于风险收益及经营成本的考虑，大多数金融机构更倾向于为大企业提供充足的融资服务，较低利率的信贷资金大量富集于国有企业和大型企业，难以公平且高效地流向民营和小微企业。由此而言，市场主体结构与融资分布的非对称性所产生的供需矛盾，约束了金融资源配给效率，制约了经济高质量发展的前进步伐。因此，以金融供给的精准发力实现对各层次金融需求的公平满足，这是金融供给侧结构性改革的初衷，也是普惠金融持续深化发展的内生动力，是共同富裕之基，是创新活力之源，是高质量发展内涵的深层次体现。

可持续发展是银行推行普惠金融变革的内生动力。伴随中国式现代化进程逐步深入，普惠金融发展前景广阔，一是政策支持将持续加码加力，承接贯彻落实中央金融工作会议精神，更多细化政策举措将陆续落地，带来更为有利的普惠发展环境。二是技术进步将加速改善普惠金融服务效率和质量，依托数字化技术手段赋能，服务效率及边界将进一步延展突破，带来更为广域且丰富的金融业务覆盖。三是市场需求将持续增长，伴随中国式现代化进程，普惠金融服务广大人民群众基本金融需求的效能将更大地得到释放。就商业银行而言，发展普惠金融不仅是践行金融工作政治性、人民性的责任担当，也是实现高质量发展的有利机遇。在潜力上，数字普惠金融将激发新业态、新模式，通过业务与技术深度融合，带来细分领域跨越式增长。在价值上，普惠金融涵盖广阔场景，蕴含价值客户，有望成为数字化和创新发展的新高地。在变革上，目前银行同业发展普惠金融呈现产品体系多元化、营运体系流程化、业务模式平台化、客群服务精细化、风险防控智能化、部门及团队专业化等特征，成为重要变革驱动。

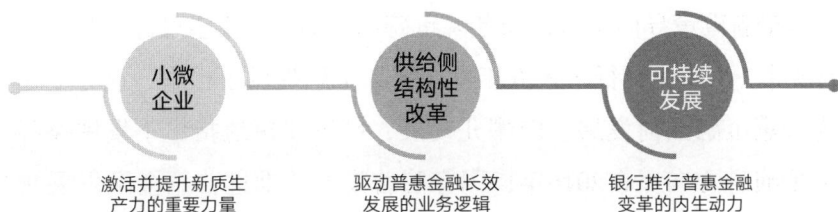

图6-3　普惠金融政策逻辑

（2）高质量发展定义普惠金融演进新趋势

自2013年党的十八届三中全会正式提出将"普惠金融"纳入全面深化改革重点内容，我国普惠金融发展走过了十年历程。十年来，我国普惠金融产品不断丰富、服务成本稳步下降，金融服务覆盖率、可得性持续提升。日前，中央金融工作会议要求做好普惠金融等"五篇大文章"，对普惠金融高质量发展提出新要求。

从我国发展成效来看，一是金融服务覆盖面明显扩大。目前全国银行机构网点覆盖97.9%的乡镇，基本实现机构网点全覆盖。二是金融服务可得性持续提升。截至2023年9月末，全国小微企业贷款余额69.2万亿元，其中普惠型小微企业贷款余额28.4万亿元，是2017年末余额（6.8亿元）的4倍。三是普惠贷款成本持续降低。2023年前三个季度，全国新发放普惠型小微企业贷款平均利率4.8%，较2017年末累计下降310个基点。

从国际横向比较来看，根据IMF金融服务可得性调查（FAS）发布的2022年数据，我国有多项普惠金融供给侧指标排名靠前。在持有借记卡和存款账户方面，我国每千名成年人拥有的借记卡数量排名前3位，每千名成年人拥有的存款账户数排名前3位。在中小企业信贷方面，2021年73%的经济体中小企业贷款余额占GDP的比值有所下降，但我国该比值2021年、2022年连续两年较快提升，排名靠前。在服务机具方面，由于银行降成本和新冠疫情等因素影响，全球每十万成年人拥有的ATM数量呈下降趋势，我国也小幅下降，但数量排名仍居前25%。

从最新政策导向来看，国务院重磅出台的《普惠金融高质量发展实施意见》，为商业银行未来五年发展普惠金融提供了根本遵循，立足长远为普惠金融如何发展、向哪儿发展，高屋建瓴地指出了发展路径，定义了演进方向。在2016年，国务院曾发布《推进普惠金融发展规划（2016—2020年）》，该规划推动我国普惠金融实现了五年高速增长，普惠小微年均信贷增速超过25%。时隔7年，在建设中国式现代化的大背景下，国务院发布《关于推进普惠金融高质量发展的实施意见》，将推动普惠金融再次实现质的飞跃，凸显高质量发展底色，政策特点主要有以下五个方面。

表6-2　两期战略阶段对比及新特点分析

序号	新政策特点	2016年《普惠金融规划》战略阶段	2023年《高质量发展意见》战略阶段
1	更加凸显普惠金融的人民性	重点在于提升金融服务的可得性，构建普惠金融的服务网络，实现村级金融服务全覆盖	调整为通过金融服务来改善人民生活、实现乡村振兴和共同富裕
2	着力培育多层次的金融服务体系	重点在于解决普惠小微企业融资难的主要问题，以加大信贷投放为核心要务	调整为建设与经济社会发展相适应的多层次的普惠金融服务体系，信贷投放聚焦于科技创新、专精特新、制造业、外贸等重点领域；同时加大保险保障力度，拓宽直接融资渠道等
3	提供全方位可持续的金融服务	重点在于以普惠金融服务生产，以提高人民的收入水平	调整为在提高收入的同时，以普惠金融服务为乡村振兴、绿色发展、可持续发展等国家战略提供全方位的金融支持
4	创建良好的金融生态环境	重点在于推动健全普惠金融基础设施，包括信用体系、农村产权、数据平台和互联网等	调整为大力建设良好的金融生态环境，以此提高金融服务效率，政策着眼点跳出了金融发展的视野而扩展至打造金融生态格局
5	继续促进金融科技创新	重点在于以金融科技的应用为助力，提升金融服务的可得性、使用率和服务质量等	调整为推进"数字普惠金融"发展，基于数字化的创新，降低金融成本，提高金融服务的客户体验、效率和质量

（3）数字化转型为普惠金融发展注入新动能

数字化与新技术对全球金融业态的影响不断深入，从互联网金融到金融科技、数字金融，全面改变了金融的要素与功能。得益于数字技术的高效信息挖掘与动态风险管控优势，为传统金融机构拓宽了业务范围，优化了成本结构、提升了服务效率与质量，帮助金融机构能够更加精准地评价小微企业还款能力，从而打破了二者间的"信息孤岛"，提升小微企业的融资成功率，以缓解其融资约束。

在此背景下，2016年我国央行推动各国协同发布《G20数字普惠金融高级原则》，提出"数字普惠金融"，并将其界定为"泛指一切通过使用数字金融服务以促进普惠金融的行动"，其具体内容涵盖各类金融产品和服务（包括支付、转账、储蓄、信贷、保险、证券、财务规划和银行对账单服务等），通过数字化或电子化技术进行交易，如电子货币、支付卡和常规银行账户。

数字普惠金融内涵包括以下几个方面的要点：一是以数字化扩大规模，通过数字化来全面提升金融效率、优化金融功能、保障金融安全，从而使得金融服务质量产生规模化溢出效应，各类群体都能从中受益；二是以数字化满足个性，以大数据、人工智能、区块链等新技术，来实现金融服务的精准性和有效性，针对中小微企业和特定个人提供更有"温度"的金融产品；三是以数字化深化理念，运用数字化和新技术不断优化普惠金融的基础设施与"土壤"，明确金融科技伦理原则，完善普惠金融文化，提高金融消费者素质。

6.3.2 普惠金融数字化转型的探索与实践

当前，发展数字普惠金融已成为商业银行普遍共识，依托数字化打造新竞争力，塑造发展新模式。从各行实践探索看，呈现三方面趋势特征，一是构建普惠集中运营体系和线上线下一体化服务渠道，高效连接"投、贷、债、股、保"各项资源。二是聚焦客户需求丰富线上场景，基于客群及区域场景迭代开发特色化、差异化产品。三是通过企业级的线上流程改造凸显产品敏捷竞争力优势，多家银行的普惠产品名称包含"快"和"速"，着力缓解融资慢的问题，如建设银行的"小微快贷"、兴业银行的"兴速贷"等。

（1）大型银行打造场景泛化的矩阵产品体系

场景化的产品体系是普惠信贷领域突破同质化竞争、拼抢市场份额的制胜关键。首先，基于具体场景可以批量触达客户，如供应链贸易等场景本身蕴含潜在的信贷及结算需求，成为金融机构批量对接客户需求的入口。其次，场景聚焦用户特征，同一类场景下批量获取的信贷客户往往具备类似的经营属性和资金需求，有利于提高银行的精准营销能力。最后，场景化有助于强化风险管理，通过将客户资质、资金流向、交易行为、融资需求等信息深度植入场景，可以有效提升对贷款用途的真实性和客户资质水平的判断评估。

其特征优势体现在以下两个方面：一方面，基于广泛下沉的网点渠道和数量庞大的客户经理人员优势，可以深耕延展自建场景。另一方面，通过全景广角的资源网络和合作伙伴关系，可以更广泛地植入各类线上金融与非金融场景，综合打造场景泛化的矩阵产品体系，构建全域触网能力，全面响应并服务各层次各类型普惠金融客户需求，并以规模化效应实现降本增效。建设银行聚焦数字普惠创新引领，重塑金融服务模式。在模型研发上，拓展数据应用场景，围绕客户营销、申请准入、贷款审批、额度计算、预警监测、催收处置、续贷管理和经营管理八类场景，建立140余个数据模型，实现批量化、多维度企业信用评价体系，与自动化、标准化信贷作业流程。在数据应用上，围绕替代性数据推进数据集成，完善数据交叉验证，形成小微企业立体式全息画像。在产品创新上，构建敏捷创新机制，针对不同客户类型及使用场景，形成"通用型+定制化"的产品供给和迭代能力。针对优质纳税小微企业，与国税总局合作推进"银税互动"，创新"云税贷"产品，形成"以税授信、以信促税、以贷兴企"的良性循环。针对核心企业上下游小微企业，围绕"资金流、物流、信息流"，建立覆盖全产业链条的"建行e贷"系列产品，为企业提供基于应收、应付、订单预付款等在内的多品类线上化融资服务。针对县域乡村涉农群体，与农业农村部门合作，将农户的农业补贴、种子化肥采购等数据进行归集，丰富"裕农快贷""乡村振兴贷款"涉农信贷产品包。中国银行依托科技赋能，发力智慧运营，全面深化数字普惠服务生态。2022年底，中国银行推出"I·SMART—数字普惠金融服务+"，构建了"场景产品更丰富、特色服务更多元、客户体验更便捷、风险防控更智能、科技运营更高效"的服务体系。此外，为了更好地聚焦客户与基层诉求，中行持续升级"惠如愿App"功能，配套"e企赢"、微信小程序等多种渠道，为普惠客户带来"随时、随地、随心"的服务体验。

（2）中小型银行构建差异化的普惠服务优势

中小型银行在业务拓展中更侧重于打造重点客群及重点区域的差异化优势，以对局部的深耕突破实现对全局的提振带动，从而破圈突围。数字化技术的跃迁发展为中小银行"深耕一隅"带来弯道超车的新助力。通过数字化转型提升差异化和精细化的经营能力，一是基于数字化渠道整合和客群洞察，提升产品和服务的定制化能力，实现差异化获客；二是基于大数据模型的智能运用和科学分析，强化大数据风险定价，提升精细化风险管理和成本控制能力；三是构建功能齐全的综合化金融服务平台，以线上化、移动端服务，减少了渠道、网点较大行相对不足的影响，充分延展服务触角和触达频次。宁波银行对公客户90%以上都是小微企业和民营企业，小微金融已经成为宁波银行的一大优势名片。一是组织架构专业化、垂直化。在总行专门设立零售公司部，服务小微企业和普惠客户的综合金融需求，其下设综合部、市场营销部、网络经营部、资产业务部、现金管理部、大数据中心和宁波地区市场营销部共7个二级部；并设立320多个小微企业服务团队，由总行垂直考核，实现全条线穿透式管理。二是同质产品差异化。宁波银行在与同业相似的竞品上通过更快捷、额度更高或期限更长的细节设计，打造独特优势。例如，税务贷方面，宁波银行的产品优势在于期限长且额度高，授信期限达到3~5年，额度最高300万元，且纯信用、随借随还。传统住房抵押贷款方面，推出"快审快贷"，从申请到放款全流程线上化，审批从3.5~4天提速到最快3分钟完成。三是综合金融服务专业化。宁波银行为小微客户提供"五管两宝"产品体系，"五管"包括"票据好管家""财资大管家""外汇金管家""投行智管家""政务新管家"，"两宝"包括"易收宝""薪福宝"，涵盖票据、财资、外汇、投行、收款、代发薪资等业务，并推出"波波知了"企业综合服务平台，提供法务、税务咨询等14项免费的非金融服务，成为小微企业成长路上的得力助手。

(3) 互联网银行依托活跃生态和增信数据导流线上客户

互联网电商等新经济、新业态为普惠金融服务带来新的市场竞争者——互联网银行。根植于基因的互联网思维、活跃生态及海量数据积累，为互联网银行在依托线上平台拓客方面带来传统银行难以匹及的独特优势。微众银行、网商银行、苏宁银行等新兴互联网银行，以其股东强大的自有生态为基础，沉淀了大量的活跃忠诚客户和增信数据，形成其获客和风控的关键支撑，在线上贷款尤其是信用类贷款方面，逐步开辟出一条不同于传统银行的轻量化发展路径。

其特征优势体现在客户高增长和生态深触达两方面：一方面，互联网银行能够挖掘大量具有黏性的增量客户，推动小微贷款客户和业务规模高速增长；另一方面，互联网银行依托社交、消费等生态网络构建，掌握了更多非标准金融客户的数据，通过账户行为、经营情况等数据更深入地洞察自有客户，实现对小微企业的充分下沉。作为一家科技驱动业务发展的互联网银行，网商银行通过"大山雀系统""大雁系统""百灵系统"这三只"科技鸟",为更多小微经营者提供纯线上的金融服务。其中,"大山雀系统"主要服务农村金融领域,网商银行是中国首个通过卫星遥感技术应用于农村金融的银行,通过卫星遥感技术识别农民种植的作物,并结合气候、行业景气度等情况,预估产量和价值,从而向农户提供额度与合理的还款周期安排。目前,大山雀的识别准确率达到93%以上,全国超过120万种植户因此获得无接触贷款。"大雁系统"借助大数据风控,为品牌上下游的小微企业提供手机上就能进行的便捷信用贷款,以及支付结算、采购订货、铺货收款、连锁加盟等生产经营全链路金融服务。目前,大雁已经进入包括海尔和娃哈哈在内的1000家品牌的供应链,品牌下游经销商及终端门店的经营性贷款可得率从30%提升到80%。"百灵"智能交互式风控系统前瞻运用人机互动信贷技术,不仅能正确识别授信资料,还具备认知智能,以图计算技术为基础,构建了目前业内最大规模的动态企业图谱和行业图谱,将行业的经营周期、资产构成、上下游逻辑也都纳入风控评估,让百灵更"懂行",能够理解材料背后的意义,基于此,"百灵系统"推出的提额自证任务可以帮助用户平均提升3万元的贷款额度。

6.3.3 普惠金融高质量发展面临的四大挑战

普惠金融高质量发展面临的挑战主要来自四个方面,数字科技的蓬勃发展则为应对解决这些挑战带来有利机遇和有效助力,有理由相信,数字化与普惠金融的深度融合将创造更多价值,在解决普惠金融信息不对称、扩大覆盖面、提高融资效率和降低融资成本等方面发挥更重要的作用。

(1) 普惠服务广度仍不及机会平等的要求

广泛且稳定的金融服务覆盖是提升金融包容性的重要前提和必要条件,然而一直以来,由于空间距离、文化程度、功能障碍和收入水平等种种制约，身处边远、贫困地区的居民以及老龄、残障等人士获得金融服务的比例普遍偏低。数字化渠道有利于金融服务范围进一步下沉拓展，延展金融服务的包容性。

（2）普惠服务深度受限于传统供给方式

目前普惠金融对长尾客群的服务供给仍有不及。近年来，伴随人民美好生活需要的日益增强，集中在衣、食、住、行、游、购、娱等非金融场景中的金融需求得到快速增长，而微信、手机银行等数字支付工具的迭代更新，有力地促进了消费实现。据统计，2017—2022年近五年的全球数字支付增长达到了10%以上，对于以往较难获得传统金融服务的低收入人群、小微企业和涉农主体等而言，以数字支付渠道超越物理边界触达客户从而延展其金融需求，将成为银行机构新的增长点。数字化场景有利于金融服务与普惠群体深度结合，一方面，可以将金融服务嵌入与普惠客群紧密相关的工作生活场景；另一方面，探索搭建全新的服务场景为普惠群体创造衍生金融需求，从而突破传统供给方式，增加普惠金融服务深度。

（3）普惠服务效率受到需求分散的制约

数字化运营有利于提升普惠金融业务的活力和效率。普惠金融业务具有小额、分散的特点，金融服务效率相对偏低，集约化运营效能难以发挥。2022年，中国普惠小微贷款余额23.8万亿元，同比增长23.8%，较各项贷款余额增速高12.7个百分点；普惠小微授信客户数为5652万户，同比增长26.8%，客户数量增加明显高于授信金额增加。对比可见，在更多小微客户获得信贷服务的同时，单户授信额度有所下降，这是普惠金融业务不断提升广度和深度的必然走向，但也对银行机构的服务效率提出了更高要求。数字化技术的创新升级，将有效推进商业银行业务流程自动化、后台化和云端化，使大规模作业实现虚拟集中，打通跨地域、跨层级、跨条线的运营资源，提升普惠金融展业的整体效率。

（4）普惠服务成本具有较高的风险溢价

普惠金融客群普遍存在收入韧性较低、金融健康程度较差等特点，从经营可持续的视角看，客群实际风险成本高于银行可负担成本。此外，商业银行长期应用的客户调研方法、信息采集方式、数据分析工具和风险评估模型等不完全适用于普惠金融客户，对业务风险的前瞻性把握不足。数字化风控有利于推动普惠金融业务降本增效，经过近年的实践，依托大数据、云计算、人工智能、机器学习、模型算法等技术打造的智能风控体系已经成为全球银行业公认有效的风险管理解决方案。

6.3.4　数字普惠金融的高质量建设路径

（1）构建数字普惠金融的生态化发展体系

普惠金融作为支撑稳预期、稳增长、稳就业的重要载体，为民营经济和乡村振兴注入发展动能，为扩张有潜能的消费和有效益的投资带来有力驱动，在推进中国式现代化的进程中，必将发挥愈加重要的作用。对银行而言，普惠金融发展面临新机遇、新挑战、新竞争，既要做好量与价的平衡，又要关注质与效的提升；既要积极创新，又要筑牢风控。因此，未来对实体经济的赋能方式必将从"单点化"走向"体系化"，商业银行应以系统性思维，构建并完善普惠金融业务的生态化、体系化作战思路，打造未来高质量发展的动力引擎。

在发展体系设计方面要重点关注以下五个方面：一是真正体现高质量发展要求，高质量的发展应该是商业可持续的发展，是创造价值的发展，是降本提质的发展，是创新引领的发展。二是构建"以客户为中心"的开放金融服务生态，通过全产品谱系设计、"金融+非金融"场景建设、全周期服务需求匹配、多渠道客户触达等，打造开放联盟，加速生态共享，叠加更多包括产业链参与方、平台服务商、数据服务商和政府及监管机构在内的参与者共建生态，实现能力互补、数据互通和资源共享，提供"融资、融智、融商"的综合化、生态化服务。三是激活普惠发展势能和自驱动力，逐步构建"规模增长—发展提效—能力提升—信心增强—经验积累"的螺旋形上升环路。四是打造旗帜鲜明、理念领先的普惠品牌标识度，从社会价值角度重塑金融价值定位。五是构建多方协同的敏捷联动机制和资源优化机制。明晰联动职责，畅达联动渠道，实现以普惠客户需求为核心的部门间、总分间的高效协同和敏捷响应。

（2）打造数字化营销作业与批量获客模式

聚焦于"轻型获客"和"根植场景"两大关键词，以数字化手段深耕重点生态场景，依托"金融+非金融"服务渗透，构建多层次、有特色的批量获客渠道。从演进新趋势来看，可以重点关注以下三个方面：一是在平台新经济方面，积极关注与蚂蚁、京东、字节等头部互联网公司的平台合作，开拓客户引流渠道；挖潜区域化特色电商生态圈，打造特色场景。二是在"普惠+新金融"的融合场景方面，围绕"五篇大文章"发力，积极拓展"普惠+绿色"、"普惠+科创"、"普惠+养老"等重点业务场景，例如在普惠与科创融合领域，可以在医药、生物、种业等技术密集领域深耕，重点发掘初创期优质潜力企业，提早介入、陪伴支持；在普惠与养老融合领域，重点关注医养、康复和家政等适老产业领域的小微客户，提供针对性融资支持。三是在融商"撮合"场景方面，探索以"撮合"模式实现更高阶的普惠金融服务，串联政银企多方资源，拓展中间业务，发挥撮合商业作用，实现银企共赢。

（3）创新数字化普惠金融产品与服务模式

普惠金融产品市场竞争力主要来源于精准风控、敏捷流程和价格优势。其中，精准风控要基于大数据支持和行业研究，不断细化深化客户画像，加大信用类贷款产品创新，以风控策略的更精更优，扩大"首贷户"等潜在客群。敏捷流程要通过全链路的流程梳理、优化和线上化作业，实现从"商机洞悉—产品研发—客户服务"的各环节提效。价格优势则来源于数字化赋能的降本提效，轻型化客户触达、精准化策略推送、智能化流程操作等。

基于此，普惠金融产品体系要不断创新迭代，从而敏捷响应更广泛的小微企业客户需求，打造产品领先的市场竞争力。具体包括：全渠道产品趋势洞察，多渠道获取信息，敏锐感知市场创新趋势，做好信息提炼和前景研判，建立畅达的市场信息交互机制，打造开放生态。全流程产品创新迭代，建立模块化、标准化的产品研发流程，从创新人员、资源、评估和投产等方面，打造简洁、高效、聚焦的产品创新机制，重点加强全线上化产品开发，增加"秒申秒贷"类产品场景覆盖。全周期产品谱系设计，以更强的风险管理能力充分识别并挖掘客户有效需求蓝海，适度采取客户下沉策略，重点围绕小微企业信用贷、首贷、续贷等丰富产品谱系，服务客户经营发展周期各阶段。全景式产品价值评估，持续追踪产品落地成效，不仅关注贷款规模增长，也要关注客群增长、结构改善、公私联动、EVA和不良率等指标，进行全景分析。

（4）构筑全周期全流程的数字化风控体系

数字化转型在组织、流程、技术等多方面重塑普惠金融发展业态，推进数字普惠"新基建"是实现高质量、可持续发展的核心底座之一。为构建根基扎实的数字化底座，可以关注提升四方面能力。一是提升数字化营销管理能力。建立灵活适用的标准化系统接口，实现快速接入多个业务场景；建立敏捷复用的基础功能底座，实现高效响应多种业务逻辑；建立快速识别的特征标签体系，实现精准打标多层多类客户；建立智能决策的客户管理平台，实现自动分析客户价值密度，及时推送无贷户、有贷户、价值户、潜力户等清单，匹配价值挖潜策略。二是提升数字化精准画像能力。以"维度更全、时效更高、信息更准"为原则，整合利用工商、税务、征信、司法等政府公共大数据，结合小微企业交易场景数据，拓展风险信息分析监控维度，建立统一风险视图和身份认证体系，全面精准客户画像，智能推送潜客清单，有效识别潜在风险。三是提升数字化敏捷审批能力。依托真实交易场景，运用大数据、规则引擎、生物识别等技术，研发智能评价模型，精准风险评估计量，完善数字化审查审批及用信机制，提升自动化审批能力，推动合同签约及抵质押登记在线办理，实现小微企业融资全流程线上化。四是提升数字化智能贷后能力。通过数字技术应用和外部数据引用，推动贷后管理全流程自动化，不断提升自动化定检率和业务覆盖面；推动风险预警管理智能化，从行业、区域、产品、担保和期限等维度开展组合监测和集中度预警，实现风险防控从"人防"向"智控"转变。

6.4 养老金融

6.4.1 数字时代的养老金融政策逻辑

数字经济的扩散效应不仅有助于提升老年客户的数字素养和金融素养，也能够升级和重构养老产业模式，通过数字化和老龄化的融合共生，最终实现数字经济对养老金融的有效赋能。近年来，我国相关政府部门已认识到金融机构参与养老行业发展的重要意义，出台了一系列金融支持养老服务发展的政策指导意见，为我国养老金融的规范化发展提供了坚实的政策基础。2013年9月6日，国务院发布《关于加快发展养老服务业的若干意见》，该意见成为国家层面首个将养老和金融结合的指导性文件。2019年4月16日，国务院办公厅发布《关于推进养老服务发展的意见》，进一步为银行、基金、保险、信托等金融机构养老金融业务发展指明了方向。2022年4月21日，国务院办公厅发布《国务院办公厅关于推动个人养老金发展的意见》，推动发展适合中国国情、政府政策支持、个人自愿参加和市场化运营的个人养老金，实现养老保险补充功能，标志着个人养老金制度正式启动实施。

（1）数据赋能有助于促进养老金融供需更趋匹配

作为数字经济的核心要素，数据对养老金融的发展发挥着重要作用。依托大数据、云计算和人工智能等数字技术的运用，与养老金融相关的政策法规、发展环境、市场需求、产品研发和风险防控等数据便能够被及时、有效地收集、处理、分析和应用，实现对养老金融市场的深入洞悉。以数据为支撑，不断提升养老金融供给端和需求端匹配度，通过千人千面的客户精准画像，向市场提供个性化的养老金融服务。例如，通过数据分析，可以对不同年龄段、不同收入水平和不同消费偏好的老年人进行客户细分和精准画像，掌握他们对养老金融产品的不同需求；通过数据挖掘，可以对相关养老金融产品的适用群体、收益水平、风险状况等进行评估分析，以便改进现有产品和服务方案，更加贴合客户需求；通过数据应用，可以将设计好的产品和服务向目标群体进行精准推送，提高营销成功率。

（2）泛互联网联结有助于扩大养老金融服务边界

作为数字经济的基础载体，互联网尤其是移动互联网、物联网成为养老金融发展的重要平台。依托互联网、物联网和移动通信等数字技术的运用，传统意义上的时空限制有望被打破，进而引领养老金融服务不断向线上化、智能化方向发展。通过互联网全域连接，养老金融服务的渠道日益多样化、边界日益模糊化，全覆盖、一站式的养老金融服务逐渐走入大众日常生活。例如，借助互联网渠道，客户足不出户就可以办理诸如养老金账户查询、养老理财产品申赎和养老金领取等业务，不仅降低了客户成本，还提高了办理效率；借助物联网平台，客户可以在任何地方享受智能家居、智能医疗等服务，实现针对客户的健康诊断、紧急救援等，保障客户健康；借助移动互联网，客户可以通过手机银行和微信银行等随时随地获取养老金融服务，提升信息推送和投诉处理效率，让客户更满意。

（3）开放共享有助于打造养老金融综合服务生态圈

作为数字经济的核心特征之一，开放共享也是养老金融发展的重要目标。依托API、云平台等数字技术的运用，可以促进政府机构、产业组织和企事业单位等多方主体围绕养老金融业务开展数据共享和深度合作。依靠开放共享的平台打造，构建养老金融综合生态圈和一站式服务体系，实现资源有效利用和价值最大化创造。例如，借助API技术，打通商业银行与社保、税务等政府机构的连通，加强数据对接和业务协同，为客户提供更便捷的申报办理服务；借助云平台，畅通与医疗机构、康养机构、电商平台等社会组织和企业的合作链路，实现数据的交换、共享和业务合作，利于向客户提供高质量的健康管理、生活护理等服务。

表6-3　养老金融相关政策演变历程

时间	制定部门	文件名称
2013年9月6日	国务院	《关于加快发展养老服务业的若干意见》
2016年3月21日	中国人民银行等五部门	《关于金融支持养老服务业加快发展的指导意见》
2017年6月29日	国务院办公厅	《关于加快发展商业养老保险的若干意见》
2018年8月8日	原银保监会	《关于扩大老年人住房反向抵押养老保险开展范围的通知》
2019年4月16日	国务院办公厅	《关于推进养老服务发展的意见》
2022年4月21日	国务院办公厅	《国务院办公厅关于推动个人养老金发展的意见》
2023年8月31日	国家金融监督管理总局	《关于个人税收递延型商业养老保险试点与个人养老金衔接有关事项的通知》

资料来源：各政府部门官方网站。

6.4.2 数据驱动养老金融的探索与实践

近年来，我国商业银行牢牢把握金融科技发展方向，不断满足居民在数字化时代的养老金融需求，通过持续夯实养老金融业务发展基础，着力积累养老金融服务经验，在探索养老金融数字化转型的道路上取得斐然成绩。

(1) 构建金融场景，促进业务生态化

由于养老金融具有资金链条长、产品种类多、投资期限长等显著特点，银行同业积极构造各类业务场景，融合养老金金融、养老服务金融和养老产业金融三大领域，打造综合化业务体系。邮储银行围绕老年客户对金融产品和非金融服务的需求，提供专属"金晖卡"、金晖大额存单等特色金融产品及金晖系列文化活动，着力打造"金晖有财、金晖有福、金晖有情、金晖有乐"的金融服务生态圈，为老年客户提供更贴心、更全面、更安全的综合金融服务。中信银行依托中信金控、中信集团两大平台，与中信证券、中信信托等集团旗下其他成员积极协同，打造了"内外双循环"的养老金融综合服务生态圈，构建了一个覆盖"财富、健康、医养、长寿"的养老金融服务闭环。兴业银行于2012年率先在国内推出养老金融专属服务方案——"安愉人生"，通过创新提供收益稳定、符合跨生命周期养老特征的金融产品，持续满足不同年龄群体的养老财富储备需求，全面推动养老金金融、养老产业金融与养老服务金融的融合发展，提升专业化运营水平。

(2) 聚焦客户需求，促进服务自助化

聚焦客户服务体验提升，银行同业积极推动线上服务模式创新重塑、充分运用前沿数字技术、持续深化客户服务自助化。农业银行积极构建"社保+银行"便民服务新模式。在网点超级柜台新增退休人员人脸识别、社保证明、个人权益单等功能，上线养老金到账短信提醒服务，精准推送养老金到账短信，实现社保业务"多点办""就近办"。在自助存取款一体机上实现自助存取现及补登等功能，让自助设备"适老"，或通过刷脸取款，让老年人体验更加安全便捷的业务办理模式。建设银行积极推动移动支付全面覆盖适老领域，持卡老年客户可通过手机银行、裕农通等手机App渠道，缴纳水、电、煤气和供热等公用事业费以及养老、医疗保险。借助手机银行推出智能服务，如推出信

息无障碍服务、优化升级手机银行搜索服务、推出大字版（关怀版）等，进一步解决老年客户和视觉障碍者使用不便的问题。广发银行在个人养老金业务正式启动实施当日即通过逾20个营销渠道对客户实施触达，针对性提供便捷服务。针对老客户，只需通过人脸识别、扫码或微信小程序等，便可快速完成线上开户办理。针对新客户，也仅需增加客户必要身份要素录入，便可快速完成开户和手机银行注册，整个操作流程十分顺畅。

（3）整合平台资源，促进服务一体化

以数字化转型为契机，银行同业聚焦人民所需、发挥自身所长，加速构建以金融服务为基础的一站式养老综合服务体系。工商银行举全行资源倾力打造养老金融智慧化综合服务平台，通过将社会基本保险、企业和职业年金、个人商业养老金等养老金融业务数据进行整合，并基于对外部数据的进入分析，构建综合指标体系，开展客户营销、风险监测、绩效评价等赋能工作。依托大数据、人工智能、区块链等先进技术，对个人客户进行精准画像，设计和提供智能化、定制化养老财富管理产品及养老服务产品。中国银行整合内外部资源，深耕以个人为中心，政府、企业为两翼的一站式、全流程银发场景生态服务平台。在服务政府端，探索"养老+金融"银政合作模式，投入区域养老民生事业，通过打造"中银公益互助养老平台"，助力政府及企业扩大社会面养老服务供给，全力支持公益养老事业发展。在服务个人端，积极融入社区"一刻钟"养老生活圈，在手机银行App上开发银发专区专属服务，满足银发人群"医食住行娱情学"等各类需求。在服务企业端，为养老产业客群提供涵盖普惠授信、基础结算、贸易融资等9项产品服务的"99为功养老产业金融一揽子服务方案"。中信银行推出"幸福+"养老账本，对客户的养老资产状况进行全视图分析和展示，持续迭代升级归集养老资产、测算养老缺口、设计养老规划

方案、匹配养老服务产品等功能，打造养老金融服务的一站式办理平台。"幸福+"养老金融服务体系包括"六个一"①：一个账户、一套产品、一个账本、一套服务、一支队伍、一份报告。

(4) 提升服务效率，促进运营自动化

近些年，商业银行在养老金融业务领域融入数字化理念，全面推进业务运营自动化，实现客户服务本地化。工商银行围绕社保资金管理，在业内率先上线"工银e社保"综合服务平台，配合各级社保机构为广大参保单位和参保人提供社保服务。围绕养老金管理，借助数字技术实现业务系统自动生成指令、自动加盖电子印章、智能跟踪业务流转、实时提醒在途业务、自动生成报表、自动划转费用等功能，显著提高运营效率。在同业合作方面，率先与同业年金管理机构建立数据接口，实现业务全流程不落地全自动处理，实施年金账户管理与托管系统直连，保障业务运作准确高效。建设银行积极探索推广RPA技术在养老金融业务领域的应用，上线了"批量议价维护"功能，由机器人自动获取网点个人养老金业务申请工单、上传系统申请文件、下载系统处理结果文件，并自动将批量议价维护结果返回申请网点，实现批量议价维护交易的自动化处理。此外，借助RPA赋能，原来由人工处理的流程变为流程机器人自动化处理，实现贷款还款查询和监控的全流程自动化，每次可节约60分钟工时。

(5) 激发数据效用，促进风控智能化

结合养老金融业务外部合作频繁的特点，商业银行在做好各类传

---

① 一是打造一个多渠道、多功能、多场景的个人养老金资金账户；二是打造一套品类齐、功能全、质量优的"十分精选"养老金融产品体系；三是推出一个算得清、管得住、投得好的"养老账本"；四是提供一整套覆盖财富、健康、学院、舞台、优惠、传承的"金融+非金融"服务；五是与清华大学合作，培养一支经过专业培训、历经实战、服务优良的"养老金融规划人才"队伍；六是发布一份养老财富管理报告。

统风险管理的同时，通过数字化技术和大数据应用，提升多专业协同风控能力。工商银行强化"主动防、智能控、全面管"的风险管理思路，在全面风险管理体系构建过程中充分考虑养老金融业务的特殊性，实现对业务、机构、人员的全方位覆盖和智能化监测。针对信用风险、欺诈风险、操作风险、合规风险等，持续升级融安e信、融安e防、融安e控、融安e盾等系列风险防控产品，迭代优化风险监控模型，不断提升数字化风控能力。整合多方资源积极推动养老金管理风险监测系统的开发，通过完善多维度监测指标，实现风险模型的迭代优化，不断提升相关业务风险防控能力。招商银行基于客户、账户、设备、交易等海量数据，打造了以"天秤"智慧风控平台为中心的智慧风控体系，形成了覆盖全渠道的7×24小时账户监测和保护体系，贯穿所有渠道的登录、转账、支付等电子支付场景，并根据不同的应用场景和风险级别，结合使用密码、短信验证码、生物识别、防骗提醒、人工外呼等综合身份认证的核验机制，实现对潜在被骗交易的精准高效甄别，在客户登录至交易的全流程，多节点地提醒、劝阻客户，阻断风险交易，以避免老年客户资金损失。平安银行上线智慧风控平台，贷前环节采用向导式操作，将风险排除、量化评价和项目画像嵌入审批流程中，实现自动准入和智慧审批。以机器智能融合一批有审批经验的"老法师"的经验，形成"四步排除、五定量化"规则，排除"准入缺陷、财务粉饰、灰黑名单、专项风险"客户，通过"定级、定量、定期、定价、定保"生成项目决策画像，让信息更充分，让决策更轻松，心系银发一族，助力"平安颐年"服务生态打造。

银行同业积极构造各类业务场景，融合养老金融、养老服务金融和养老产业金融三大领域，打造综合化业务体系。

以数字化转型为契机，银行同业聚焦人民所需、发挥自身所长，加速构建以金融服务为基础的一站式养老综合服务体系。

结合养老金融业务外部合作频繁的特点，商业银行在做好各类传统风险管理的同时，通过数字化技术和大数据应用，提升多专业协同风控能力。

业务生态化　服务自助化　服务一体化　运营自动化　风控智能化

以提升客户满意度为目标，银行同业通过创新线上自助化服务模式，不断提升客户服务效果。

商业银行在养老金融业务领域融入数字化理念，全面推进业务运营自动化，实现客户服务本地化。

图6-4　数据驱动养老金融的探索与实践

6.4.3 制约养老金融高质量发展的现实挑战

近些年，以商业银行为代表的国内金融机构在发展养老金融方面做出了许多有益探索，取得了斐然的成绩，但在长期的实践过程中也面临诸多现实挑战。

（1）养老金金融：运营管理机制待完善，产品创新和业务布局仍需加力

养老金金融业务组织架构和考核机制需完善。近年来，越来越多的商业银行将养老金金融业务作为重点发力方向，但相关管理架构并没有真正建立起来。在顶层设计上，养老金金融业务普遍缺乏一个全行业性的议事协调机构进行组织推动，由此导致相关资源未被有效整合，养老金金融业务拓展受到制约。在机构设置上，多数商业银行只是将养老金金融业务职能分散在诸如公司金融部、机构金融部等部门之下进行管理，如此导致养老金金融相关业务多头开展，未能形成多部门之间的合力。此外，商业银行针对养老金金融业务的考核主要聚焦于当期收入，考虑到此类业务初始规模小、营销周期长、成长性好，偏重于对当期收入的考核，难以有效反映业务经营特点，进而会影响商业银行养老金金融战略的持续推进。

产品供给结构性问题突出，难以有效满足客户需求。在传统领域，养老金金融发展较为成熟，产品供给相对过剩。根据人社部相关数据，截至2022年末，我国35家金融机构具备62个企业年金基金管理资格，市场竞争激烈。在新兴领域，截至2023年6月末，全市场共有54款养老理财产品，与2022年末相比，市场总存续产品虽有所增加，但与快速增长的市场需求相比，养老金融产品供给仍显不足。此外，目前我国商业银行普遍存在着条块分割管理问题，考虑到养老金融产品的开发需要多部门参与，部门之间沟通成本较高、掣肘因素较多、研发周期较长，难以对客户需求做出及时反应。

业务拓展滞后于养老金市场化投资进程。从养老金金融的业务实践看，第一支柱方面，商业银行是业务布局的主体，相比保险、基金等市场参与者拥有较大优势。第二支柱方面，由于从事企业年金和职业年金业务需持有相关资格资质，导致商业银行不能直接从事年金基金投资业务，即便是在年金托管领域，受牌照迟于保险公司发放所限，商业银行的市场份额并不高。第三支柱方面，个人税收递延型商业养老保险和养老目标基金早在2018年就已开展业务试点并推动业务落地，而商业银行能够重点参与的个人养老金业务到2022年才有相关制度办法出台，未能占得先机。面对养老金市场化投资带来的重大机遇，商业银行只有在第二、第三支柱方面加大产品和服务创新力度，才能迎头追赶，提升市场竞争力。

(2) 养老服务金融：有效产品供给不足，养老投资知识需求尚需满足

全生命周期产品供给不足，普惠属性亟需提高。现阶段，差异化程度不足、期限较短等缺点突出表现在养老服务金融产品的供给中，考虑到部分产品没有对应的政策规范，个人养老金产品的全生命周期属性体现得并不充分。加之，个人养老金资产配置渠道有限，对老年客户来讲金融产品的渗透情况并不乐观。受产品风险防范机制不健全、承保难度大、流程复杂等原因，住房反向抵押贷款、商业护理险等在西方国家司空见惯的产品，在我们国家市场空间有限。此外，由于我国银行提供的非金融权益多面向中高净值客户，保险公司的"大额保单+养老社区入住权"模式，保费多是百万元起步，养老消费信托也多与中高端养老机构对接，导致配套的非金融权益普惠属性较弱。

养老金融知识尚未普及，养老投资知识需求仍需满足。随着经济社会进步发展，公众文化素质已经有了很大提升，但仍有不少公众对利率、复利、通货膨胀等基础知识还不了解，公众整体的养老金融知识素养尚有较大提升空间。此外，随着养老金融需求的逐步提升，公众对于养老金融知识表现出强烈诉求，但现有的养老金融教育渠道难以满足多元化养老投资知识需求。

(3) 养老产业金融：养老产业普遍授信难度大，产业融资渠道较窄

养老产业授信难度大，商业银行涉足业务规模小。养老机构客户经营状况参差不齐，整体信用风险偏高。一方面，由于养老机构多为民办非企业性质[①]，民非授信未列入原银保监会两增两控普惠考核范畴，银行信贷投放动力不足。若将民非授信纳入普惠金融考核范畴，不但能够鼓励银行为普惠型养老机构提供便捷授信服务，而且有助于形成规模化可复制推广的信贷发展模式，助推普惠型养老由初创期向成长期顺利过渡。另一方面，由于较多涉及医卫用地、慈善用地和租赁物业，我国养老项目在向银行申请贷款时，往往面临有效抵质押物缺失、增信措施较少等难题，导致银行不愿授信。目前，对政府或国

---

① 民办非企业单位，即企业事业单位、社会团体和其他社会力量以及公民个人利用非国有资产举办的，从事非营利性社会服务活动的社会组织。

企主导的养老社区或养老相关基础设施建设项目的金融支持，除国家开发银行外，国有银行参与度并不高。虽然部分银行也制定了养老产业授信指导意见，但是受产业授信多为单点项目落地等制约，养老产业授信并没有形成成熟的产品模式推而广之，导致并没有取得实质性的创新突破。

金融资本参与养老产业较少，落地项目有限。由于前期投入大、回收周期长、回报率偏低等原因，养老产业项目很难吸引金融资本进入。虽然早在2015年，红杉资本、腾讯投资、经纬中国等境内外创投基金就已开始投资养老产业项目，但所涉足领域主要聚焦于居家养老和社区养老等领域少数企业。部分大型企业依托子公司开展养老产业布局，时至今日也仅有济南老来寿生物、无锡朗高养老等为数不多企业挂牌新三板，能够登陆主板市场的更是寥寥无几。

6.4.4　数字养老金融的建设路径

在数字经济时代，技术变革为养老金融发展赋予了更丰富的内涵，养老金融也在技术赋能之下走上发展的"快车道"。养老金融数字化是一个综合的新兴方向，未来将会有更多与养老金融有关的科技赋能场景。

（1）完善养老金机制建设

虽然近些年我国多层次养老金融体系建设取得重大进展，但在资产配置、服务便捷和风险管控等方面仍有较大完善空间。在资产配置方面，商业银行可为投资者提供量化投资服务，初期可考虑设置较低的或不设置准入门槛，提高投资者的参与积极性，以促进养老金资产规模增长与资本市场的良性互动。借助大数据和人工智能等技术手段，对客户开展精准画像，进而更好地实现客户分层、分类和分群，合理配置客户养老金资产。在服务便捷方面，政府层面，我国可在养老受托管理领域建立公共信托公司，为企业年金和个人养老金提供公共服务。通过整合银行、保险、基金等金融行业的管理平台，纳入统一的国家信息平台。在社保平台上提供面向参保者的工具，帮助民众预测自己将来可以领取多少养老金。业界层面，金融机构需要提供创新的养老金融科技产品，为居民提供便利化的个人养老金、商业养老保险等方面的金融服务。在风险管控方面，进一步提升数据治理能力，使风险管理系统能够对更加复杂的业务场景做出分析判断，深度释放关联数据价值，实现自动化风险控制功能。例如，结合养老金投资资产的实时行情、历史走势特点和当前持仓进行关联分析，实现对风险场景的实时监测。由此，实现风险管理从"技防"到"智控"的升级，风险管理从对关键指标的合规性管理扩展到对投资风险、业务流程的全面风险管理。

（2）创新养老服务金融

数字化为养老金融的突围开辟了新的道路，不断推动传统金融服务脱媒，业务模式和服务方式得以升级和优化。养老财富储备阶段，商业银行可通过对客户行为等长期积累的数据资源进行挖掘分析，实施客户精准画像，便于依照客户不同偏好研发推出针对性的养老金融产品，如中国工商银行的"瑞信颐享"养老储蓄产品、招商银行"招财进宝养老计划"养老理财产品。借助数字技术对不同的客户需求进行精准画像，能够从长期和短期、收益和风险等不同维度进行产品搭配，以迎合客户的不同需求偏好。养老财富消费阶段，商业银行可通过数字化技术对客户养老消费全过程进行实时追踪，及时获取客户反馈。在不断健全住房反向抵押模式，将固定资产转化为养老财富的同时，探索融合养老资金和养老服务的新模式，将信贷、理财、结算等内容相结合，提供健康管理、财产保障等综合金融服务。依靠对客户需求的快速、精准响应，不断提高养老金融产品与客户需求间的匹配度。此外，商业银行也可利用数字化技术不断优化手机银行、远程银行、微信银行等服务功能，畅通企业、机构和个人客户服务渠道；利用人工智能、区块链、云计算和大数据等新技术提升服务自动化水平。

（3）强化养老产业金融

为积极应对人口老龄化挑战，商业银行要胸怀"国之大者"，以积极姿态和坚实举措为养老产业发展提供全方位金融支持。信贷投放方面，可依托数字化技术对为老服务、家政服务、智慧康养、老年用品制造、护理培训、医药与医疗设备制造、老年教育培训等老龄产业相关企业开展全景画像，建立信贷投放白名单，精准掌握其信贷需求，打造"医养结合贷""普惠养老贷"等专属服务方案。平台打造方面，商业银行可通过对内外部养老金融数据的系统整合，打造养老金融智慧管理平台，推广养老机构资源管理、智慧助餐、老年教育等系统，帮助养老机构实现智慧化、数字化经营管理模式转型，持续赋能养老产业升级。生态构建方面，商业银行可依托API和云平台的构建，加强与外部企业、机构的业务对接，加强在现金管理、支付结算、财务管理、办公自动化等金融和非金融服务方面的有效衔接，深化外部合作，聚力构建养老金融生态。风险控制方面，商业银行可利用数字化技术对业务全流程进行数据挖掘、分析与诊断，提高风险防控的实时性和灵敏度，推动风险监测预警向智能化方向发展。

数字金融时代已来

第四篇

典型

第 7 章

数字金融时代恒丰银行
转型规划及实践

恒丰银行是12家全国性股份制商业银行之一，前身为1987年成立的烟台住房储蓄银行。2003年，经中国人民银行批准，改制为恒丰银行股份有限公司。2019年完成市场化改革股改建账，中央汇金公司成为第一大股东，2023年山东省金融资产管理公司受让中央汇金公司持有的150亿股股份，成为恒丰银行的第一大股东。截至2023年末，恒丰银行总资产1.44万亿元，不良贷款率连续20个季度下降，各项业务发展势头良好，经营效益稳步提升。近年来，恒丰银行主动顺应经济社会数字化转型趋势，把数字化转型作为全行深化改革的总抓手，以数字驱动和敏捷转型激发创新动力，加快完善数字基础设施建设，推进数据资源整合和开放共享，充分激活数据要素潜能，打造特色鲜明的"一流数字化敏捷银行"，为商业银行数字化转型做了有益的探索和实践。

7.1　恒丰银行数字化敏捷银行建设规划

恒丰银行于2021年发布《恒丰银行2021—2025年发展战略规划及2035年远景目标》，把数字化作为高质量发展的核心生产力，把敏捷作为高质量发展的文化基因，提出了到2035年建成全国一流数字化敏捷新银行的远景目标。随后相继制定了金融科技、数据、数字化转型三项战略规划。通过数字化顶层设计驱动科技规划与数据规划有效执行，通过科技规划与数据规划相互指引，支撑顶层设计全面落地。金融科技、数据与数字化转型总体规划形成了三元支撑结构。"新五年战略"为恒丰银行未来发展指明了方向，金融科技、数据、数字化转型三元支撑结构描绘了目标实现的路径。

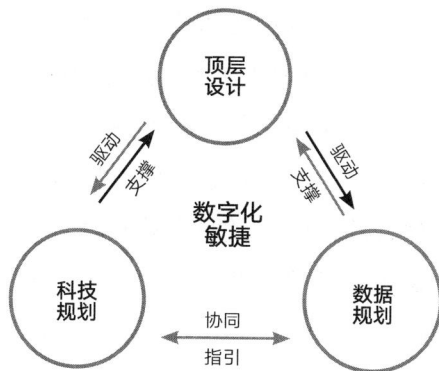

图7-1　科技规划、数据规划与数字化顶层设计三元支撑结构

7.1.1 远景规划：建设一流数字化敏捷银行

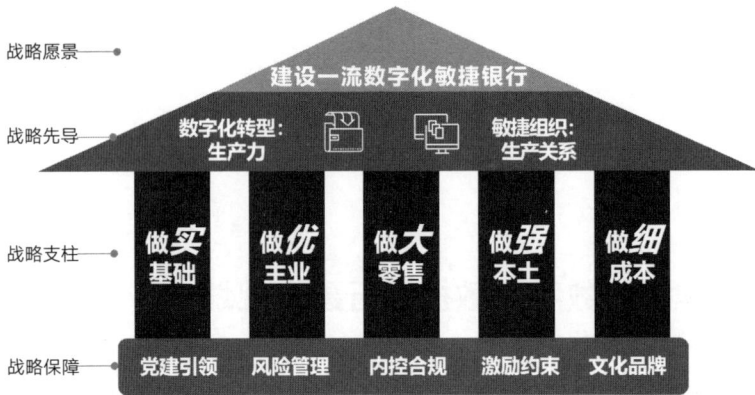

图7-2 "建设一流数字化敏捷银行"规划

（1）数字化转型：构建新质生产力

在"新五年战略"中，恒丰银行把数字化作为高质量发展的先进生产力。将数字与业务和管理真正融合，植入新恒丰大数据基因，延展全行数字思维，提升深入应用数字的能力和广泛开放的能力，掌握自主可控的科学技术，搭建起数字银行能力框架体系，依托数据提升业务效能、重塑业务流程、驱动业务模式、开放平台合作，打造新质生产力。

①夯实数字化转型的金融科技基础。金融科技是提高银行数字化经营能力、加快数字化转型的重要驱动力。在"新五年战略"中，恒丰银行规划构建企业级应用架构，持续深化"恒心工程"建设成果的推广应用，打造数字化经营的基础底座，提升技术与数据驱动的金融科技基础能力。规划构建以互联网为神经系统，大数据为器官，云计算为脊梁，人工智能为灵魂，区块链为基因的数字化平台，建设应用、数据、算法、硬件加速四位一体的大数据平台，具备"听、说、看、思"能力的人工智能平台。完善科技治理体系，深入推进科技体制改革，推进总分联动的金融科技能力建设，形成敏捷创新工作机制；

推广企业级项目制、产品创新孵化制模式，打造智能手机银行和开放银行；建立以"全链接、全在线、全透明"为特征的金融科技体系，加强数字基础设施建设，打造自主可控、安全可靠的科技实力。

②打造数字资产的精益化管理能力。数字化转型的核心是在技术的加持下，利用数据创造新的价值和机会。在"新五年战略"中，恒丰银行提出建立多元数据采集体系，全量采集生产经营活动数据，加大工商、税务、海关等外部数据引入，健全企业级数据治理机制，优化数据治理能力，加快业务数据化。加强数据仓库建设，搭建零售、对公、风险、财务、内控、审计、监管等主题数据集市，提供满足多元化业务需求的数据能力，推动数据业务化。加强数字资产管理，构建数据资产的共享体系，建立全景数据地图，实现数字资产的集中管理与共享开放，持续保证数据可信、可用和共享。建立常态化的数据应用推广机制，构建数据应用图谱，规模化推广复用成效高、见效快的数据应用成果。加强数据安全管理，促进数据安全流动，打造数据驱动、敏捷响应、系统集成的智能风控管理体系，将风控流程内嵌在金融交易场景中，加速从"人控"向"机控+智控"转变，打造数字化经营核心竞争力。

③打造同业领先的数字化经营能力。数字化的本质不是技术，而是思维观念的转变、业务的变革创新。为此，恒丰银行提出按照"互联互通、互利共生、互惠当下"的数字化经营思路，建设跨界用户生态圈，连接多个客群、多类产业和多种生产要素，共享发展机会。这包括提升数字化场景构建能力，建立智能连接、数据闭环和高频互动的数字化场景，以盘活存量客户，激活增量客户。建立线上线下一致、线上指导线下的渠道体系，推进"获客、活客、黏客"全渠道融合发展，实现"全场景、全链路、全渠道、全天候"的大数据精准营销。建立体验优先的手机银行、直销银行等线上经营主平台，加快推进网点轻型化、智能化转型，实现客户线上一点接入，线下全场景覆

盖，满足"即需即用"的客户需求。构建全流程线上化供应链融资服务体系，强化行业数据获取与运用能力，打通产业链上中下游"交易+融资"服务，实现全产业链、全流程、全场景的信息传递带动资金流转，向中小微客户提供高效投融资服务。

（2）敏捷组织：重塑新型生产关系

恒丰银行把敏捷作为高质量发展的文化基因。"敏"于感知，用分析去竞争，前台聚焦实现极致用户体验和市场需求变化的及时感知。"捷"于行动，靠速度取胜，中后台提升生产率，优化流程大幅度提升决策响应效率。加速产品组合、服务方案端到端的敏捷开发、迭代升级；激发全员主观能动性，确保战略举措高效落地执行。通过敏捷组织重塑生产关系，实现更高生产率、更优客户体验、更高企业价值、更快决策流程和更强员工认同。

①优化敏捷响应的组织架构和业务流程。在组织架构方面，恒丰银行致力于打造敏捷前台、集约中台、高效后台组织体系，自上而下统筹推进数字银行战略实施。结合公司、零售、风险业务发展需要，实施"内嵌式""派驻制""矩阵式""垂直式"组织架构管理模式。在流程管理方面，运用"精益六西格玛"等先进的精细化管理工具，完成业务流程、管理流程、决策流程标准化建设。开发建设流程管理平台，实现流程管理数字化、系统化、透明化，提升业务集成能力。引入机器人流程自动化（RPA）作为数据疏通和业务流程优化主要工具，提升工作效率，降低运营成本，形成流程设计、执行、反馈、控制、评估、优化、创新全生命周期管理的技术级规范框架。发挥管理会计"指挥棒"作用，联结业务、核算和管理信息，运用内部资金转移计价、业绩分成和成本分摊等方法，实现机构、部门、产品、客户、员工以及渠道六大基础维度的业绩和价值计量与评价，构建"量、本、价、险、利"多维度分析体系，为各级管理者经营决策提供工具支撑。

②构建敏捷创新的管理体系和运作机制。一方面,努力构建创新管理组织体系,赋予敏捷团队产品创新统筹权。强化全生命周期管理,针对重点产品或大型优质客户需求建立创新平行作业制度,根据风险情况,适度精简售前应用方案。开展全产品后评价,按照爆款产品、潜力产品、成熟产品、萎缩产品四类实施分类管理。优化创新支持保障体系,为创新进行政策制度配套。另一方面,提出联合生态圈伙伴,主办创新大赛,建立高效的创新团队运作机制,绘制多层级创新研究、转化关键岗位分布图,涵盖信息科技、数据分析、模型开发和投资策略等专业性领域,为创新岗位人才开辟岗位职务评聘、晋升"绿色"通道。建立创新风险容忍机制,对于创新试点,因经验不足出现失误或导致风险的,给予责任豁免,鼓励大胆创新。

③提升敏捷协同的联动布局经营服务意识。提升产业综合服务意识,对产业生态深度研究,通过投行项目承揽实现谋客、获客,以传统信贷等商行业务跟进,以交易银行黏住、认识并锁定客户,以资产管理承做、开展产品设计,以财富管理承销、发挥渠道优势,闭环式满足客户综合金融需求,增加客户黏性,实现活客、留客。提升业务协同拓展意识,建立"产品创设+营销配置+资产托管"一体化运作流程,依托理财子公司加强资产组织与产品设计优化,增强获客能力,通过财富、私行、信贷和支付结算等产品,挖掘客户综合金融需求,加强与非银行同业合作,支撑各项业务延伸拓展。提升客户联动经营意识,聚焦政府、同业、供应链企业等重点客群,通过共建场景,实现B端(G端)企业客户(政府客户)与C端零售客户的相互引流;为产业链上下游关键节点和核心客户搭建立体化的客户覆盖网络,构建"综合营销、综合服务、综合定价""融资+融智"一体化服务;建立客户综合收益评价体系,多维度、全方位衡量客户价值。

7.1.2 数字化转型总体规划:"六自一体"(D-GLASS)能力框架体系

在新战略下,恒丰银行推进数字化转型顶层设计,提出建设"六自一体"(D-GLASS)数字银行能力体系框架。其要义是,按照"系统自控、数据自驱、能力自主、应用自新、服务自助、治理自愈"的总体思路,统筹推进"数字恒丰"建设。具体来说,包括"四层、两端、一闭环",即实现"系统自控、数据自驱、能力自主、应用自新"的"四层";建设员工敏捷协同工作平台(丰秘)和用户价值体验网络(蜜丰),形成对内、对外"服务自助"的"两端";构建"感知—防御—修复—提升"的"闭环",实现"治理自愈"。

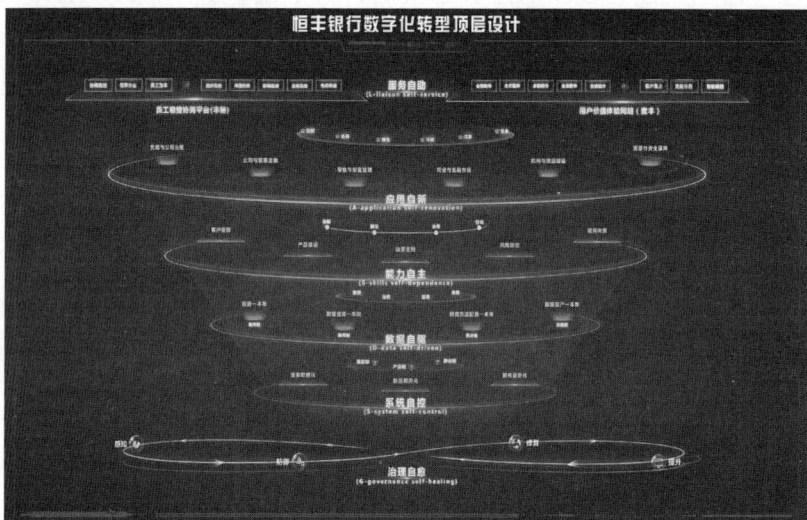

图7-3 "六自一体"(D-GLASS)能力框架体系

构建企业级的"系统自控"(System self-control)基础支撑体系。对恒丰银行来说,"系统自控"首要是激活恒心系统的潜能,打造标准化、模块化、参数化的应用系统,建立自主可控的组件化基础设施平台,构建安全高效的金融基础设施和算力体系。在此基础上,健全企业级项目研发管理模式,探索创新项目敏捷孵化机制。通过打造业务数据化能力,实现数据价值积累;打造数据服务化能力,实现数据价值转换；打造服务业务化能力，实现数据价值提升。以系统数字化水平提升、核心技术自主可控，支持敏捷响应、业务发展。

构建智能的"数据自驱"（Data self-driven）动力体系。"数据自驱"就是要构建"标准统一、统筹管理、协同共治、安全有序"的数据治理机制，锤炼"聚数、治数、谋数、用数"能力，推行"一数一源一标准"。融入区块链、云计算、人工智能等技术，通过"集约制"打造"数据一本账"，构建"联邦制"打造"数据资源一本账"，推行"积分制"打造"数据资源配置一本账"，探索"估值制"打造"数据资产一本账"，推动从数据到数据资源，再到数据资源配置和数据资产"四本账"层层演进与提升，实现数据自驱。

构建稳健的"能力自主"（Skills self-dependence）支撑体系。"能力自主"就是要全面加强数据能力建设，提高五方面的能力：提高数字化营销能力、增强敏捷产品建设能力、推进运营数字化驱动能力、夯实数字化风险防控能力、健全"用数据说话"的智能决策能力。充分激发数据资产内在价值，以数据洞察客户需求和经营态势，实现业务与管理全流程端到端的触达，提高决策效率和水平，提升行动敏捷和效能。

构建一体化的"应用自新"（Application self-renovation）能力体系。"应用自新"就是要深入践行创新、协调、绿色、开放、共享五大新发展理念和发展要安全的重大要求，聚焦做好科技金融、绿色金融、普惠金融、养老金融、数字金融"五篇大文章"。一体化推进党建与公司治理、公司与普惠金融、零售与财富管理、同业与金融市场、机构与渠道建设、资源与安全保障六个领域的数字化转型，以数字化驱动应用革新，培养"自我精进""自我创新"的能力，积极服务和融入新发展格局。

构建对内、对外"服务自助"（Liaison self-service）的"两端"。"服务自助"体现在对内和对外两个方面。对内以员工敏捷协同工作平台（丰秘）为核心，以实现"五个在线"为目标，构建实体办公数字孪生模式，搭建全行数字协同载体，提供一体化、无边界、协同一致的数字工作体验，塑造未来"数字工作者"。对外打造渠道融合、体验极致的用户价值体验网络（蜜丰），以客户为中心，秉承"标准化逻辑设计""个性化用户体验"理念，构建手机银行、车载银行、空中银行、微信银行、网上银行等全渠道融合服务能力，打造数字化经营主阵地，形成客户至上、无处不在、智能便捷的用户价值体验网络。

构建闭环的"治理自愈"（Governance self-healing）生态体系。"治理自愈"是以数字化思维和数据能力的提升，构建"感知—防御—修复—提升"循环往复、螺旋上升的"闭环"，用数据感知"哪里乱了、哪里慢了、哪里错了、哪里赚了"，提升全行现代化治理水平。具体来说，就是要聚焦市场、客户和员工需求，加强感知反应能力建设；建立前瞻审视、敏捷响应、联合拒止、精准施策的防御机制，加强立体防御能力建设；在态势感知和立体化防御能力的基础上，实现对管理、制度、流程、系统和数据的自我修复；通过精准感知高效服务实体经济，提升治理效能全面防范金融风险。

7.1.3 能力支撑：科技能力、数据能力、中台能力

恒丰银行在"建设一流数字化敏捷新银行"的远景目标指引下，按照"六自一体"数字化转型规划要求，基于"渠道管理、产品管理、营销支持、产品运营、业务支持、风险管控、报告与决策"七大业务价值链领域，通过模块化、数字化与平台化，打造柔性复用的科技能力、数据能力、中台能力支撑，实现能力与业务解耦，持续稳固"渠道、产品、生态、运营、风险"五大体系支撑，推动数字化转型升级。

（1）打造自主可控的科技能力

遵循安全底线和自主可控的发展原则，在保障业务连续和安全稳定的前提下，深化新兴技术的金融场景创新应用，制定核心系统自主可控路线图。主要包括：

打造弹性供给的金融数字基础设施。优化金融云架构，推动"同城双活+异地灾备"模式，向"多中心多活"数据中心演进，提高基础设施资源弹性和持续供给能力。加强业务连续性规范化管理，确保业务连续性计划和应急预案的有效性、合理性和可操作性，提高应对重大突发事件的应急处置能力。推进信创自主可控，构建全面云化、分布式化、智能绿色、高效运转、安全稳定的先进金融数字基础设施。

健全纵深防御的网络安全防护体系。构建企业级一体化安全管理能力，围绕终端、设备、应用、数据及网络等安全防护对象，建立健全安全管理、安全运营及安全技术体系。加强信息系统安全统筹管理，压实网络安全责任制，实施统一的网络安全管理标准。构建基于数据全生命周期的安全保护能力和科技支撑能力，推动数据安全防护体系的落实。持续开展新兴技术、开源技术等新型威胁应对措施研究，强化技术防护和管控能力。加强金融生态安全防护，强化外部合作、开放平台的安全管控。

深化新兴技术的金融场景创新应用。培育壮大ABCDMIX新兴技术，在金融场景中的创新应用，围绕风险管理场景，增强AI技术应用，辅助面审和风险评估的功能。围绕数字人民币、供应链等重点应用，增强区块链技术应用，推动数字化安全产品和服务创新。围绕IT基础设施的集约化，增强云计算应用，提升基础设施算力。围绕金融产品安全性，积极探索量子计算、量子通信技术应用。围绕员工良好体验，加强大数据、互联网等技术应用，构筑企业级数字化协同工作平台。

图7-4　科技能力建设架构

（2）打造赋能价值创造的数据能力

遵循数据驱动原则，通过纵向的数据即服务（Data-as-a-Service，DaaS），横向的数据运营（Data Operations，DataOps），为业务应用提供更加多样的自主用数，更加深度的数据赋能。主要包括：

提升全域数据集成整合能力。加强内外部数据资源融合，扩展数据接入范围，完善实时、批量等数据集成，提升广域采集能力。完善非结构化数据与结构化数据的关联，提升非结构化数据处理能力及跨主题数据整合能力。加强数据萃取，提升企业级指标及标签管理，建立图数据等各类型加工计算能力。

提升数据共享服务能力。完善自主查询、即席查询、数据可视化、数据挖掘和增强分析查询等多种用数模式，提升人员数据使用水平。建立实时、批量及同步、异步等多种形式的数据服务能力，形成内部数据服务快速开放共享能力。通过隐私计算等方式加强内外部数据共享融合，实现"数据可用不可见"，建立与外部合作方的数据要素流通机制。

提升数据运营管理能力。完善数据建模及开发管理，建立数据标准、数据字典、数据模型、数据脚本、作业调度等联动管控机制，实现自动化发布，提升敏捷研发运营能力。完善数据资产管理及运营，提升数据质量管理、数据安全等领域资产一体化管理，重点提升隐私保护等领域数据安全管理能力。建立数据研发、数据运营协同机制，形成设计态、开发态、测试态、生产态等环节数据资产管理正向循环、螺旋提升的一体化体系，形成资产价值评估长效机制。

提升数据应用能力。通过业务驱动，科技支撑，加快畅通数据流、业务流、信息流价值传递渠道，深化数据在客群经营、场景运营、渠道拓展、产品创新、风险合规、管理决策的应用，用数据思维驱动批量精准获客，用数据说话驱动智能决策，用数据竞争驱动产能释放，用数字孪生、边缘计算等技术手段，建立面向用户、面向场景的大数据知识图谱和综合分析能力，提升数据应用全流程的效果评价。

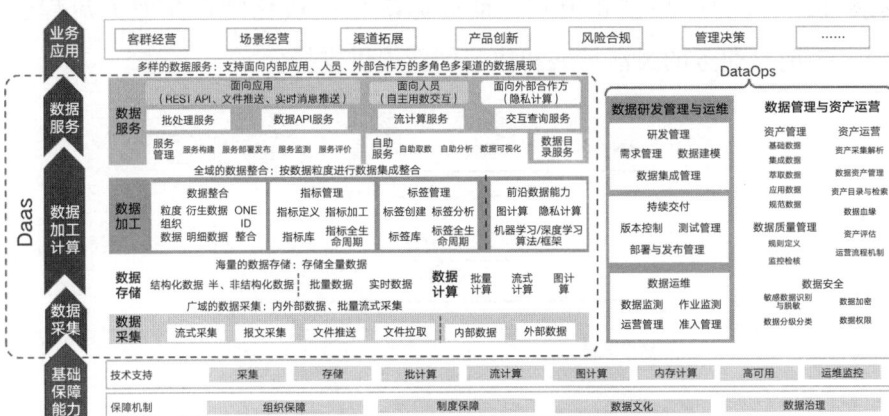

图7-5　数据能力建设架构

（3）打造支持共享复用的中台能力

遵循企业级的发展原则，通过"技术、数据、AI、业务"四大中台的建设，架起"敏态"前台与"稳态"后台之间的数字桥梁，实现科技、数据、业务有机融合的枢纽。主要包括：

采用低耦合、高内聚架构搭建处理效率高、容错能力强的技术中台，整合封装各业务条线基础通用技术能力，以标准化接口提供可扩展、可配置的组件式技术支持,提升研发质效、降低试错成本,为持续敏捷交付提供坚实技术底座。

构建集成数据整合、提纯加工、建模分析、质量管控、可视交互等功能的综合型数据中台,打造科技赋能、数据驱动、业务联动的企业级数据服务能力中枢,推动业务数据化向数据业务化进阶发展。

建设智能化、模型化、统一化的AI中台,适配符合智能化需求的技术平台与工具,包括分布式机器学习平台、自然语言理解、图计算引擎等,支持前台个性化智能服务能力,构建人机共存的业务发展模式,推进网点智慧化转型等。

建设模块化、可定制、高复用的业务中台,优化应用架构,打破业务条线壁垒、解构业务逻辑、沉淀通用业务能力,形成配置参数化、嵌入式的产品创新模式,推进标准化模块化的产品业务流程建设,为前台业务的灵活扩展和快速创新提供支持。

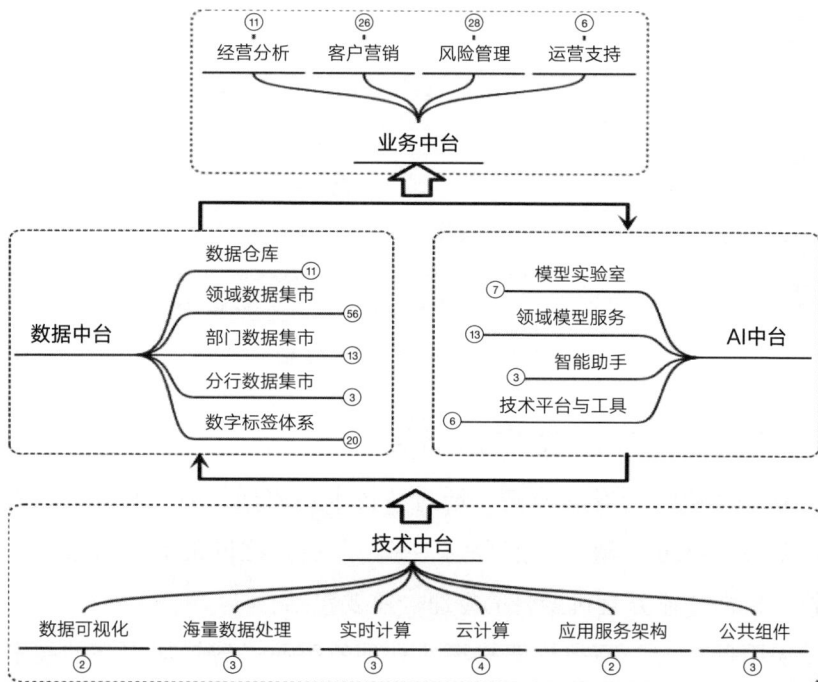

图7-6 中台能力建设架构

7.2 恒丰银行数字化敏捷银行建设之路

7.2.1 敏捷组织建设

（1）将敏捷基因渗入组织变革与管理创新

2021年，恒丰银行制定《恒丰银行2021—2025年发展战略规划及2035年远景目标》，以"建设一流数字化敏捷银行"为愿景，以数字化转型、敏捷组织建设为两大战略先导，以数字化转型构建先进生产力，以敏捷型组织重塑新型生产关系，实现从发展目标、体制机制、组织架构到业务流程的全面变革。

"数字化"是高质量发展的先进核心生产力。在数字时代，金融机构要实现自我革新，只有向正在生成的未来学习，才能在转型发展中勇立潮头。数字化转型是各行各业加快质量变革、效率变革、动力变革的必然趋势，也是拥抱未来的主动选择。"敏捷"则是高质量发展的文化基因。数字化转型绝不是复杂技术的堆砌，其实质是组织变革与管理创新。转型能否成功的关键不在于金融科技本身，而在于能否将敏捷融入企业的文化基因，在体制机制、工作流程、服务模式等多个方面打造与金融科技深度融合、适应金融科技发展要求的敏捷组织。

恒丰银行重视敏捷组织建设，把组织层面的管理变革作为数字化转型成功的关键支撑。在总行层面成立数字化敏捷转型工作领导小组，由董事长任组长，下设"一院两办"，即数字银行研究院、数字银行办公室和敏捷组织办公室，作为推动数字化转型的顶层设计，实现了研究、执行、协调"三位一体"，切实保障数字化敏捷转型工作有序、有力、有效开展。

其中，数字化敏捷转型工作领导小组是全行数字化敏捷转型工作的领导机构，负责制定全行数字化敏捷转型工作总体规划，统筹"一流数字化敏捷银行"建设。数字银行研究院在领导小组的领导下，致力于打造行内金融研究、业务创新和对外交流合作平台。数字银行办公室在领导小组的领导下，按照"突出重点（聚焦）、攻克难点（攻坚）、打造亮点（突破）"的原则，负责牵头统筹推进全行数字化转型工作。为了提升连接、共生、敏捷的数字能力，2022年6月，在"一院两办"的基础上，恒丰银行又成立了一级部数据资源部，承接数字银行办公室职责，牵头统筹推进全行的数字化转型工作，这是从组织架构层面推动战略落地的又一重大举措。

（2）搭建起支撑数字化转型的组织架构

近年来，恒丰银行围绕数字化转型的战略目标，持续完善信息科技治理架构，明确董事会、监事会、高级管理层及下设委员会、相关部门的职责分工，形成无缝衔接、权责清晰的治理架构，有效发挥决策、执行、监督作用，指导全行信息科技管理工作稳健开展，搭建起了支撑加快数字化转型的治理结构和组织架构。

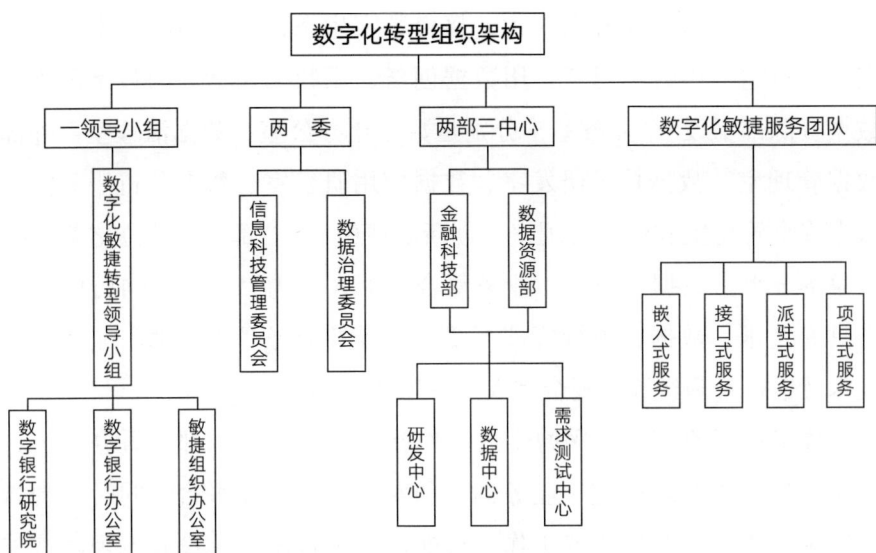

图7-7　数字化转型组织架构

金融科技部作为全行信息科技管理的职能部门，在"一部两中心"的基础上，增设需求测试中心，嵌入业务、衔接开发，延伸业务支持和科技服务触角，进一步提升全行金融科技服务保障水平。目前，金融科技部下设3个二级部，分别为研发中心、数据中心、需求测试中心；金融科技部共设置21个业务室，其中本部设置综合与规划室、IT资源管理室、项目管理室、信息安全管理室和风险合规室5个业务室；研发中心设置架构管理室、研发实施室、技术平台室、研发一室、研发二室、研发中心和综合保障室7个业务室；数据中心设置运行服务管理室、核心与内管支持室、数据与渠道支持室、网络技术室、系统与设备技术室和数据中心6个业务室；需求测试中心设置业务管理室、测试管理室和非功能测试室3个业务室。

数据资源部在"一院两办"的基础上成立，聚焦客户价值和用户体验，主要职能包括：规划全行数字化转型路径，推动数字化重点项目实施；统筹数据的全生命周期管理，搭建企业级数据架构及数据中台，提供数据分析平台及工具，全面提升数据资产管理能力、全员自主用数能力和数字化经营能力；培育数字生态，开展前沿技术探索与实践，打造"用数据思考、用数据创新、用数据说话"的数字思维。数据资源部下设8个业务室，分别是数字化办公室、数据治理室、外部数据管理室、数据技术研发室、数据应用研发室、数据分析服务室、数据安全管理室和创新管理室（创新敏捷中心）。部门自成立之初，就以培养π型（数据、技术、业务复合型）人才为目标，面向行内外招聘具有技术、数据、银行管理等复合背景的业务骨干，部门兼具信息技术及银行管理经验的复合型人才占比超过90%。

数字银行研究院（含博士后工作站）与数据资源部合署办公，致力于打造行内金融研究、业务创新和对外交流合作平台，同时负责指导博士后工作站开展研究工作。目前数字银行研究院设有宏观经济与战略、数字化前沿、银行同业、金融市场、创新与产品、行业与区域六大研究团队。博后站（全称"恒丰银行国家级博士后科研工作站"）于2020年11月获人社部批设，设专家指导委员会，由行内高级管理人员、行内外专家组成。目前博后站已与清华大学、复旦大学、武汉大学、山东大学等院校达成联合培养合作关系。

（3）构建形式多样、敏捷协同的工作体系

作为国内首家全面导入并落地精益六西格玛和敏捷组织管理的金融机构，恒丰银行努力破除数字化生产力发展的组织障碍，建立起敏捷协同的工作机制。金融科技部、运营管理部、数据资源部敏捷协同，切实用好"深学习、实调研、抓落实"的工作机制和方法，探索建立"跟岗式调研"。以"混编、扁平、透明"为原则，选派业务骨干到分支行现场交流辅导、混编共建，形成现场解决、问题收集、分析改进的闭环机制，并将其有效地转化为实际行动和改进措施，更好地解决分行在系统使用过程中遇到的问题，充分发挥系统效能，支持全行数字化转型。

聚焦重点业务应用、数据应用，引入差异化的业务需求服务模式，推动嵌入式、派驻式、接口式、项目式四种敏捷服务模式推广，组建数字化敏捷服务团队，快速响应总分行业务部门需求。金融科技部和数据资源部共同构建科技+数据条线的服务支持体系，发布面向全行的对外服务人员清单，打通总行条线的联络机制，有效建立"首问负责制"和"内部协同制"，按照系统归属关系，由问题涉及的主要物理子系统牵头部门将作为问题主责部门，关联部门配合主责部门，打破条线壁垒，共同制订问题解决方案，协同提升数字化转型质效。

"业数协同"打造数据服务专属应用，打通内部自主用数平台和办公平台"丰秘"，上线恒数BI移动版，数据资源部联合个贷、零售、普惠、公司金融、理债和信用审批等部门打造"个贷云巅"、"零售客群管理台"等数据服务专属应用，助力客户精细化管理和经营决策。选取前台业务条线，按照客群、产品和渠道重新划分跨职能敏捷小组，并使其负责端到端工作；中后台同步转型，通过管理前置、流程跟踪、参与设计、提供工具等方式用分析去竞争，靠速度来取胜。鼓励员工获得精益六西格玛资格认证，实现总行中层管理者绿带资格认证全覆盖，全行97%的员工通过蓝带资格认证。

7.2.2　数字化经营转型

恒丰银行把服务实体经济作为数字化转型的出发点和落脚点，顺应经济产业结构调整和经济全球化格局的变化，积极融入产业经济和供应链的变革，通过线上服务、业务开放，创新更多服务模式，更好满足市场主体日益多样的金融服务需求，赋能高质量发展。

（1）聚焦数字普惠重点领域

恒丰银行坚持客户至上，践行以人民为中心的发展思想，将数字化技术和手段融入金融产品和服务，聚焦新质生产力、"五篇大文章"

等领域，加快金融服务智能化、数字化步伐。积极支持国家重大区域战略、战略性新兴产业、先进制造业和新型基础设施建设，围绕重大项目、重点企业和重要产业链，加强场景聚合、生态对接，实现"一站式"金融服务。运用全线上化供应链融资产品，为产业链核心企业及上下游企业提供金融服务，降低企业综合融资成本，有效解决企业融资难、融资贵的问题。积极打造老年人绿色服务通道，通过预留手机号、卡号和身份证号，识别客户年龄，直接转接至老年技能人工座席提供专属服务；依托语音导航服务系统，老年人可通过语音描述业务办理需求，自助办理或转人工服务，满足老年客户业务需求。针对新市民信贷需求，深入挖掘征信数据价值，持续丰富外部数据引入，强化行内数据共享，通过人脸识别、模糊匹配技术推进贷前审批的自动化、智能化，推出"恒信易贷"公积金信贷产品等，实现客户申请授信环节线上化、高效化、精准化。

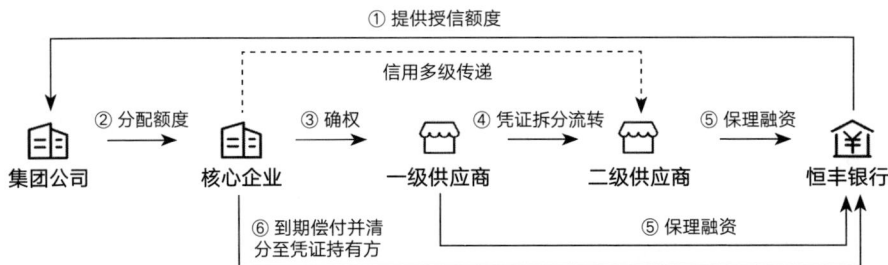

图7-8　恒丰银行供应链金融服务

（2）探索产品服务创新

加快推动互联网、大数据、云计算、人工智能等科技技术同产业深度融合，积极探索差异化数字金融产品和服务模式。依托"场景+科技"创新推出"好牛快贷""好粮快贷""好商快贷"等数字化产品，实现审批效率和客户体验双重提升。加快绿色金融产品服务创新，构造"融、投、链、惠、智"金融服务矩阵，打造具有创新性、数字化、敏捷化等特点的产品服务体系，推出"碳中和"债权融资计划、"绿色+乡村振兴"双贴标债权融资计划等，推出排污权质押、整县光伏融资等绿色信贷产品，形成了绿色金融产品体系。加快数字人民币推广应用，顺利投产数字人民币个人钱包、数字人民币对公钱包基础功能，其中数字人民币个人钱包可在线上与线下零售业务上百种场景中使用，数字人民币对公钱包可在批量代发、缴纳工会会费、缴税和退税、发放消费红包、商户联合收单等十余种场景中使用，2023年大众日报"3·15诚信金融品牌"推选活动，恒丰银行"数字人民币生态场景"荣获"十佳数字化场景支付平台"。

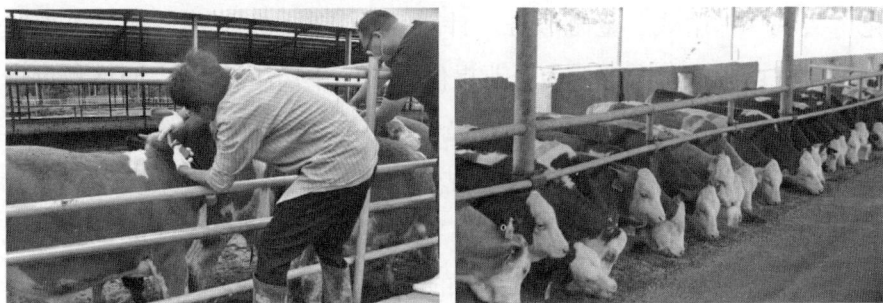

图7-9　为入栏活牛佩戴专用项圈（"好牛快贷"）

（3）加快服务渠道建设

一方面，以手机银行、车载银行、空中银行、微信银行和企业网银等终端为载体，利用移动互联优势，打通多维生态场景闭环，拓展服务边界，重塑客户触达与交互方式，在高频互动、多跨协调的移动场景中，创造流量价值优势。手机银行App已在e账户开户、身份证更新、手机盾功能优化等16个场景使用人脸识别验证，同步上线理财线上风评的功能。客户可通过手机银行线上风评，实现代销类理财产品线上化运营的流程闭环。电子银行端理财业务功能全面优化，新恒梦钱包上线理财赎回T+0.5到账功能，现管类理财普通赎回最快可于次工作日上午到账，上线STM渠道理财签约及风险测评功能，精简业务办理效率，解决分行客户营销流程耗时较长的痛点。同时，打造"智能+人工"协作及数字化智能运营管控为一体的新型数字劳动力,成为向客户提供有温度的服务和经营体验的"空中银行"。另一方面,优化厅堂管理模式,释放网点服务潜能。大力推广智慧柜员机,全行40%的发卡通过智慧柜员机实现、20%的发卡通过移动平台实现,智能渠道发卡远超柜面,成为服务客户的主渠道。RPA技术全面应用于单位结算账户开销户环节,在提升风控能力的同时,压缩开户时间20~30分钟。

(4)打造融合金融生态

围绕重大项目、重点企业和重要产业链,加强场景聚合、生态对接,实现"一站式"金融服务。针对"研、产、供、销、存"等环节的经营特点、融资需求,为企业提供e票通、网络应收贷、网络预付贷等产品;丰富供应链融资场景,提供恒丰付、企业网银、国际结算等服务;拓展支付结算场景,基于现金池、票据池、法人账户透支等产品组合,解决企业资产管理需求,推广现金管理场景,推进企业客户业务线上化。通过平台化、数字化的方式实现与G端客户的系统对接,已完成与近100个G端客户的系统对接,客户范围包括各级政府的财政、住建、公安、法院、社保和教育等部门。其中,围绕资金监管类业务推出"恒易管",通过建设企业级的资金监管平台,为G端、B端和C端客户提供全渠道全场景全旅程的数字化资金监管服务;围绕政府公款招投标业务推出"恒易存"项目,通过外部数据支撑和线上管理系统建设,实现从政府公款招标商机获取、投标报名、投标资料上传、中标结果查询、存款协议签署等全流程一站式服务,提高对政府公款的投标质量和中标数量。

(5)推进运营管理数字化

全面推进前中后一体数字化建设,系统推进数字化转型。扩大集约运营管理范围,最大限度地保障业务处理和重点客户服务。建立重要业务集中作业机制,实现柜面业务操作效率提升50%,有效释放柜面人员300余人，实现了机构员工、参数管理、产品装配、远程授权、清算核算、稽核监测和交易监控等企业级集约运营管理。应用推广智慧柜员机，实现柜面业务分流率70%以上，有效减轻柜面业务压力、释放柜面人力资源、提升客户服务体验。借助"云巅—云办公项目"，搭建个贷业务管理平台，在移动端实现经营和管理数据可视化，业务进度实时跟踪，业绩排名多维展示。持续迭代，实现个贷业务移动端贷前、贷中、贷后经营管理线上化。开发对公智慧尽调系统，将账户尽职调查系统与对公客户信息系统交互，提升客户经理录入客户信息工作效率。

7.2.3 数据能力建设

2022年11月，恒丰银行制定《恒丰银行数据战略规划（2022—2025年）》，聚焦重点领域、分阶段有序推进数字化转型，依托数据提升业务效能、重塑业务流程、驱动业务模式开放平台合作，实现数字、业务与管理三方深度融合。通过植入数据基因、延展全行数字思维、提升数字应用能力、掌握关键数字技术，助推全行数字化经营工作迈上新台阶。

（1）健全数据治理体系

恒丰银行成立数据治理委员会，明确了董事会、监事会、高管层和相关部门的职责分工。启动"数芯"工程，以企业级核心系统为基础，加速沉淀恒丰版企业级数据资产，围绕"一数一源一标准"，创新数据资产盘点工艺，形成"标准统一、统筹管理、协同共治、安全有序"的数据治理机制，为业界提供了标准化的全口径数据资产盘点和常态化治理理论及实践。推进数据需求态、设计态、测试态、运行态"四态"管控，构建数据治理问题工单管理机制、例会沟通机制，以交易对手为切入口，提升数据质量。2023年5月，恒丰银行获评数据管理能力成熟度（DCMM）量化管理级（4级），达到行业先进水平。

（2）增强数据管理能力

建立企业级数据资产分类体系，明确了5类资产确责原则，形成全行数据资产清单，初步建立起"数据一本账"。积极参与数据要素市场建设，对外与上海大数据交易所签署战略合作协议，与北京大数据交易所、深圳大数据交易所积极开展沟通交流。以外部数据产品共享为切入点，探索建立覆盖数据提供方、交易所、需求方等多方主题的数据要素共享门户，引入外部数据用于经营管理、产品设计、风险管控、客户营销等业务场景，满足全行用数需求。对内积极探索数据资产估值，发布数据资产估值与入表研究白皮书，采用成本法、收益法、订单法，基于数据的应用特征，分级分类对数据资产进行价值评估，初步建成"数据资源一本账"。

（3）提高数据应用能力

打造"丰秘"数字化协同平台，整合即时通信、低代码、安全管控、文档中台、手写签批、视频会议等多种功能，提供端到端的安全管控、开放的API和开发者平台，打造了面签、蓝盾平台、微流程等应用，实现"组织在线、沟通在线、协同在线、业务在线、生态在线"，大幅提高全行协同效率，荣获人民银行金融科技发展奖三等奖。建设自主用数平台，员工自主组装报表、定制可视化报告和数字看板，替代手工报表，减轻了固化开发的压力，大幅节约开发费用。自主创新"恒·北斗"数字化看板，围绕全行党建、经营分析、运营管理、风险防控等七个方面工作，实现"一屏观全行"。组建模型小组，打造形成全员营销"取用看"一站式应用、对公存款全口径看板、马上消费联合贷和普惠厚沃发票贷等重点业务数字化应用场景。

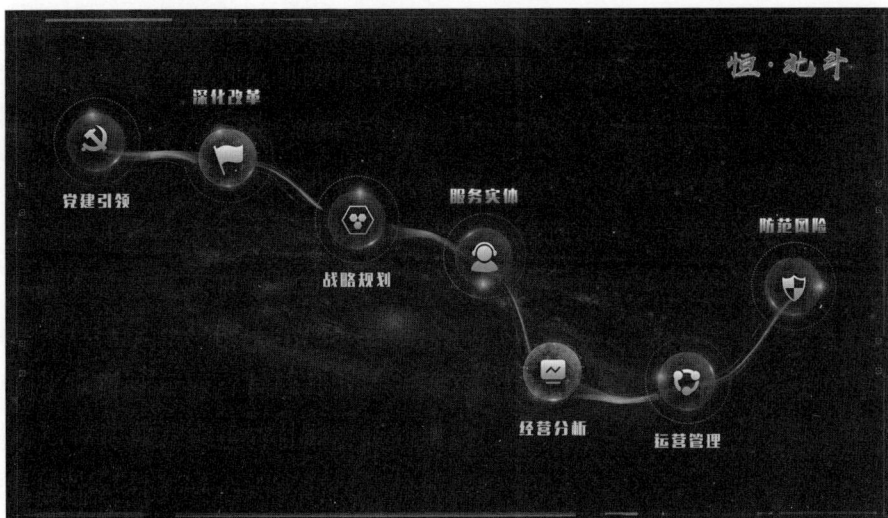

图7-10 "恒·北斗"数字化看板导引

（4）推进数据平台建设

建成基于mpp的新一代数仓和基于星环ArgoDB的融合数仓，双仓并行服务不同业务领域应用。融合数据平台（星环ArgoDB）在架构上划分为贴源数据区、公共计算区、应用计算区、公共访问区，有1000+贴源模型，300+主题模型，对接的下游应用有分行、司法查控系统、客户风险服务系统、管理驾驶舱、恒审系统，用于支持总分行的业务和审计用数需求。基于mpp的新一代数仓整合了全行各业务系统数据，形成统一的数据收集、存储、加工和服务能力的大数据平台。2022年6月，启动新一代数据架构规划，按照新规划逐步演进成"湖仓"一体架构。通过采集、加工和整合跨领域数据，持续提升数据的资产化，将数据抽象封装为服务，提升数据供给的可用性、可靠性，实现敏捷用数，让数据越用越多、越用越好，为业务应用提供更加便捷及时的支持，最终实现对业务的深度赋能。2023年启动数据湖建设，完成大数据产品POC测试，MPP产品与Hadoop产品性能测试，制定技术方案、实施计划，逐步部署实施数据湖。

（5）加强大数据分析应用

在业务经营领域，建立管会基础数据整合模型，为管会盈利计量、业绩计量和多维盈利分析奠定数据基础。在风险控制领域，规划整合全行级风控数据与指标，建设智能风控大脑，形成风险管控数智化体系构建全面、准确、规范的风险管理数据底座。整合内外部多维数据，利用图像识别、自然语言处理（NLP）、深度神经网络和图计算等人工智能技术，实现基础数据整合、风险指标加工，形成全行级风控指标和标签体系。开展指标数据质量监控与治理，构建指标统一运营的全生命周期管理机制。建立模型管理体系，制定风控模型管理办法，统一模型开发环境，形成算法和模型资产库，实现资产的共享复用。

（6）建立数字化人才库

坚持以全行战略和发展愿景为指导，立足岗位胜任能力，紧密结合业务重点、难点，组织实施领导力提升项目"六石计划"和条线专业培训，全面提升员工经营管理能力和专业能力。其中，通过"彩石计划"数字化人才培训认证，培训认证通识型和专业型数字化人才超过4000人。结合业务及技术专业领域，组织开发"数据研究声""数据系统活化"等数字化领域课程，全面提升员工专业能力。打造"轻量型"移动学习培训平台，建立学习品牌共创机制，通过实施专题学习月、条线学习品牌以及搭建特色专栏等，推动全行员工学习。以数字化能力提升为核心，完善数字化人才继续教育管理机制，健全继续教育课程管理机制，组织数字化人才继续学习，迭代知识结构、提高专业水平、增强价值创造能力，打造一支科技通、数据通、业务通、服务通、管理通的"五通人才"数字化、专业化队伍。

7.2.4 信息技术建设

恒丰银行以"科技+数据+业务"融合为导向，以"科技赋能，数据驱动，高质量服务全行数字化转型"为总目标，稳固"渠道、产品、生态、运营、风险"五大体系支撑，建立以"全链接、全在线、全透明"为特征的恒丰特色金融科技体系。

（1）聚力建成"恒心"底座

2021年11月，历时2年、投入2500余人投产上线新一代企业级全功能系统——恒心系统，这是首个实现业务和系统一次性整体升级的股份制商业银行核心系统。恒心工程建成了整合的企业级核心系统，通过组件化、参数化、模块化，实现了数据、信息的共享复用，打破部门条线"竖井式"系统之间的壁垒，建立了一致的产品、数据等标准体系，打造了企业级的产品服务、数据服务，形成企业级业务流程，有力推动IT系统实现从"部门级"到"企业级"的转变。

恒心系统上线后，在全行范围内开展了系统固化、活化和优化。通过打造标准化、模块化、参数化的应用系统，建立组件化基础设施平台，构建安全高效的金融基础设施和算力体系，实现系统固化；通过进一步挖掘系统功能，引导全行深入理解系统底层逻辑，激活系统潜能，推动全行数字化转型，实现系统活化；通过根据业务需求对系统适配性改造，以创新赋能业务发展，实现系统优化。正式投运以来，系统可用率达99.99%，银行卡业务交易处理能力提升24倍，线上支付交易处理能力提升18倍，形成了端到端的企业级业务价值链，能够满足未来5~10年业务快速发展的需求。

（2）推进云平台建设

本着应用建设即上云的策略，恒丰银行云平台基础设施云化率100%，业务应用系统上云率100%。绝大部分应用采用分布式方式部署，系统日均交易量400余万笔。2016年基于开放的OpenStack技术栈建成IAAS云平台，集成计算虚拟化、软件定义存储、软件定义网络等产品，同时自主开发云平台管理模块CNS、IAAS、DCOS，用于云主机和租户网络的配置管理，共同构建完成云平台运行管理体系，提供云主机和租户网络服务。2021年引入基于开放的OpenStack架构同方有云信创云平台产品，集成国内信创厂商同方有云、紫光恒越、华为、星辰天合等厂家软硬件产品，构建主数据中心、同城数据中心、灾备数据中心3套信创云平台生产环境，模拟黄务、中金2套信创云平台测试环境。2023年依据开放的OpenStack技术架构完成西安灾备基础环境的信创云平台建设，以及云平台管理模块相应功能的开发和配置，对灾备基础网络、计算、存储环境的完整纳管，实现灾备环境和原有生产的统一监控、统一运维、统一管理。

（3）两地三中心布局数据中心

恒丰银行数据中心采用"两地三中心"布局，"两地"即烟台和西安，"三中心"即烟台黄务数据中心（主生产中心）、烟台中金数据中心（同城双活中心）和西安联通数据中心（异地灾备中心）。预计到2025年总装机容量为2.85万台，其中黄务2.25万台，中金0.4万台，西安0.2万台。烟台黄务数据中心原设计PUE为1.6，自2020年开始，为响应国家号召及监管要求，采取优化温湿度参数控制、气流组织、暖通系统运行逻辑等多项绿色节能措施，2023年PUE下降至1.55。

恒丰银行参照国家绿色数据中心评价标准，从能源高效利用、绿色低碳发展、算力资源高效利用三个方面，全面开展绿色数据中心建设，预计2025年黄务数据中心实现PUE不超过1.5。能源高效利用方面，提升电能利用效率，加强精细化监测和智能分析，提高单机柜IT设备用电负荷容量；建设智慧照明系统；优化气流组织，优先选用冷通道封闭、列间空调、适当提高冷通道温度的措施。绿色低碳发展方面，提高水资源利用效率，增加净水设备，减少耗水量；提倡绿色采购，积极选用国家推荐的节能技术产品；提升绿色运维，定期进行检查和维护基础设施，保证设备运行于最优工况。算力资源高效利用方面，提高机柜资源和算力负荷效率利用，优化IT设备落位规划；提升网络资源利用水平，优化网络带宽配置，提高数据中心网络流量与带宽总和比值。

（4）发展大模型、AIGC等技术能力

恒丰银行持续关注大模型、AIGC等新型人工智能技术的前沿研究情况，了解人工智能技术在预测信用风险、开发智能客服、提高办公效率等应用场景的发展情况，不断评估人工智能技术在数据隐私、金融科技伦理、漏洞及误判等安全合规方面的风险，加强开源技术与新技术的管理，规范开源技术与新技术的评估、引入和使用等管理要求，建立了有效的开源技术与新技术风险评估机制，对大模型、AIGC等技术进行了初步的探索尝试。

7.2.5 风险防范管理

企业数字化转型中面临的风险不容小觑。据普华永道调查，企业数字化转型过程中面临着数据治理或隐私风险、创新风险、网络安全风险、战略风险、品牌或声誉风险等多种风险。恒丰银行在转型过程中，将战略风险、合规风险、流动性风险、操作风险、外包风险和模型风险等纳入全面风险管理体系，明确各类风险的管控流程，并时刻关注数字化转型过程中的新风险态势，实现多层次、多手段的风险拒止。

战略风险管理方面，在战略规划中配套数字银行建设行动方案，明晰各阶段主战场、关键行动计划和责任部门，将"数字化应用能力提升"纳入全行年度必须打赢的硬仗之一，并建立硬仗推进情况定期专题调度机制。加强数字化转型顶层设计和统筹规划，制定了数据战略规划、数字化转型总体规划，明确了数字化转型的路径。

业务合规性管理方面，下发产品创新管理办法、产品风险管理办

法，对创新产品的设立、研发、上线进行明确的流程规范。产品设立研发阶段，对创新产品风险变动、技术和业务逻辑变化等面临的风险进行充分识别，并制定相应的管控措施。

流动性风险管理方面，建立完善的流动性风险管理架构、管理政策、策略和程序，对法人和集团层面流动性风险进行有效识别、计量、监测和控制，定期开展流动性风险压力测试和应急演练，制定流动性风险限额，加强日间头寸管控，确保有充足的资金应对资产增长和到期债务的支付，为高质量发展和资产负债调度提供了重要保障。

操作风险管理方面，启动企业级内控合规数字化管理平台建设项目，涵盖操作风险管理模块，立足恒心系统组件架构和数据体系，实现损失数据半自动化收集，关键风险指标线上化管理，读取平台内部和行内相关数据集市等来源数据识别业务、产品和管理活动中固有风险，实时监测操作风险整体情况。制定业务连续性管理总体方案，保障了业务连续性规划和应急管理。

外包风险管理方面，加强外包准入管理、风险评估、监测、预警和退出机制管理，持续优化完善外包风险管理工作。完善事前应急机制，收集各重要外包的应急演练方案，组织外包应急演练，根据演练效果持续完善应急场景。做实事中监督管理，在外包风险日常识别、事项排查、现场检查、安全培训和终端安全防控等方面持续发力，全面控制外包风险。做好事后审计监督，开展全面风险管理专项审计和外包风险管理专项审计，发现审计问题及时整改。

模型风险管理方面，制定模型风险管理办法，对模型开发、优化、评审和退出等全生命周期管理要求做规范。在计量模型投产前开展验证工作，对数据样本、模型算法、模型开发过程等开展交叉验证并提出验证建议。模型开发部门结合模型特点，定期评估模型预测能力，对触发优化阈值的模型开展定期调整。

网络安全管理方面，建立初具规模的安全运营体系，构建了跨专业条线、总分行联动等合作响应机制，基本覆盖全行范围的安全事件应急响应与处置体系。建立较为完善的网络和信息安全制度体系和防护体系，并以安全运营平台SOC为核心、以各类安全设备为支撑，全面深入优化安全运营防护体系和自身安全防护能力。已具备网络安全、终端安全、系统安全、应用安全、数据安全等安全相关领域的防护和风险防范能力。

数据安全管理方面，完善数据安全制度体系，构建安全管理责任矩阵。共享数据整合模型，建设自主用数平台，提升数据运营能力。对涉及敏感级及以上数据的委托处理的外包合作，开展数据安全评估工作。按照"业务必需、最小必要"原则收集数据，将审慎合规工作落到实处。制定数据安全治理架构规划，明确业务数据在使用过程中的脱敏策略和方法。落实数据安全需求评审机制，将数据安全保护要求纳入应用研发全生命周期过程。加强数据生命周期安全技术管理，在数据采集、传输、存储、使用、删除、销毁等数据生命周期各阶段，规定了相应的数据安全保护措施。

"三道防线"方面，由数据资源部与金融科技部、风险管理部、内控合规部、审计部等部门组成"三道防线"，织密IT风险防控网络，各司其职、分工协作，筑牢信息科技风险"防火墙"。结合科技治理体系及组织架构的健全落地，进一步明确一、二道防线在信息科技风险管理的职责、流程及考核评价标准，覆盖全量风险管理要求。

7.2.6　数据资产入表

2024年8月8日，恒丰银行以典型数据产品为切入口，打通数据资产入表全流程，在同业内率先实现数据资产入表，对推动数据资源向数据资产化进阶具有里程碑意义。财政部发布的《企业数据资源相关会计处理暂行规定》自2024年1月1日起正式施行，为数据资产入表的会计处理提供了明确指导。为审慎论证和稳妥推进数据资产入表工作，恒丰银行围绕数据资产判定条件展开论证，对全行282个开发项目进行系统梳理，筛选出14个潜在入表项目，前后推进60余次深度调研，最终确定与应用场景密切相关的个人信贷类数据产品为典型案例，并经过外部审计机构的评审认可，确保了入表数据资产的合规性和严谨性。依托此次试点，恒丰银行构建了数据资产入表"识别判定—盘点治理—合规确权—收益论证—成本计量—列报披露"全流程，形成了一套可复制推广的入表解决方案，为同业数据资产入表打造了"恒丰样板"，将助力价值导向的数据有效治理、数据价值深度挖掘、数据资源高效配置。近年来，恒丰银行积极参与数据要素市场建设，前瞻性开启了数据资产价值评估研究工作。联合工商银行、中国银行、蚂蚁科技等11家单位，牵头撰写北京金融科技产业联盟课题《金融数据资产估值与交易研究》，创新提出"订单法"的估值模式，并在长三角金融科技节发布课题成果。参与上海金融监管局、上海数据交易所"数据资产信贷风险管理"专班课题，相关研究成果得到充分肯定。实践畅通了"押品识别、登记认证、价值评估、质押放贷"数据资产融资路径，创新落地多笔数据资产贷款业务，助力企业解决融资难题。

7.3 恒丰银行数字化转型的成效评价

商业银行数字化转型既是顺应数字经济快速发展的必然要求，也是提升自身竞争力、加快高质量发展的内在需要。自2021年发布"建设一流数字化敏捷银行"新战略以来，恒丰银行积极塑造数字化转型比较优势，全面激活后发优势，数字化转型成效渐显。本节尝试从数字化转型成长性、价值性和转型绩效三个方面，对恒丰银行数字化转型成效进行评价。其中，成长性方面，从科技禀赋视角测度数字化生产率对银行净利润的贡献，从集成应用视角以手机银行为例衡量后发优势。价值性方面，借助北京大学商业银行数字化转型课题组发布的评价指数，从战略数字化、业务数字化和管理数字化三个维度展现恒丰银行数字化转型层级变迁，并分析对主要经营指标的影响。转型绩效方面，采用数据包络分析测度银行数字化转型的综合效率、技术效率和规模效率，评估恒丰银行数字化转型的投入产出效率。

《北京大学中国商业银行数字化转型指数（2010—2021年）》共包括三个子维度：战略数字化、业务数字化和管理数字化。战略数字化指的是银行对数字技术的重视程度，具体通过计数银行年报文本中对数字技术相关关键词的提及进行构建。业务数字化关注银行将数字技术融合于自身提供的金融服务的程度，包含数字化渠道、数字化产品和数字化研发三个层次。管理数字化关注银行将数字技术融合于治理结构和组织管理的程度，包含三个层次：一是组织架构中是否设立专门负责数字化转型的部门；二是董事会和高管团队中数字化人才情况；三是银行与科技公司相关合作投资情况。指数基于中国所有商业银行，最终样本银行共有246家，包括六大国有商业银行，12家股份制商业银行，128家城市商业银行，54家农村商业银行，29家外资银行，以及17家民营银行。指数构建的数据来源于银行年报、专利数据以及其他数据。

7.3.1 数字化战略成长性分析

（1）科技禀赋视角：数字化生产率驱动利润增长

①科技禀赋具备高成长性。近年来，商业银行加速推进金融科技与业务融合，科技投入、布局力度空前。2022年六大行及股份制银行科技投入达1826.27亿元，同比增长8.4%。具有三个明显特征：一是大型银行科技投入大，2022年六大行科技投入达到1165.49亿元，占六大行及股份制银行科技投入63.8%，占全部银行保险科技投入的四成。二是科技投入占营业收入比重普遍在2%~4%区间，营业收入占比处于相对均衡的区间内。2022年，科技投入过百亿元的商业银行中，交通银行科技投入同比增长32.93%，占营业收入的比重达5.26%，领先其他大行。三是科技投入明显分化。大型银行与中小银行实际投入相去甚远，2022年工商银行投入规模最高为262.24亿元，渤海银行投入规模仅为12.6亿元。

2021年恒丰银行上线恒心工程，当年在科技领域投入达21.11亿元，增速高达233.49%，科技投入占营业收入比重为8.85%，增速及占营业收入比两项指标在同业中居于前列。同年，恒丰银行科技员工数量增长11.38%，凸显出数字禀赋的高增长特征。2022年，恒丰银行科技投入为13.1亿元，占营业收入比为5.27%，该比例仍超过了同业科技投入占比的平均区间；科技人员达到744人，增速为6.35%；通过内部继续教育机制推进数字化人才培养，累计培训认证3522名通识型数字化人才、115名专业型数字化人才，实现数字要素的快速积累。

②核心指标保持快速增长态势。恒丰银行自2019年底成功实现市场化改革股改建账以来，资产规模连跨新台阶。2021年恒丰银行历经万人问卷、千人调研、百人论证，明确建设"一流数字化敏捷银行"发展愿景，全面开启数字化转型新征程。聚焦"五做"战略路径，核心指标保持高速增长，2021年末，营业收入达到238.91亿元，净利润63.81亿元，较2020年分别增长13.56%、20.17%。2022年末，营业收入达到251.2亿元，净利润67.3亿元，继续保持增势。

③数字化生产率净利润贡献为正。基于柯布—道格拉斯生产函数（$y=AK^{\alpha}L^{\beta}$）探究恒丰银行科技投入和产出关系，并进一步预测恒丰银行数字化战略成长性。其中，Y为银行净利润、K为科技资源投入、L为科技人才数量；A为数字化生产率，即数字化转型效率。分别代入2019—2022年［f（K，L）］各要素值，得出2019—2022年的数字化生产率分别为11.78、95.38、58.38、68.32。结果均为正数，表示数字化转型显著驱动净利润增长，对恒丰银行净利润增长的贡献为正。进一步对2019—2022年的数字化生产率趋势变化进行线性及非线性拟合，两类拟合结果均显示数字化生产率的导数均为正且大于1，表明恒丰银行数字化生产力效能具有良好的成长性，仍有进一步增长趋势。

（2）集成应用视角：手机银行后发优势显著

中国金融认证中心（CFCA）发布的《中国数字金融调查报告》披露，2022年个人手机银行用户使用比例达86%，同比增长5%；个人网上银行、微信银行用户使用比例分别达66%、55%，同比增长均为3%；电话银行用户使用比例仅为23%，同比增长1%。手机银行成为商业银行对外提供服务的超级入口及平台，是商业银行数字化转型成效的集成应用和综合体现。

根据Wind披露的商业银行手机银行客户数据，近年来商业银行手机银行用户规模"头部效应"越发明显，且各家之间数据差距较大，发展状况大致可以划分为两个梯队。建设银行、农业银行、邮储银行、中国银行、招商银行和平安银行处于第一梯队，自2019年底手机银行客户规模已经进入"破亿"阶段。浦发银行、兴业银行、华夏银行、北京银行、浙商银行和恒丰银行处于第二梯队，手机银行客户规模尚未突破亿人。

进一步地，将商业银行手机银行客户数及增长率根据平均规模及平均增速划分为高规模高增长、高规模低增长、低规模高增长、低规模低增长四个类别。结果显示，现阶段农业银行、建设银行、中国银行和邮储银行处于高规模低增长阶段；招商银行、平安银行、浦发银行、兴业银行和浙商银行处于低规模低增长阶段；北京银行、华夏银行和恒丰银行处于低规模高增长阶段，具有良好的发展潜力。

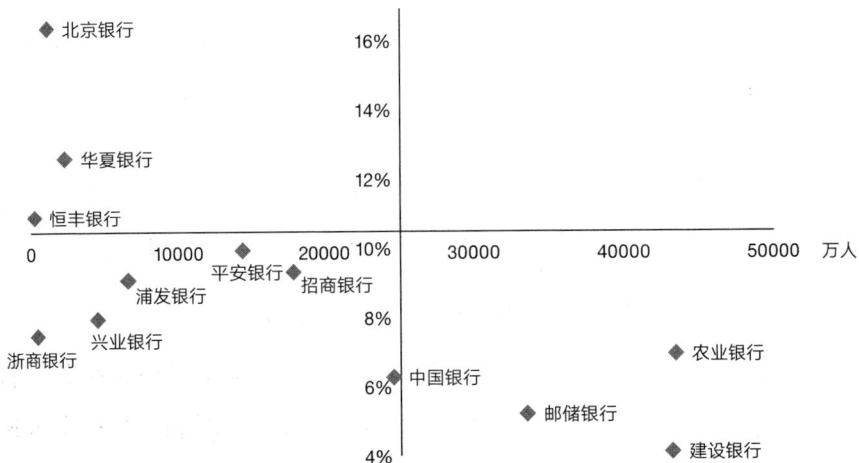

图7-11 商业银行手机银行客户数及增长率四象限

自2019年以来，恒丰银行手机银行客户规模加速拓展，特别是2020—2021年间呈高速发展态势。2021年11月，恒丰银行发布新版手机银行，截至2022年底，恒丰银行手机银行客户规模达到291.45万人，较2021年增长16.16%。2022年恒丰银行手机银行下载量和活跃用户数持续提升。截至2022年底，手机银行下载量达到117.68万户，较年初增长66.47万户；月活客户40.93万户，较年初增长8.13万户。

　　现阶段恒丰银行手机银行处于平台型App向经典超级App迈进阶段，同业股份制银行多处于经典超级App向互动体验App发展的阶段。恒丰银行手机银行基本具备基础功能，但相较于同业，细节打造及客户体验有待提升。2022年，恒丰银行手机银行完成27项需求开发，依托"线上+线下+空中"多渠道联动，初步形成线上运营标准化流程。

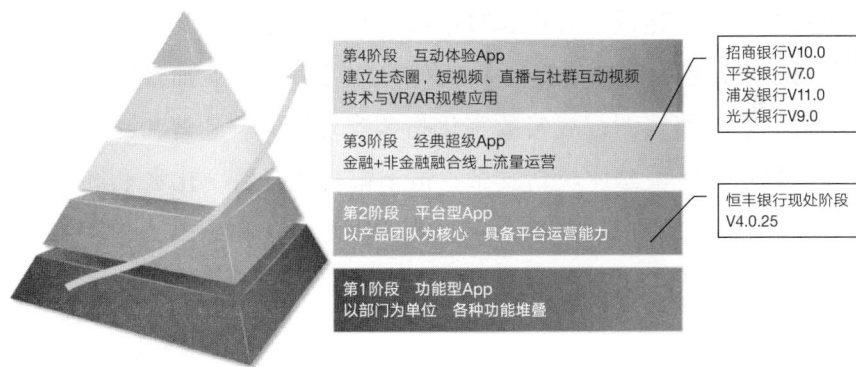

图7-12　恒丰银行手机银行发展阶段

7.3.2　数字化转型价值性分析

　　2021年12月和2022年1月，中国人民银行《金融科技发展规划（2022—2025年）》和原银保监会《关于银行业保险业数字化转型的指导意见》两份关于银行数字化转型的重量级指导文件先后印发，明确了商业银行数字化转型中战略规划与组织流程建设、业务经营管理数字化、数据能力建设、科技能力建设、风险防范等工作的重要性。战略数字化是商业银行数字化的基础，业务数字化和管理数字化则是数字化战略的落地实践，商业银行数字化转型价值分析可以具体到战略数字化、业务数字化和管理数字化三个层面。

（1）数字化指标分析

①战略数字化。商业银行战略数字化是银行整体战略层面对数字技术的关注程度。根据《北京大学中国商业银行数字化转型指数（2010—2021年）》，通过计数银行年报文本中对数字技术相关关键词的提及频次构建度量指标，结果发现2010—2021年，商业银行战略数字化指数平均值由30提升至161，且自2018年以来呈大幅增长态势。恒丰银行2021年战略数字化指数为302，在24家商业银行同业中排名第10位（见图7-13）。自2019年以来，其战略数字化指数大幅攀升，数字化转型战略共识逐步达成，并在2021年10月发布"建设一流数字化敏捷银行"新战略，旗帜鲜明地提出了未来5年乃至2035年全面推进数字化转型的时间表与路线图，战略数字化指数实现跃升。随着2023年"六自一体"数字化转型总体规划发布，恒丰银行战略数字化水平将进一步提高。

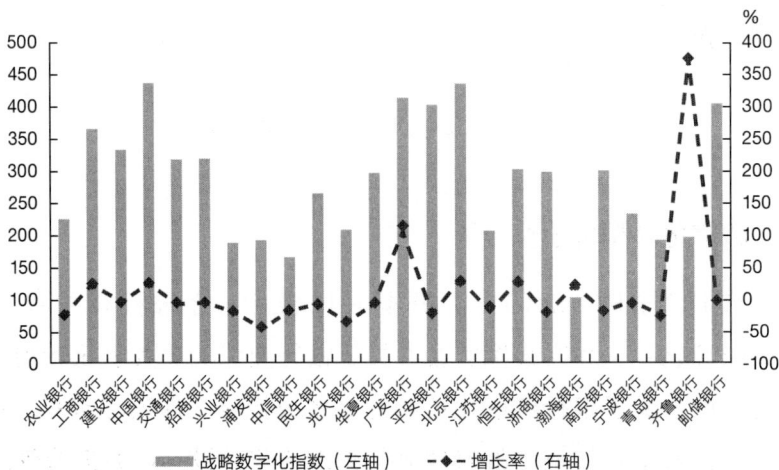

图7-13 商业银行2021年战略数字化指数及增长率

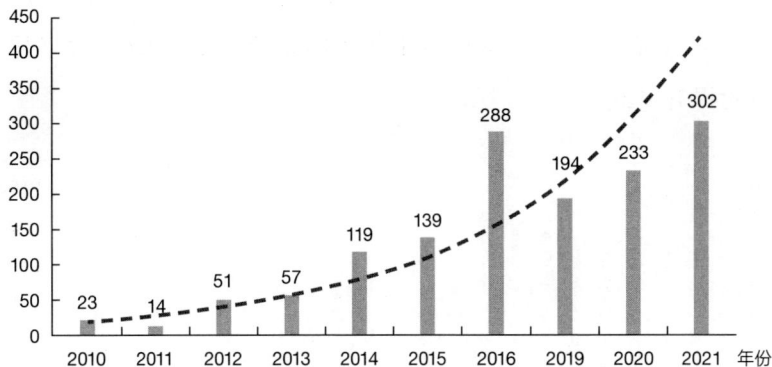

图7-14　恒丰银行战略数字化指数及发展趋势

（数据来源：北京大学中国商业银行数字化转型指数课题组）

表7-1　商业银行数字化转型战略统计

商业银行	数字化转型战略	具体含义及规划
工商银行	e-ICBC战略	数字生态、数字资产、数字技术、数字基建、数字基因
建设银行	TOP+战略	T：科技驱动金融创新；O：开放技术和数据能力；P：平台生态；+：鼓励创新、包容创新
招商银行	轻型银行	"一体两翼"：零售银行、公司金融+同业金融
中信银行	一流科技银行战略	科技兴行，打造全流程商业级敏捷体系
光大银行	数字光大战略	"123+N"发展体系：智慧大脑+两大技术平台+三项服务能力+N个数字化名品
浦发银行	全景银行	全时域、全用户、全服务、全智联
宁波银行	智慧银行	"一体两翼"+"211工程"+"123战略"
北京银行	"数字京行"战略体系	一个银行（One Bank）、一体数据（One Data）、一体平台（One Platform）
恒丰银行	一流数字化敏捷银行	"六自一体"（D-GLASS）数字银行能力框架体系

②业务数字化。商业银行业务数字化是指将数字技术融合于自身提供的金融服务，具体可通过数字化渠道、数字化产品、数字化研发三个维度进行度量。根据《北京大学中国商业银行数字化转型指数（2010—2021年）》，商业银行业务数字化指数平均值由2010年的15提升

至2021年的125。恒丰银行2021年业务数字化指数为155，高于同业平均水平，但也显示出数字技术与业务实践融合不足，业务数字化水平仍有较大提升空间。

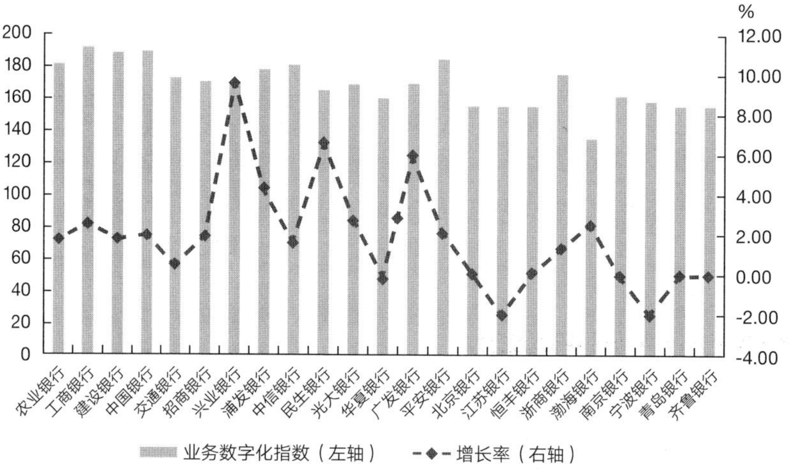

图7-15　商业银行2021年业务数字化指数及增长率

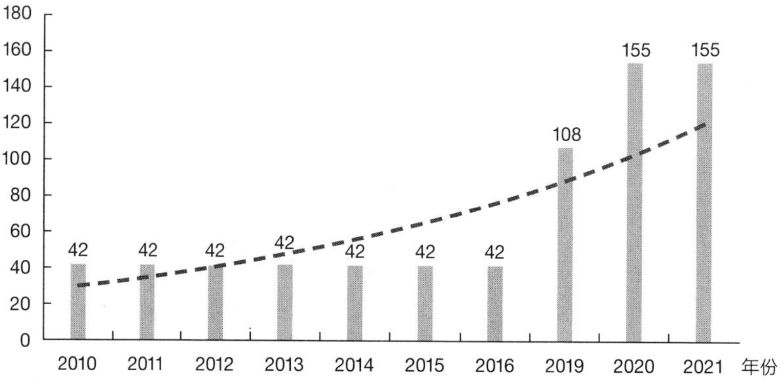

图7-16　恒丰银行业务数字化指数及发展趋势

具体到细分维度，恒丰银行在数字化渠道方面，目前有手机银行、空中银行、企业网银，缺少微信银行、企业手机银行、微信小程序、企业微信，尚未完全建立数字化渠道矩阵，并且已有渠道数字化价值释放不足。在数字化产品方面，"好快"数字化产品品牌体系初具市场影响力，但各类产品规模不大，对拉动利润增长影响不大。此外，恒丰银行已有专利较少，较先进同业仍有明显差距，例如平安银行2021年专利数量已达871项。

③管理数字化。商业银行管理数字化是指将数字技术融合于治理结构和组织管理。具体通过数字化架构、数字化人才、数字化合作三个维度进行度量。根据《北京大学中国商业银行数字化转型指数（2010—2021年）》，商业银行管理数字化指数平均值由2010年的9提升至2021年的58。恒丰银行2021年管理数字化指数为37，在主要银行同业中排名靠后，主要原因是2015年之前在管理层面未能充分体现数字化因素，由此拉低了近年来的平均水平。随着恒丰银行旗帜鲜明地提出了"建设一流数字化敏捷银行"的战略愿景，以数字化技术提升生产力，以组织变革破除制约生产力发展的障碍，重塑生产关系，数字化转型组织架构更加完善，数字化管理水平大幅改善。

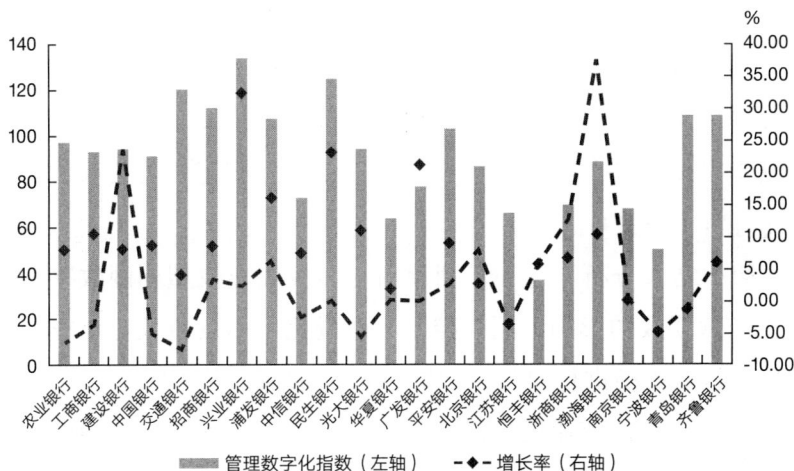

图7-17　商业银行2021年管理数字化指数及增长率

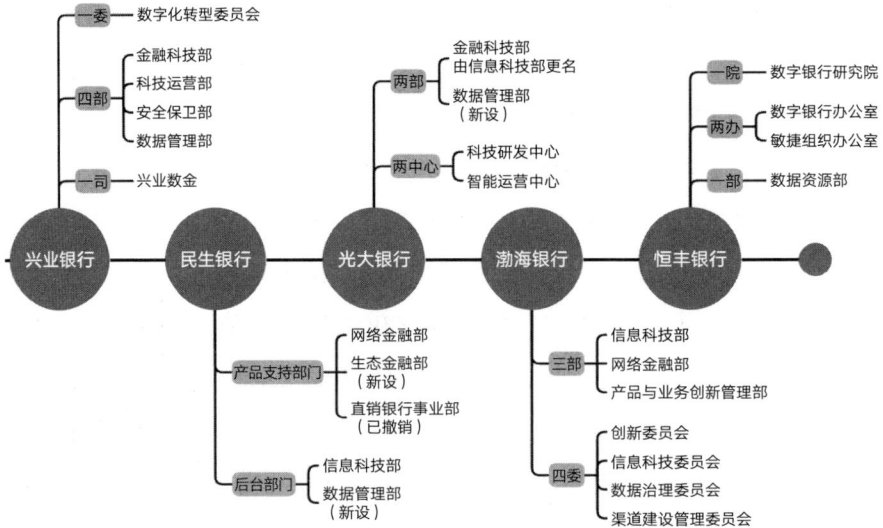

图7-18　股份制银行金融科技组织架构盘点

（2）数字化转型价值影响分析

①主要经营指标与数字化转型指数相关性。通过收集股份制银行2015—2021年主要经营绩效指标（总资产净利率、净息差、成本收入比）数据，与数字化总指数进行相关性拟合，结果显示数字化总指数变量基本呈现正态分布趋势，且与净息差指标有正相关关系、与成本收入比有负相关关系。

②回归结果分析。进一步利用固定面板效应模型刻画数字化转型对银行经营绩效的影响，同时控制了存贷比、不良贷款比、非利息收入占比、贷款规模进行回归，结果如表7-2所示。总体来说，一是数字化转型有助于降低商业银行成本收入比，其中管理数字化能够显著降低成本收入比。二是数字化转型有助于扩大商业银行的净息差，其中管理数字化能够显著提高商业银行的净息差。三是数字化转型并未显著提升商业银行的总资产收益率（ROA），但战略数字化有助于提升商业银行的ROA。

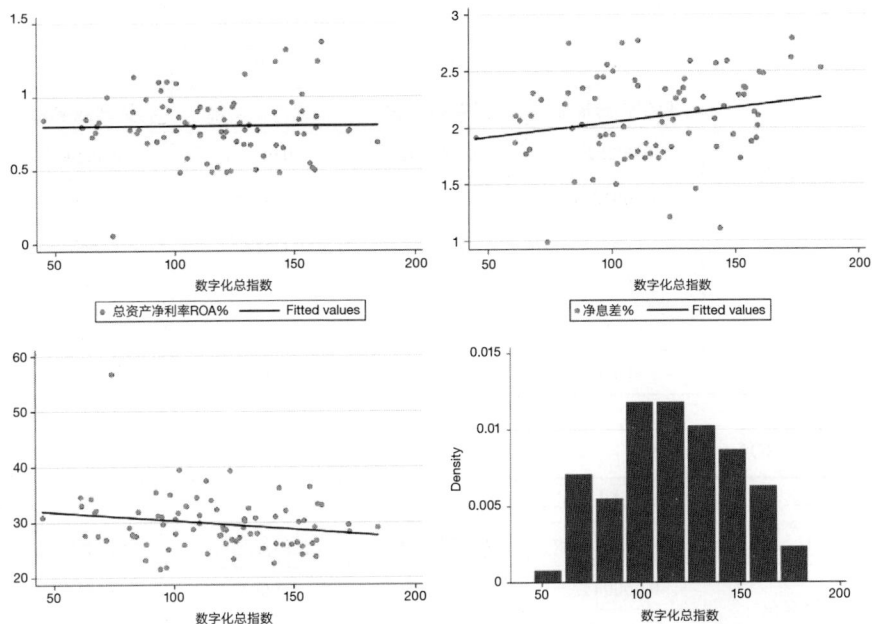

图7-19　数字化总指数与银行主要经营绩效指标相关性散点图

表7-2　银行数字化转型绩效

表7-2-1　成本收入比

	（1）	（2）	（3）	（4）
	数字化总指数	战略数字化	业务数字化	管理数字化
数字化	-0.0309*	0.00278	-0.0204	-0.0625***
	(0.0184)	(0.00411)	(0.0188)	(0.0214)
_cons	33.39***	29.18***	32.76***	34.22***
	(2.436)	(1.087)	(3.024)	(1.847)
N	82	82	82	82
R^2	0.039	0.003	0.015	0.141

表7-2-2　净息差

	（1）	（2）	（3）	（4）
	数字化总指数	战略数字化	业务数字化	管理数字化
数字化	0.00259**	0.000502	0.00133	0.00299**
	(0.00121)	(0.000427)	(0.00131)	(0.00137)
_cons	1.791***	1.982***	1.899***	1.880***
	(0.147)	(0.0943)	(0.200)	(0.108)
N	82	82	82	82
R^2	0.046	0.019	0.011	0.055

表7-2-3　ROA

	（1）	（2）	（3）	（4）
	数字化总指数	战略数字化	业务数字化	管理数字化
数字化	0.0000447	-0.000336*	-0.000175	0.00131
	(0.000783)	(0.000181)	(0.000720)	(0.000899)
_cons	0.799***	0.878***	0.829***	0.711***
	(0.0905)	(0.0396)	(0.106)	(0.0678)
N	82	82	82	82
R^2	0.000	0.026	0.001	0.033

注：*p<0.1，**p<0.05，***p<0.01。

③数字化转型价值评估。图7-20绘制了2022年A股上市股份制银行平均市净率PB，分析发现，2022年招商银行、平安银行及兴业银行的平均市净率明显高于其他同业。对比2015—2021年股份制银行数字化转型指数，其中平安银行、招商银行的数字化转型指数高于其他同业，数字化转型指数与银行平均市净率PB具有正相关关系。

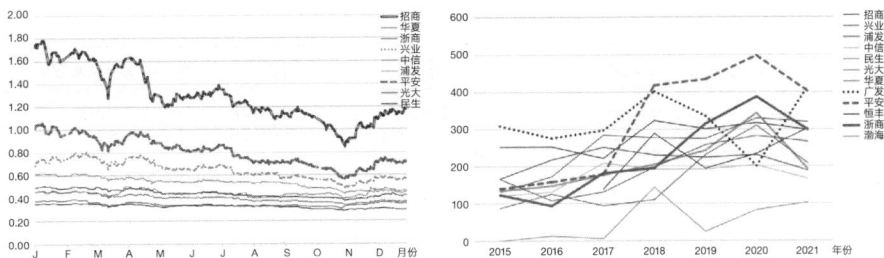

图7-20　A股上市股份制银行PB变化及数字化指数变化趋势

7.3.3　数字化转型绩效分析

商业银行推进数字化管理和变革需要大量资本投入和沉淀成本，因此数字化转型绩效研究具有重要实际意义。数字化转型投资项目具有动态波动特点，投资收益及效能显现具有明显滞后性。从国内外企业及银行数字化转型经验来看，当多数企业度过推行数字化管理动态波动的"阵痛期"，投入产出效率提升带来的先发优势将得到显著提升。为进一步论证上述观点，本节采用数据包络分析（Data Envelopment Analysis，DEA）方法测度2019—2021年国内主流商业银行的数字化转型效率[①]，投入要素为当年科技资金投入、科技人才数量，产出要素为净利润，结果如表7-3所示。

表7-3　银行数字化转型投入产出效率分析结果

表7-3-1　2019年

商业银行	综合效率	技术效率	规模效率	规模效应
工商银行	0.74053	1	0.74053	drs
建设银行	0.782511	1	0.782511	drs
农业银行	0.85443	1	0.85443	drs

---

① 根据数据的可获得性，研究对象为工商银行、建设银行、农业银行、交通银行、中国银行、招商银行、中信银行、平安银行、浦发银行、兴业银行、光大银行、民生银行、恒丰银行、上海银行和南京银行，共计 15 家。

续表

商业银行	综合效率	技术效率	规模效率	规模效应
中国银行	0.836128	1	0.836128	drs
交通银行	0.74644	0.833176	0.895898	drs
招商银行	0.70361	0.856468	0.821525	drs
中信银行	0.492435	0.517235	0.952052	drs
平安银行	1	1	1	—
浦发银行	0.659646	0.733505	0.899307	drs
兴业银行	0.98232	1	0.98232	drs
光大银行	0.607044	0.632306	0.960048	irs
民生银行	1	1	1	—
恒丰银行	0.046591	1	0.046591	irs
上海银行	0.764333	0.843274	0.906388	irs
南京银行	1	1	1	—

表7-3-2　2020年

商业银行	综合效率	技术效率	规模效率	规模效应
工商银行	0.873324	1	0.873324	drs
建设银行	0.836975	1	0.836975	drs
农业银行	0.925152	1	0.925152	drs
中国银行	0.917841	1	0.917841	drs
交通银行	0.910232	1	0.910232	drs
招商银行	0.538471	0.606346	0.888058	drs
中信银行	0.480687	0.509244	0.943922	drs
平安银行	0.413921	0.447328	0.925319	irs
浦发银行	0.675907	0.737936	0.915941	drs
兴业银行	1	1	1	—
光大银行	0.664369	0.695811	0.954813	irs
民生银行	0.620866	0.666655	0.931316	drs
恒丰银行	0.449513	1	0.449513	irs
上海银行	0.937024	0.970743	0.965264	irs
南京银行	1	1	1	—

表7-3-3　2021年

商业银行	综合效率	技术效率	规模效率	规模效应
工商银行	1	1	1	—
建设银行	0.97547	1	0.97547	drs
农业银行	1	1	1	—
中国银行	0.922669	0.940524	0.981016	drs
交通银行	0.772052	0.776972	0.993668	drs
招商银行	0.685737	0.688141	0.996507	drs
中信银行	0.567155	0.574646	0.986963	irs
平安银行	0.36648	0.384947	0.952028	irs
浦发银行	0.601337	0.615872	0.9764	irs
兴业银行	1	1	1	—
光大银行	0.692084	0.705532	0.980939	irs
民生银行	0.584526	0.607096	0.962823	irs
恒丰银行	0.538211	1	0.538211	irs
上海银行	0.903484	0.96711	0.93421	irs
南京银行	0.964566	1	0.964566	irs

结果显示，2019年至2021年，商业银行数字化转型绩效有显著差异性。相对来说，国有大行数字化转型投入产出效率较高，技术效率及规模效率均有显著领先优势。股份制银行层面具有两个明显特征：一是招商银行、中信银行、平安银行、浦发银行、光大银行及民生银行的规模效率均已超过95%，但受技术效率影响，综合效率相对较低。一方面，说明该类银行数字化转型投入的资源要素规模适宜，资源配置高效，使用合理，现有要素规模与银行实际最优规模之间的差异较小；另一方面，说明该类银行管理和技术效率相对较低，现有的管理和技术水平未能充分激发生产效率释放，从而影响整体综合效率。二是技术效率较高，但受规模效率影响，导致综合效率整体较低，以恒丰银行为典型代表。2019年至2021年，恒丰银行的数字化资源投入增长率较快，处于同业领先位置，但基数小、绝对量小，与同业之间具

有较大差距。资源投入规模不足是影响综合效率的根本原因。在当前要素投入规模下，恒丰银行技术效率为1，说明数字化管理和技术实践高效，管理效能和技术效能领先。纵向来看，恒丰银行2019年至2021年综合效率逐年提升，特别是2020年综合效率显著跃升，表明恒丰银行数字化转型效能具有后发优势，随着资源投入规模持续加大，数字化转型综合效率将进一步提升。

7.3.4 数字化转型评价结果

在数字化转型成长性方面，从科技禀赋视角，恒丰银行科技投入具备高成长性，数字化生产率对银行净利润产生正贡献；从集成应用视角，手机银行处于低规模高增长阶段，在由平台型App向经典超级App迈进，后发优势显著。在数字化转型价值性方面，根据北京大学商业银行数字化转型课题组发布的评价指数来看，近年来恒丰银行战略数字化指数大幅攀升，管理数字化和业务数字化指数明显改善。进一步实证分析发现，商业银行数字化转型指数与经济绩效指标之间具有相关性，数字化转型有助于降低商业银行成本收入比，并有助于扩大净息差。此外，数字化转型指数与银行平均市净率PB具有正相关关系。在数字化转型绩效方面，一方面，受规模投入不足影响，恒丰银行数字化转型综合效率相对较低。另一方面，在当前数字化要素投入规模下，恒丰银行数字化技术效率相对较高，数字化管理和数字技术实践能够有效激发全行生产效率。

第 8 章
数字金融时代恒丰银行
转型典型案例

随着科技快速发展和商业银行数字化业务时代的到来，传统银行业面临着巨大的挑战和机遇。为了适应市场变化和满足客户需求，近年来恒丰银行以"建设一流数字化敏捷银行"为战略愿景，积极推进数字化转型，充分利用先进的技术和创新的思维方式，对生产方式、生产关系进行全方位、系统性重塑，并树立了行业中的典型案例。这一转型过程不仅使恒丰银行在竞争激烈的市场中获取比较优势，同时为客户提供了更高效、便捷和个性化的金融服务。本章将介绍恒丰银行数字化转型中的三个典型案例，以期为其他银行业机构提供借鉴和启示。

8.1　聚力恒心系统，激活数字化业务潜能

"恒心工程"是恒丰银行业务转型、技术转型、组织转型及流程再造的系统性工程，"恒心"取"恒丰心脏"之意，旨在以集中式的工程实施完成恒丰银行核心系统升级，解决科技基础薄弱问题。恒心工程基于企业级分布式架构与金融数据模型，构建统一的业务视图，按照产品管理、营销支持、渠道管理、产品运营、业务支持、风险管控及报告与决策七大价值链业务领域，将前台、中台、后台流程精准对接，形成端到端的企业级业务价值链。2021年11月26日，恒丰银行成功完成恒心系统一次性整体切换上线工作，这是全国首个实现业务和系统一次性整体升级的股份制商业银行核心系统。

恒心工程通过对全行"家底"进行全面盘点，以数据驱动工程投产工艺，以科技促进业务整体转型，建立了全行一致的产品、数据等标准体系，统一企业级数据标准、数据字典，全面提升了业务科技融合能力和风险防控能力，以及客户服务、产品创新、风险管理等方面的竞争优势。恒心工程作为恒丰银行实现企业级数字化转型的重要步骤，为打造同业领先的数字化经营能力、建设特色鲜明的数字银行生态提供了坚实基础。

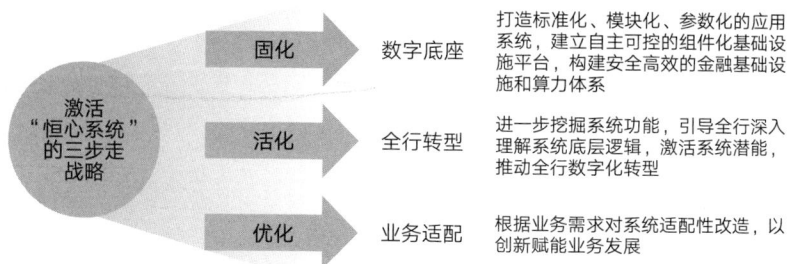

图8-1　恒心系统建设的三步走战略

8.1.1 "固化"恒心系统，打造数字化平台基座

恒心工程基于业内领先的企业级分布式架构与金融数据模型，构建了统一的业务视图，通过"四个一"，即一套业务模型、一套IT架构、一套管理流程、一套实施工艺，构建了全行业务转型、技术转型、流程转型的能力基础。恒心工程整体架构遵循"分层、松耦合、面向服务（SOA）"的设计理念，从应用、数据、技术、安全四个领域和维度进行了设计，四个领域设计成果相互协同、各有侧重，并共同构成新一代整体架构设计。应用架构重点明确功能的分布及交互规则，数据架构重点明确数据模型、标准及数据分布、传输规则，技术架构重点解决技术栈及组成规则，安全架构重点解决基础设施及应用采用的安全策略及实现机制。

（1）应用架构

恒心工程在建设过程中聚焦于业务价值、业务目标以及业务痛点上，通过7+1层架构实现了渠道与流程、应用与数据、产品操作型和管理分析型处理的分离；通过各平台能力和平台间协同，形成了卓越的客户体验、面向客户的集成服务、快速产品部署、高质量的数据服务和优化的企业级管理能力。从功能上看，通过统一管理的客户视图信息、产品、定价、合约、机构用户、渠道和外联，实现了产品统一装配管理、交易与核算分离、前中后台逻辑解耦、实时风控，提升了数据管控能力，支撑和引领了业务发展和管理经营，为恒丰银行业务数字化转型发展奠定坚实基础。

恒心工程将整体架构拆分为7个架构分层，目的是保持架构分层的灵活性、稳定性和扩展性。应用架构7层主要包括渠道整合层、服务整合层、应用集成层、外联集成层、产品服务层、数据集成层、管理分析层。

在渠道整合层，致力于提供一致的客户体验提高客户满意度，支持新兴渠道的快速部署和现有渠道的能力拓展，支持业务的多渠道整合和泛在部署。

在服务整合层，致力于提供端到端的业务流程支持和集成的业务服务，全面支持灵活的业务流程需求和集成的业务服务，区分外部客户视角和内部管理部门需求，满足不同用户的可用性需求。

在应用集成层，致力于提供统一的服务注册、发布机制，实现标准化的服务调用，降低IT系统之间的耦合度，为全面实现SOA架构建立基础，支持服务的快速整合。

在外联集成层，致力于提供快速与外部合作伙伴集成的能力，专注外部金融和非金融机构与银行之间的系统交互，集成整合外部机构提供的业务服务，完成协议转换报文转发等，为内部系统屏蔽技术复杂性。

在产品服务层，致力于提供渠道无关的产品服务处理，实现全行共享的业务能力，支持银行核心业务服务实现，涉及产品、客户、合约等。

在数据集成层，致力于整合企业范围内的各类数据，提供一致的数据计算和访问服务，提供准实时的业务统计分析监控能力，包括海量数据存储能力、大数据的分区管理能力、大批量处理的计算能力、数据质量的控制能力、高并发处理能力、报表数据存储能力、非结构化数据管理能力。

在管理分析层，致力于为银行内部管理和决策提供集中的管理分析服务和支持，数据源和集成方式统一保证了统计分析结果的一致性和可信度，灵活满足行内用户的管理统计分析需求。

（2）技术架构

恒心工程技术架构以金融云为主体，构建了组件化、标准化、可扩展性强、便于维护的技术架构体系，按照一套模型、一套流程、一套架构、一套工艺建立统一的架构管控，从概念态、逻辑态、物理态到运行态进行业务需求到技术实现、再到投产运行的生命周期管理，达到恒心工程的运行环境的整齐划一，保障体验、测试、培训、投产和专项等各项工作的顺利进行。经过功能、性能、高可用、模拟故障、规范检查和监控等各项测试，各领域指标均达到或超过设计指标，实现端到端的业务全链路验证，确保满足我行业务连续性指标及监管要求。

（3）数据架构

数据架构规划构建从数据产生层、数据交换层、数据集成层、数据服务层、数据应用层，直到最终用户领域的端对端的数据能力。

在数据产生层，作为数据架构中的数据来源，原则上所有的业务数据均产生于此。根据数据源头的不同分为内部数据、外部数据和补录数据。根据数据的结构特征分为结构化数据、半结构化数据和非结构化数据。

在数据交换层，通过批量采集技术、实时采集技术和爬虫技术等方式，按一定规范和标准从数据产生层的产品服务组件、管理分析应用组件和保留系统等源系统抽取数据，数据以文件方式落地在共享存储，结果文件将被导入企业级数据仓库的贴源数据区或历史数据区。

在数据集成层，主要实现对数据的存储、计算并提供数据访问服务，支持以实时、准实时、批量方式对数据进行整合和加工处理，包括数据模型整合、公共指标计算和应用指标计算，对数据处理性能、可扩展性、可靠性、稳定性等均有较高要求。

在数据服务层，为用户管理和决策提供相关历史归档查询、运营决策、自助查询、即席查询、挖掘实验、固定报表和决策仪表盘等用数的服务方式。在数据应用层，涵盖各管理分析应用、业务系统对数据进行使用需求。在结构良好的企业级数据模型、海量的整合数据、统一的数据视图与企业级指标体系、灵活多样的数据访问模式的支撑下，可以使得全价值链的数据应用越来越智能。

（4）安全架构

"安全即服务"是恒心工程安全架构的显著技术特点，即以为恒心工程各IT系统提供便捷、透明和持续的安全保障为目标，以全面完备的安全基础框架为基础，以组件化可定制的安全服务为核心，建立智能化、主动式安全防护体系，实现与客户体验的平衡。具体而言，恒心工程安全架构主要由安全服务接入层、应用安全服务层、基础设施安全服务层和安全策略管理中心组成。"安全即服务"的安全架构技术具有全面、集中、灵活、智能的优势：全面，是指可以覆盖全部对象、应对全部威胁、提供全面防护；集中，是指既可提供统一的安全服务，又能够实现集中的安全策略管理；灵活，是指同时提供安全平台可扩展、安全功能组件化、安全服务可定制的管控能力；智能，是指可以基于业务行为实施动态安全管理。

在恒心工程系统建设过程中，对全行的数据、制度、产品、流程、风险管理进行了全面优化，快速建立了比肩先进同业的业务应用系统，业务流程更加合理，风险管控手段更加丰富，为数字化转型筑牢了坚实底座。一是统一了业务语言，形成了规范化的业务流程，建立了一致的产品标准、数据标准等标准体系，打造了思想统一、观念一致的富有战斗力的队伍,实现"书同文、车同轨、度同尺、行同伦"。二是实现了部门级流程向企业级流程转变,打破了部门或条线竖井,形成了整合的企业级流程,保证先进业务能力充分共享,打造了企业级的产品服务、数据服务。三是统一了全行企业级数据标准、数据字典,数据完整性、一致性问题得到根本性解决,为恒丰银行数字化转型奠定了数据基础。

8.1.2 "活化"恒心系统,激发数字化业务潜能

恒心工程对全行转型发展具有战略性、系统性、基础性和先导性支撑作用,推动全行业务与技术的协调发展、组织架构的敏捷化转型及流程优化。为引导全行深入理解恒心系统底层逻辑,激发系统潜能,全面开展了恒心系统活化工作,推进业务数字化敏捷转型。

(1) 业务自主

基于事实和数据进行产品的精细化管理,形成灵活高效的产品创新能力的基础。依托"场景+科技"创新推出"好牛快贷""好粮快贷""好商快贷"等数字化产品,打造了一批叫响市场的"恒丰好快"数字化金融产品,实现审批效率和客户体验双重提升,成为服务普惠客户有影响力的品牌。如在菏泽曹县,结合当地肉牛养殖产业发展现状,创新推出"好牛快贷"产品,为肉牛佩戴电子耳标,通过区块链、物联网、大数据等信息技术手段对肉牛进行唯一赋码、智能实时监控,实现肉牛生物资产"数字化",确保活体抵押"抵得了、看得住、控得住"。

(2) 数据自主

恒丰银行围绕数字化转型,以创新为驱动,以数据安全为底线,在企业级高度统筹推进数据治理。围绕"规范源头、重点发力、以用促治、闭环保障"运转机制,以核心和监管数据为抓手持续优化数据

质量。全面启动企业级数据治理工程——"数芯工程"，从数据管理生命周期出发，打造出盘点、确责、落标、质量和血缘等完备的能力集，构建重点业务领域端到端数据资产管理视图。在全国股份制银行中率先通过数据管理能力成熟度评估模型（DCMM）四级评级。

建设自主用数平台，提升全行自主用数能力。通过数据资产管理平台及自主用数平台纵向贯通数据流通使用链路，推动数字银行先进生产力高效释放、金融供给能力跨越式跃迁。项目形成的总体设计、方法工艺和实践经验等成果，不仅推动了恒丰银行数据治理和数据应用能力的快速提升，也为同业金融机构的数字化转型提供一整套可借鉴、可复制的操作方法和建设模式。

（3）研发自主

创新自主研发敏捷交付模式。以全行战略发展为导向，聚焦渠道、产品、生态、风险等业务拓展核心领域，促进全行经营和管理水平快速提升，启动企业级项目群。围绕企业级项目实施，建立适应"敏态""稳态""创新"业务的自主研发敏捷交付体系，形成全过程可控的企业级项目管理模式。通过企业级架构标准及管控工艺落地，形成了以业务架构、应用架构、数据架构、技术架构、安全架构、用户体验架构管控为主导，关键业务组件自主研发为辅助的自主可控能力。建立了企业级公共业务及技术组件库，为流程优化、快速交付等敏捷组织转型打好了基础。建成了一个以全新手机银行为代表的移动业务平台，为恒丰银行通过线上运营方式扩展业务打下了基础，并促成了项目制、产品制和孵化制相互融合有效运转，建立"稳态+敏态"结合的研发体系。

（4）运维自主

围绕"强内控、提能力、优组织、稳生产"重构运维矩阵，建立四层生产运维支持体系，优化体系流程、全面提升运维能力，保障生产稳定运行，持续提升业务连续性水平。推进营运体系集约智能建设，将运营集约化中心、单证中心和反洗钱中心三大中心全部集中到总行，实现集中作业、集中授权，部分重点业务如综合签约、票据托收等服务时效提升50%以上；自动化审批效率显著提升，如信用卡额度调整由1天变为分秒级响应。风险控制精准有效，通过统一风险计量、多维度风险视图、全流程管控职级和全面风险缓释等，形成全面风险防控能力的基础，各业务领域风险全面覆盖，风险计量、预警、阻断、缓释和监控能力全面提升。

8.1.3 "优化"恒心系统，推进系统适配性改造

根据业务需求对恒心系统进行适配性改造，以创新赋能业务发展。优化主要体现在产品运营、营销服务、内部运营、渠道服务和风险防控五个方面。产品运营上，构建产品评价模型，检测产品市场表现，加强产品精细化管理；营销服务上，通过数据分析挖掘客户需求，深化产品组合与资产配置模型研发，加强营销精准化管理；内部运营上，构建综合运营平台，提升机构协同、物资营运配送、对公服务及员工响应支持，加强组织相关方集约化管理；渠道服务上，深度融合线上线下渠道信息，优化客户自主交易及互动效率，为客户提供无差别的全渠道体验，加强渠道无差别管理；风险防控上，加强风险计量引擎、监控视图、风险稽核、信用评级分析和交易风险防控等模块智能化建设，加强全行风险可控化管理。

如今，恒心系统已进入稳定运营迭代周期，恒心系统活化收效显著。相比原系统，恒心系统核心处理能力提升了6.38倍，卡业务交易每秒处理能力提升23.8倍，线上支付业务交易每秒处理能力提升17.7倍等。自主研发方面，该系统包含发明专利24项，软件著作权49项。

8.2 开展"数芯"工程，强化数据资产盘点治理

8.2.1 银行业数据能力痛点

目前国际上数据治理主流的系统为DAMA体系，其涉及的数据治理目标有三点：提升企业数据资产管理能力；定义、批准、沟通和实施数据管理的原则、政策、程序、指标、工具和责任；监控和指导政策合规性、数据使用和管理活动。国内方面，国家标准《信息技术服务治理第5部分：数据治理规范》（GB/T 34960.5—2018）中，为了促进组织有效、高效、合理地利用数据，有必要在数据获取、存储、整合、分析、应用、呈现、归档和销毁过程中，提出数据治理的相关规范。

同业实践方面，目前国内数据治理方面做得比较突出的是工商银行、建设银行、光大银行。工商银行建立了自上而下、协调一致的数据治理体系，构建了由技术平台、数据中台和业务生态组成的数据架构，数据中台实现了数据资产的全生命周期管理。建设银行打造业务中台，按照用户、客户的进阶经营和端到端运营要求，提炼可共享复用的能力和服务，构建数据智能中枢和全域数据供应网，以云服务为交付方式，敏捷赋能业务发展。光大银行建立全流程管理机制，与现有的业务、开发流程结合，实现200多系统，近200多万生产数据的统一管理，推进"基石""灯塔"工程，推动自动盘点和智能落标，敏捷

迭代优化数据资产管理。

DAMA和国家标准对数据治理给出了比较全面的解释，但属于纲领性规范，离落地较远，对于诸如数据标准制定、数据资产评估等方面的具体推进举措缺少描述。随着银行业数字化转型加速演变，各家银行数字化转型工作相继踏入数据治理和应用的深水区，虽然工商银行、建设银行、光大银行等开展了一些优秀实践，但在转型效果与成熟度上仍有提升空间。目前各家银行同业用数方面的主要矛盾是数据供给、数据质量与不断增长的业务数据需求之间的矛盾。普遍存在"知数难、找数难、管数难、用数难"的问题，突出表现为内部数据"不够用"、外部数据"不好用"、海量数据"不会用"，亟须提高用数管数能力，加快释放数据资产价值。

8.2.2 "数芯"工程建设目标

为有效解决"知数、管数、用数"等银行业数据能力痛点问题，恒丰银行2022年启动"数芯"工程——企业级数据能力体系建设，旨在通过"一横两纵三环"践行"盘清家底、管好数据、重在应用"，夯实大数据技术平台基础设施，完善企业级数据能力建设，支撑提升自主用数能力，赋能银行业务发展和经营管理提升。其中，"一横"指通过数据资产盘点建设企业级数据一本账，夯实横向打通的数据底座；"两纵"分别为数据管理及数据应用；"三环"分别是"业务、数据、技术"深度混编的协同模式，"聚数、治数、谋数、用数"的全生命周期闭环，以及"数据一本账"、"数据资源一本账"、"数据资源配置一本账"、"数据资产一本账"的螺旋上升。

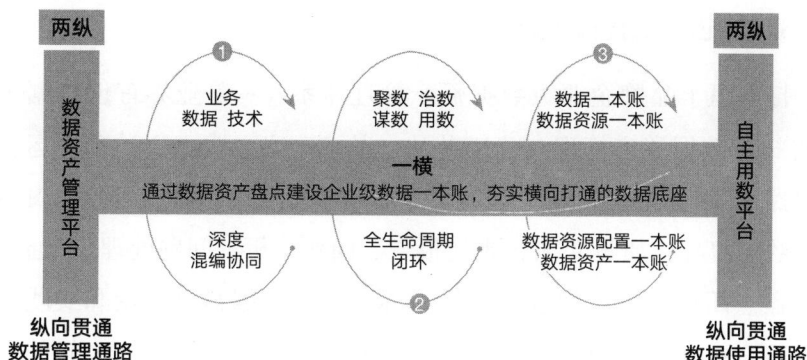

图8-2　数芯工程"一横两纵三环"

通过数据资产管理平台及自主用数平台，纵向贯通数据流通使用通路，推动数字银行先进生产力高效释放、金融供给能力跨越式跃迁。具体内容如下：

一是"盘清家底"，系统化组织数据盘点工作，建立一套业务+IT混编系统的组织方式，盘点清楚数据资产情况，并明确关键数据资产的业务管理责任。

二是"管好数据"，结合数据平台建设和数据应用实施，构建科学的组织架构体系，完善数据治理流程制度与规范，建立数字化协同机制，整合并打通银行内多源、零散的异构数据体系，完善数据权限、数据血缘、数据质量、分级分类等管理体系。

三是"重在应用"，打造好面向业务人员使用的自主用数平台，借助数据产品对数据资产进行深度加工挖掘价值，面向零售、风险、财务等输出更加全面的数据及统计指标，推动银行业务数字化转型。

四是"夯实底座"，规划遵循盘活资源、有效利用的建设理念，坚持信创，以云化思想、业需拉动、分步实施为建设原则，对科技预算投入进行精益管理，完成切片式数据基础设施底座建设，支持结构化/半结构化/非结构化的数据采集、加工和跨领域整合。

8.2.3 "数芯"工程技术路线

打造恒丰品牌企业级数据资产管理体系。一是业界首创数据盘点工艺——数据资产管理九步工艺法。从"定义、盘点、治理、运营"的思路出发，定义并实践"资产定义、资产台账、属主初分、内容确认、数据打标、质量要求、质量报告、问题分析、问题处理"，通过完整的盘点闭环管理，为业界提供了标准化的数据盘点理论和实践。二是进行全链路数据血缘溯源。构建从交易系统至数据系统之间的全链路数据血缘关系，为数据问题分析、加工口径分析、研发影响分析、数据共享与流通等工作提供唯一、可信、便捷的依据。三是建设内外部数据使用的业务价值评估方法和指标，探索数据的管理成本和业务、IT价值，建设数据价值评估体系。四是形成自底向上的企业级业务架构建模方法。

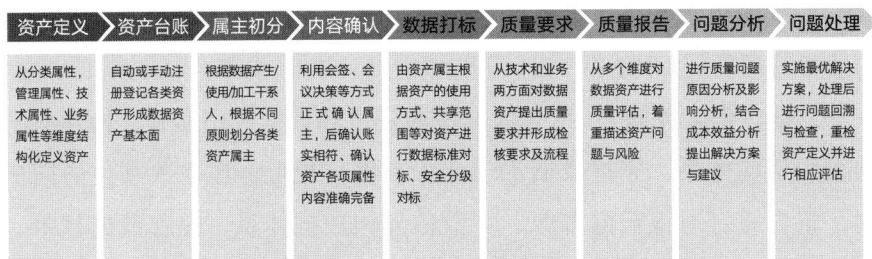

资产定义	资产台账	属主初分	内容确认	数据打标	质量要求	质量报告	问题分析	问题处理
从分类属性、管理属性、技术属性、业务属性等维度结构化定义资产	自动或手动注册登记各类资产形成数据资产基本面	根据数据产生/使用加工干系人，根据不同原则划分各类资产属主	利用会签、会议决策等方式正式确认属主，后确认账实相符、确认资产各项属性内容准确完备	由资产属主根据资产的使用方式、共享范围等对资产进行数据标准对标、安全分级对标	从技术和业务两方面对数据资产提出质量要求并形成检核要求及流程	从多个维度对数据资产进行质量评估，着重描述资产问题与风险	进行质量问题原因分析及影响分析，结合成本效益分析提出解决方案与建议	实施最优解决方案，处理后进行问题回溯与检查，重检资产定义并进行相应评估

图8-3　数据资产盘点"九步工艺法"

采用敏捷协同的组织架构和机制流程。根据"高层挂帅、专职集中、挂图作战、责任到人"原则，组织架构扁平设置，通过决策管理层、实施层进行扁平管理，高效决策重要事项、问题及风险。跨部门跨专业混编协同，各层级由业务专业、数据专业领域混编组成，共同高效推进任务。工程推进敏捷有序，利用挂图作战机制、数字化看板、在线协同工具等方式，推进各类工作横向交流。

将数据资产管理体系全流程渗透具体银行业务。以各类数据资产盘点为主线，以管理会计、智能风控中台、反洗钱、EAST 5.0等重点项目建设为切入，让各银行业务项目与数据资产管理项目深度融合，借助"数芯"工程中的自主用数平台等工具，让银行业务人员自主用数、自助用数，打造企业级数字化能力和文化。"数芯"工程从2022年12月上线后，支持全行各个部门自主用数，产出数据成果应用于日常经营管理过程中，在全行形成了懂数、用数、业务全面参与的氛围。

创新形成一整套银行数据管理责任体系。完成以数据业务属主为主体的多维一体的责任体系建立，定义"业务—数据—科技"铁三角责任框架和相关权责，将各类数据资产的业务权属划分至27个业务部门，同时映射数据的"产生—加工—使用—共享"全流程干系方，每项数据资产有归属、能溯源，每一个流转环节的责任至部门、至人，为日常数据盘点、确责、质量检核与修复等工作建立全面责任清单。

实现恒丰银行全口径数据资源和架构管理。建立企业级数据资产分类体系，全面涵盖银行企业级数据字典、数据结构、业务指标、业务报表、挖掘模型、制度及标准等全量数据，涵盖数据产生、集成、加工等数据全生命周期的形态；初步建成"数据资源一本账"。建立企业级全量数据资产清单，持续运用"数芯"工程项目的数据盘点功能，核检无效资产和错账。

8.2.4 "数芯"工程经济与社会效益

通过"数芯"工程企业级数据能力体系建设，恒丰银行建立全行制度、系统、业务、数据全链条全生命周期闭环管理体系，真正实现"管理建在制度上、制度建在流程上、流程建在系统上、系统建在数据上、数据反馈管理上"，为管理的持续优化提供数据支撑，提高决策效能。前台业务人员可通过本项目的数据分析工具深入挖掘客户痛点和客户需求，并通过数据建模提升数字化营销与风控能力，设计符合客户真实需求的金融产品，实现"数据多跑路、人员少跑腿"等便民服务模式，为广大企业客户、小微客户、个人客户和农户提供无处不在的、敏捷的金融服务，提升服务实体经济水平，增强金融惠民利企能力。

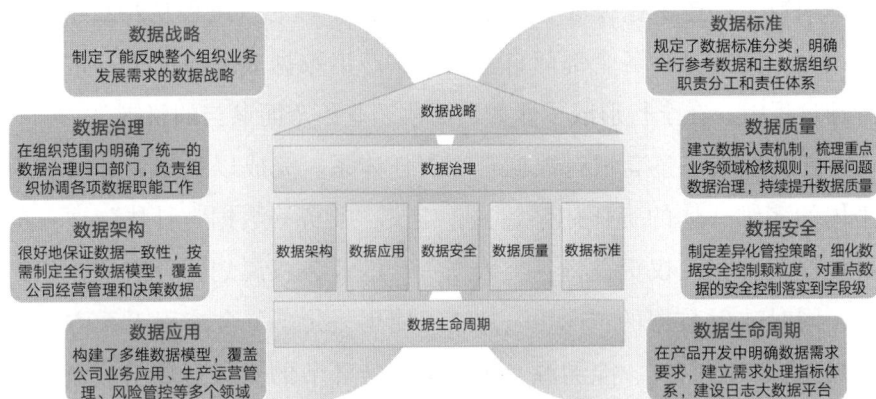

数据战略
制定了能反映整个组织业务发展需求的数据战略

数据治理
在组织范围内明确了统一的数据治理归口部门，负责组织协调各项数据职能工作

数据架构
很好地保证数据一致性，按需制定全行数据模型，覆盖公司经营管理和决策数据

数据应用
构建了多维数据模型，覆盖公司业务应用、生产运营管理、风险管控等多个领域

数据标准
规定了数据标准分类，明确全行参考数据和主数据组织职责分工和责任体系

数据质量
建立数据认责机制，梳理重点业务领域检核规则，开展问题数据治理，持续提升数据质量

数据安全
制定差异化管控策略，细化数据安全控制颗粒度，对重点数据的安全控制落实到字段级

数据生命周期
在产品开发中明确数据需求要求，建立需求处理指标体系，建设日志大数据平台

图8-4 恒丰银行数据管理能力量化评级（四级）

基于"数芯"工程夯实数据能力，恒丰银行建立了同业领先、体系完备、成熟度高的数据管理体系，在股份制银行中率先获得数据管理能力成熟度量化管理级（四级）。同时，落地企业级数据能力体系工程组织架构和机制流程、业界独创的资产盘点九步工艺、数据资产运营工作流程，具有极强的可复制推广性，能够有效帮助同业尤其是中小银行解决数字化转型中数据供给、数据质量与不断增长的业务数据需求之间的主要矛盾，有效助推整个中国银行业数字化转型进程。"数芯"工程荣获2022年金融业数字化转型突出贡献奖。

8.3 创新数据资产评估体系，激发数据价值内生动力

数字化转型是一个长期的过程，涉及大量的资源投入。为衡量数字化成本效益，增强数据资源的配置效率，打造数据资产一本账，数据资产价值评估成为关键一环。为此，恒丰银行开展了数据资产估值的前瞻性研究，并对数据资产入表进行了创新探索，形成了《商业银行数据资产估值研究与入表探索》白皮书。从数据资产"估值设计、方法构建、公式优化、参数计量、数据表构建"上，创新提出了商业银行数据资产估值与入表的新思路、新方法、新实践，为商业银行推进数据资产估值体系建设、加速数据要素定价标准统一等提供重要参考借鉴。

8.3.1 数据资产的定义、特征与分类

（1）数据资产的定义

清晰界定数据资产的概念是数据资产估值的前提。将数据确认为资产，首先需要满足"资产"的定义。企业会计准则将"资产"定义为"由企业过去交易或事项形成，为企业拥有或控制的，预期会给企业带来经济利益的资源"。因此，数据资产在确认过程中，需要满足资产概念的三要素。

一是数据是由企业过去的交易或事项形成的。要求企业存在的数

据资产主要来源于过去外购、自主研发或日常运营产生，满足由过去的交易或事项形成，而未来预期产生或获取的数据不能确认为数据资产。

二是由企业合法拥有或控制的。当企业拥有数据所有权或者使用权时，可通过数据挖掘服务业务拓展和管理运营，数据所有权也可使企业进行产权交易。拥有数据所有权和使用权，都可认定为企业合法拥有或控制的数据资产。而以不正当手段非法获取、有产权争议、无法控制的数据资源则不能确认为数据资产。

三是预期会给企业带来经济利益。数据资产预期在未来一段时间内，通过直接或间接形式为企业带来持续经济效益。当数据没有经济价值或者在现有的技术条件下无法确定未来经济利益时，不能确认为数据资产。

基于会计资产的定义和数据资产的特有属性，将数据资产定义为：由企业过去的交易或事项形成，为企业合法拥有所有权或使用权，预期会给企业带来经济利益，并可进行确认和计量的数据资源。

(2) 数据资产的特征

数据资产具有不同于传统资产的一些特征，其兼具有形资产和无形资产属性。由于数据资产需要存储介质，其物理存在性属于有形资产范畴；而数据资产所体现的信息价值，则属于无形资产范畴。由于数据资产的特殊性，需要充分认识其特点，才能准确地进行估值。

业务附着性。从数据的来源及应用来看，数据资产的价值发挥依赖业务关系，是在业务过程中产生或者通过外购获得，通过分析处理加工，服务企业经营和管理决策。因此，在估值的过程中，需要对数据资产进行追根溯源，还原该数据源于什么业务、用于什么业务，以此来适配不同数据资产类型的计量算法。

多次衍生性。同一数据主体可以被多层次多维度加工，衍生出服务不同场景的数据产品，丰富数据资产价值体系。例如，对银行直接采集的原始客户数据经过轻度汇总加工，形成数据平台中可供各类应用系统复用的数据，业务部门可在此基础上衍生出客户画像与偏好，风险管理部门可衍生出客户风险等级的判断数据。数据资产价值的大小，取决于赋能业务创造价值的大小，当同一数据主体的应用场景越多时，其发挥的价值越高。

零成本复制性。数据资产成本主要发生在前期数据获取、数据产品和数据系统开发阶段，使得该阶段数据资产的成本较高。由于数据资产可无限复制，其边际成本趋于零，导致相同的数据资产具有截然不同的成本。因此，对数据资产进行复制时，不能重复计量其投入成本。

介质依托性。数据资产不能独立存在，需要依托介质进行存储和加工。具体来说，数据资产发挥作用需要依托有形资产，例如计算机、服务器和其他硬件设备等。因此，在评估数据资产价值中的投入成本时，需要考虑数据资产所依托的介质成本，以及有形资产折旧和维护等相关成本。

价值易变性。价值易变性是数据资产最典型的特性。由于信息技术发展、相关政策变化、应用场景丰富等因素影响，数据资产价值可能会产生大幅波动。同时，当前数据确权、数据安全及隐私保护等法律法规正在逐步完善中，随着相关政策明确，将决定不同类型或主题的数据资产是否具有价值。

（3）**数据资产的分类**

依据数据资产全生命周期价值实现方式及管理需求，构建数据资产价值评估分类框架。将数据资产划分为获取类、存储及传输类、管理类和应用类四大类型进行估值，同类型的数据资产通常具有类似的价值实现方式。

①获取类数据资产。根据数据来源，将获取类数据资产划分为内部采集类和外部获取类两大估值对象。通过内部采集或外部获取的底层探源数据，可为后续数据加工应用提供原始信息。其中，内部采集类数据资产主要包括金融机构日常运营过程中形成的内部数据资源投入，如数据采集人工成本、相关系统成本、硬件设备成本等；外部获取类数据资产主要包括外购数据资源的采购成本投入、外部数据系统研发投入以及采购过程中发生的人工成本等。内部采集数据和外部获取数据共同构成数据输入源，是金融机构管理和运营的基础数据支撑。

②传输与存储类数据资产。伴随数据规模快速扩张，数据传输和存储成本成为数据资产价值的重要组成部分。该类型数据资产主要处于获取类和管理类数据资产之间的过渡阶段。其中，数据传输中的专线费、通信费以及接口开发费等均为数据资产正常使用所必需付出的成本。随着金融机构数字化转型的深入发展，"湖仓一体"数据技术借助海量、实时、多模的数据处理能力，实现全量数据价值持续释放。数据湖仓承载着数据的存储与基础建模功能，在业务开展中发挥着重要作用，应将其整体作为估值对象纳入数据资产的价值评估。

③管理类数据资产。该类数据资产面向实际数据需求，以获取类、传输与存储类的数据资产为基础，通过数据汇总、挖掘等加工方式得到个性化的统计数据或管理类工具，应用于企业运营分析、管理决策和监管报送等，全面、深入、准确地呈现企业的运转情况及发展趋势，支持业务部门开展相关工作。此类数据资产可作为估值对象，具体从四个维度进行评估，包括数据运维、数据分析、数据治理和数据安全。

④应用类数据资产。应用类数据资产主要指在业务开展环节，直接赋能业务产生收益的数据资产。该类数据资产与业务收益的匹配性较强，根据业务价值的实现方式，划分到不同的业务领域和应用场景进行估值。由于数据的零成本复制性，数据资产应用场景越多，创造

的价值往往越高。

8.3.2 数据资产估值方法的创新设计

（1）数据资产估值原则

整体性原则。将不可分割、不能独立提供有效信息的数据划分为一个评估对象，通过评估整体价值进行数据资产估值。单个字段不具备独立产生价值的能力，不作为独立的估值单元，需要放置于能够进行经营赋能的最小单元中进行评估。

不重复估值原则。由于数据资产价值实现方式不同，需要划分不同类型数据资产进行估值，并明确界定各类型的评估范围，以避免重复计算。此外，应注意与数据资产零成本复制性进行区分。零成本复制不会增加数据资产的投入价值，但可以通过增加业务场景来增加数据对业务价值的贡献，数据资产赋能业务创造的价值越大，则数据资产价值越大。

数据可取原则。数据资产估值过程中，会涉及大量数据收集工作。基于企业日常运营分析数据，进行颗粒度划分，将便于数据收集整合，同时提高数据资产评估结果和数据运营分析对业务的指导作用。

成本效益原则。对估值精确度和工作量之间进行权衡，避免成本投入过高，同时保证评估结果的合理性。

（2）数据资产估值创新体系

根据数据资产的价值构成逻辑，将数据资产估值从"投入价值"和"业务价值"两方面展开。投入价值为形成数据资产的资源总投入，业务价值为数据资产支撑业务开展创造的增量收益的现值，两者构成数据资产总价值。其中，业务价值是数据资产的主要价值构成，这是因为只有数据在赋能业务发展时，才能更好地驱动价值释放。在企业运营过程中，形成的数据资产能够通过公允价值进行计量时，便可进一步评估数据资产的外部价值。但是，目前数据要素市场尚不成熟，市场法估值缺少可参考的公允价值。为评估数据产品的潜在外部价值，恒丰银行创新提出"订单法"，吸收借鉴市场法估值思路，充分反映企业不同部门的数据资源调用需求，将订单管理模式与市场法相结合，依据数据产品的调用情况，评估数据资产的潜在外部价值。

恒丰银行采用"成本法—收益法—订单法"对数据资产价值进行评估。其中，运用成本法对数据资产的"投入价值"进行评估，以数据资产的投入成本为基础，通过成本重置因素、数据效用综合调节系数进行价值修正。运用收益法对数据资产的"业务价值"进行评估，通过数据资产支撑业务开展的增量收益折现估算数据的业务价值。运用订单法对数据资产的"潜在外部价值"进行评估，通过参考同类型数据资产的行业代加工对价和订单量进行价值估算。此外，由于潜在外部价值产生于数据资产前期投入或后续运营过程中，为避免重复估值，不将其计入数据资产总价值，而当企业中存在真正的外部数据交易时，则需要将外部价值计入数据资产总价值。如图8-5所示。

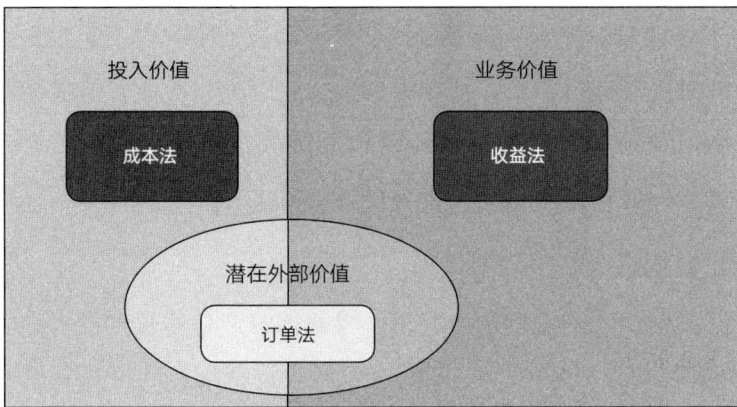

图8-5　数据资产价值评估创新体系

考虑到不同估值方法均有各自的适用条件，对不同类型数据资产所匹配的估值方法选择如下，共分为三种情况。

一是对于获取类数据资产、传输与存储类数据资产、管理类数据资产，由于与最终业务收益之间难以有效追溯，难以挂钩和测度各类数据资产的业务收益，但其投入成本可以较为客观计量，对该部分数据资产采用"成本法"进行价值评估。

二是对于应用类数据资产，由于与业务场景的匹配性较强，可以直接赋能业务提升收益表现，业务增量收益能够较为客观、准确地测度。该类数据资产可进一步按照价值构成划分，对业务算法模型的投入价值，采用"成本法"进行评估；对数据资产赋能业务拓展所创造的业务价值，采用"收益法"进行评估。

三是各类数据资产存在可参考的外部交易案例时，参照外部交易价格进行调整评估，即传统的市场估值法。但目前数据市场体系不完善，公允的参考价格获取难度较大，此处采用同业代加工价格作为"订单法"的数据资产估值对价，对可计量的数据资产潜在外部价值进行评估。

(3) 成本法估值设计

①成本法的介绍。成本法估值是以数据资产投入成本为基础，充分考虑成本重置因素、数据效用综合因素对数据资产价值进行修正，反映数据资产全生命周期中的获取、存储、加工、管理及应用的相关成本投入。

特别说明的是，考虑到数据资产赋能业务的增量收益，会在收益法对应用类数据资产估值中体现，为避免数据资产的重复估算，需要对传统的成本法估值公式进行修正，在成本法中剔除收益率因素。具体估值公式为：

$$P = HC \times S \times U$$

其中，P为评估的数据资产投入价值，HC为数据资产历史成本，S为重置系数，U为数据效用综合调节系数。

②历史成本统计范畴。成本法估值模型中历史成本HC，表示数据资产从统计周期起始时间到评估基准日所发生的总成本。根据数据资产估值类型划分，对获取类、传输与存储类、管理类及应用类数据资产的投入成本进行核算，将所涉及的各项成本支出纳入数据资产的投入价值计量，所涉及的估值指标统计范畴界定如表8-1所示。具体来看：

获取类数据资产投入成本包括内部数据采集成本和外部数据获取成本。内部数据是银行在经营过程中涉及客户信息或交易等与一线业务密切相关的采集数据，外部数据是通过外部购买或公开渠道获取的数据。在数据采集和获取过程中，涉及的人力成本、设备购置成本、系统建设成本，以及使数据达到正常使用状态所付出的相关成本均需要纳入计量范畴，根据数据来源不同和成本投入方式差异分别统计核算。

传输与存储类数据资产投入成本统计范畴包括数据传输成本和数据存储成本，相关设备和系统建设成本分别计入数据成本的发生年份。随着数据管理架构的演进，数据仓、数据湖正在融合发展，湖仓一体架构成为支持实时处理分析的重要数据底座，因此需将湖仓一体化的建设和运营成本纳入存储成本核算。

管理类数据资产投入成本统计范畴包括数据运维、数据分析、数据治理及数据安全相关成本。该类数据资产以数据为基础、以算法为支撑、以场景为导向，打通后台数据支撑系统与前台业务应用及管理决策之间的信息断层，提升数据供给的可用性、可靠性和安全性，这个过程中所涉及的数据处理、数据分析和数据产品开发成本等，均要纳入投入成本的统计范畴。

应用类数据资产主要指通过数据处理、分析、挖掘以赋能业务开展，提升业务价值创造能力的算法模型，可根据使用方向划分为营销类模型、运营类模型和风险管理类模型。该类数据资产的投入成本统计范畴包括业务模型研发及投产过程中所发生的成本支出。

表8-1　成本法估值指标体系

估值对象		统计范畴界定
获取类数据资产	内部数据采集	主要包括内部数据采集人工成本、数据采集设备和系统成本。其中，内部数据采集人工成本的统计范畴为综合柜员岗、大堂经理、零售客户经理岗的人工成本，按匹配的岗位薪酬和数据采集的工时占比进行测算。
	外部数据获取	主要包括外部数据采购成本、外部数据管理系统建设成本，以及外部数据管理人工成本。其中，外部数据管理涵盖供应商管理、数据测试、采购管理等全流程服务，确保外部数据供需有效对接，是该项成本内容的组成部分之一。
存储与传输类数据资产	数据传输	主要包括网络专线费、接口开发费等数据传输组件相关成本投入。
	数据存储	主要包括数据存储相关设备及系统建设成本，如存储交换机、服务器、资源池扩容成本；银行业数据湖仓一体化建设是提高数据运营效率的重要趋势，相关成本纳入该项指标中。
管理类数据资产	数据运维	主要包括数据基础系统的建设及维护成本、数据技术研发成本、数据运维人力成本等，为全行数据运营提供基础支撑。
	数据分析	主要包括数据分析服务系统的建设与维护成本，固定报表、模型工具等数据产品开发成本，以及数据分析人力成本。
	数据治理	主要包括数据治理系统、数据质量管理平台等建设和维护成本，以及数据治理人力成本，以提高数据效用，提升敏捷供数用数能力。
	数据安全	主要包括为提升数据安全等级投入的人力物力成本，如安全组件或系统建设、隐私计算等相关成本内容。
应用类数据资产	业务模型研发	主要包括数字化业务模型的研发、维护、升级等成本支出，统计范畴为业务模型的基础环境、产品和实施费用、软硬件配套成本、系统配套改造等相关成本支出。

③重置系数测算方法。采用成本法进行估值，需要对不同年度的数据资产历史成本进行重置测算。其中，对数据系统和硬件设备等

投入成本按照物力成本重置系数进行重置测算；对数据采集、数据分析、数据治理等过程中产生的人工成本，按照人力成本重置系数进行重置测算。重置期限按照数据系统上线服务年份、数据成本发生年份进行确定。

物力成本重置系数根据CPI的年度变化进行计量，如表8-2所示。假设数据资产投入物价成本发生年份为i，本年CPI（上年=100）为CPI_i，则本年度物力成本重置系数为1，第二年重置系数为$1 \times [(CPI_{i+1}-100)/100+1]$，…，第N年重置系数为$1 \times [(CPI_{i+1}-100)/100+1] \times \cdots \times [(CPI_{i+N-1}-100)/100+1]$。

人力成本重置系数根据银行业人均薪酬平均增长率进行计量，如表8-3所示。假设数据资产投入人工成本发生年份为i，本年度银行业人均薪酬增幅为G_i，则本年度人力成本重置系数为1，第二年重置系数为$1 \times (1+G_{i+1})$，…，第N年重置系数为$1 \times (1+G_{i+1}) \times \cdots \times (1+G_{i+N-1})$。

表8-2　物力成本重置系数测算

年份	2015	2016	2017	2018	2019	2020	2021	2022
CPI（上年=100）	101.40	102.00	101.60	102.10	102.90	102.50	100.90	102.00
物价重置系数测算	100.00	102.00	103.63	105.81	108.88	111.60	112.60	114.86
		100.00	101.60	103.73	106.74	109.41	110.40	112.60
			100.00	102.10	105.06	107.69	108.66	110.83
				100.00	102.90	105.47	106.42	108.55
					100.00	102.50	103.42	105.49
						100.00	100.90	102.92
							100.00	102.00
								100.00
物价重置系数	1.149	1.126	1.108	1.086	1.055	1.029	1.020	1.000

表8-3　人力成本重置系数测算

年份	2015	2016	2017	2018	2019	2020	2021	2022
薪酬平均增幅	0.89%	0.80%	7.73%	6.81%	7.38%	-0.53%	9.54%	10.60%
人力重置系数测算	1.000	1.008	1.086	1.160	1.246	1.239	1.357	1.501
		1.000	1.077	1.151	1.236	1.229	1.346	1.489
			1.000	1.068	1.147	1.141	1.250	1.382
				1.000	1.074	1.068	1.170	1.294
					1.000	0.995	1.090	1.205
						1.000	1.095	1.211
							1.000	1.106
								1.000
人力重置系数	1.501	1.489	1.382	1.294	1.205	1.211	1.106	1.000

资料来源：本表根据 Wind 已披露上市股份制银行平均薪酬增长率测算。

④数据效用评估方法。成本法中数据效用U的计量，需要引入对数据资产价值具有重要影响的数据质量、数据应用、数据风险、数据流通四个维度因素，如表8-4所示。采用层次分析法（Analytic Hierarchy Process，AHP）进行数据效用U在不同维度的权重测算。进一步结合所评估企业和银行业在数据效用不同维度的评分比值，计算数据效用综合调节系数U。具体步骤如下：

构建数据效用U的层次结构模型。分析数据效用各维度之间的关系，建立系统的递阶层次指标结构，将U逐步分层细化分解。U分解的最底层元素是可以评估各维度数据效用的重要单项指标。

表8-4 数据效用U的层次结构模型

数据评估维度	二级指标	指标说明
数据质量维度	数据完整性	表示数据在全生命周期中完整记录程度，规定输入的数据不能是缺失值、无效值、错误值、乱码等情况。
	数据准确性	数据采集、统计、计量和分析全过程与真实值准确且一致的过程。
	数据有效性	衡量数据对经济形势、经营状况的无偏反映程度。
	数据时效性	可及时获取最新数据，数据的及时性与企业数据处理速度及效率有直接关系，是影响业务响应速度的关键指标。
数据应用维度	数据多维性	数据应用维度的多面性，如用户维度、运营维度、产品维度、经营者维度等，当数据应用维度越多时，可创造价值的空间越大。
	数据可用性	数据资产有效使用的程度和范围，可用有效使用数据的占比来衡量。
	数据规模	衡量数据量的大小规模。数据量越大，往往可挖掘的信息量越大，则相应的数据资产价值越高。
数据风险维度	数据管理风险	数据损坏、数据描述不当、数据隐私保护、开发水平不足等原因造成数据资产无法达到预期使用状态。
	数据安全风险	反映敏感数据泄露、数据篡改、数据滥用、违规传输、非法访问、流量异常等相关风险。
数据流通维度	数据公开性	衡量数据公开程度，当数据的公开性越低时，所获取的难度越大，数据价值越高。
	数据供需	数据供需博弈，若某类数据资产供给方较少，获取及传输成本较高，则该类数据资产的价值就会越高。

构建判断矩阵。将专家经验引入到数据效用的层次结构模型，在确定各层次各因素之间的权重时，采用两两相互比较的方法，以相对尺度按其重要性程度评定等级，尽可能减少性质不同的诸因素相互比较的困难，提高准确度。如表8-5所示，按两两比较结果构成的矩阵称为判断矩阵。

表8-5　重要性等级及赋值比例九级标度说明

标度	含义
1	表示两个因素相比，具有同样重要性
3	表示两个因素相比，一个因素比另一个因素稍微重要
5	表示两个因素相比，一个因素比另一个因素明显重要
7	表示两个因素相比，一个因素比另一个因素非常重要
9	表示两个因素相比，一个因素比另一个因素极端重要
2，4，6，8	上述两相邻判断的中值
倒数	A和B相比如果标度为a_{ij}，那么B和A相比标度即为$1/a_{ij}$

　　层次单排序及一致性校验。对于专家打分法构建的判断矩阵，利用层次单排序确定各维度的权重，并借鉴Saaty等（2000）提出的一致矩阵法，对判断矩阵的有效性进行校验。

　　对于判断矩阵最大特征根λ_{max}的特征向量，经归一化（使向量中各元素之和等于1）后记为W。W的元素为同一层次因素对于上一层次因素相对重要性的排序权值，这一过程称为层次单排序。能否确认层次单排序，则需要进行一致性检验，所谓一致性检验是指对A确定不一致的允许范围。其中，n阶一致矩阵的唯一非零特征根为n；n阶正互反阵A的最大特征根$\lambda \geq n$，当且仅当$\lambda = n$时，A为一致矩阵。

　　由于λ连续地依赖于a_{ij}，则λ比n大得越多，A的不一致性越严重，一致性指标用CI计算，CI越小，说明一致性越大。用最大特征值对应的特征向量作为被比较因素对上层某因素影响程度的权向量，其不一致程度越大，引起的判断误差越大。因而可以用$\lambda - n$数值的大小来衡量A的不一致程度。定义一致性指标为：

$$CI = \frac{\lambda - n}{n - 1}$$

　　$CI = 0$，有完全的一致性；CI接近于0，有满意的一致性；CI越大，不一致越严重。为衡量CI的大小，引入随机一致性指标RI：

$$RI = \frac{CI_1 + CI_2 + \cdots + CI_n}{n}$$

其中，随机一致性指标RI和判断矩阵的阶数有关，一般情况下，矩阵阶数越大，则出现一致性随机偏离的可能性也越大，其对应关系如表8-6所示。

表8-6　平均随机一致性指标RI标准值

矩阵阶数	1	2	3	4	5	6	7	8	9	10
R1	0	0	0.58	0.9	1.12	1.24	1.32	1.41	1.45	1.49

考虑到一致性的偏离可能是由于随机原因造成的，因此在检验判断矩阵是否具有满意的一致性时，还需将CI和随机一致性指标RI进行比较，得出检验系数CR，公式如下：

$$CR = \frac{CI}{RI}$$

一般地，如果CR<0.1，则认为该判断矩阵通过一致性检验，否则就不具有满意一致性。

数据效用U的加权计算。根据不同维度数据效用评分结果与行业评分对比值，评估每个维度的调整系数。进一步地，将各维度调整系数与层次分析法量化的权重系数加权平均，计算得到数据效用U的综合调节系数。

（4）收益法估值设计

①收益法的介绍。收益法，也称收益资本化法、收益还原法，是预测数据资产未来收益，选择适当的报酬率或资本化率、收益乘数将其折现到估价时点后累加，以此估算合理价值的方法。主要涉及的基本要素为可计量的预期收益和风险、可确定的收益年限。

采用收益法对应用类数据资产的业务价值进行评估，将应用类数据资产按照业务领域进行划分，兼顾不同业务决策与业务价值关联，定位价值产生来源，以合理设计估值的底层指标体系。收益法所涉及的估值参数主要包括数据资产收益、匹配的折现率、合理的收益期。该方法对价值不确定性较高的数据资产具有较强的适用性，估值公式为：

$$P=\sum_{t=1}^{n}\frac{\sigma CFt}{(1+i)^{t}}$$

其中，σCFt为第t年归属于数据资产的收益，即数据资产应用前后业务收益的增加额，σCFt为数据资产收益额，i为适用的折现率，n为数据资产持续获益年限。

②业务模型与增量收益。应用类数据资产的业务价值实现主要通过业务算法模型，具体分类为营销类模型、运营类模型、风险管理类模型。其中，营销类模型以增加产品销量为目的，将客户与产品进行匹配，并进行购买预测和产品推荐。模型通过大数据分析，精准定位客群，洞察客户需求，促进精准营销，提升营销漏斗的转化率，从而提高产品营销收入。运营类模型以提升客户黏性、优化客户结构为目的，是一种用于识别客户活跃度、流失率的模型，该模型通过协同开展运营活动，增加客户资产流入和减少资产流失，提高客户资产管理总规模，增加资产管理收益。风险管理类模型以风险监测和风险规避为目的，对业务进行风险管理的模型，主要适用于银行信贷风险管控。通过贷款放款前信用审批和放款后风险监控压降客户违约损失，以提升银行信贷质量，维持稳健发展。

业务模型产生的增量收益包含支持客户营销、客户运营和风险管理等业务产生的收入增加、损失减少以及成本支出减少，业务模型使用带来的增量收益即为数据资产收益。为提高数据资产估值的准确性，数据资产赋能业务产生的增量收益测算，可按照业务条线归口对不同模型进一步细分。营销类和运营类模型涉及产品销售收入和资产管理收益增加，主要应用于零售条线、对公条线、同业及金市条线。各条线中，新客营销、交叉营销和向上营销均会促进客户数量或客均收益的增长。风险管理类模型主要应用于风险条线，重点作用于贷款前后的风险管控。对于贷款前有效拒绝高风险贷款而降低的违约损失、贷款后监控违约情况及时催收而降低的不良损失，以及贷款审批效率提高而降低的人工成本，均纳入风控模型的增量收益测算。

③增量收益测算——增量收益法。对存在算法模型使用的业务，可根据模型应用前后增量收益的变化，测算模型在收益期限内的增量收益。当业务模型投产前后均可获取一定时间跨度的经营数据时，增量收益的预测模型可以较为准确建立，如图8-6所示。

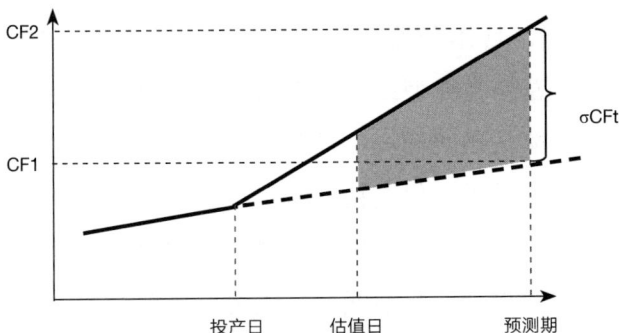

图8-6　数据资产收益计算图示

基于营销类和运营类模型的增量收益测算。通过模型应用前后客户数量变化，结合客均收益计算增量收益。此处，引用Brinson模型[①]，对归属于数据资产的增量收益进行定量测算和分解，并明确增量收益归因，为优化数据资产配置提供决策依据。根据Brinson模型原理对增量收益进行拆解，如图8-7所示。以$Inc1$和$Inc2$分别表示第T年模型投产前后的客均收益，$Num1$和$Num2$表示第T年模型投产前后的客户数量，

---

① Brinson 模型是一种基金资产配置模型，源于 Brinson 和 Fachler（1985）所著文章 *Measuring Non-US Equity Portfolio Performance*，模型基于投资组合的回报分解，将投资总收益划分为资产配置收益、选股收益、交互收益和基准收益。

则第T年数据资产赋能业务的增量收益为：

$$\sigma CFt = Inc2 \times Num2 - Inc1 \times Num1 = \sigma CF1 + \sigma CF2 + \sigma CF3$$

由客户量增长带来的增量收益为：

$$\sigma CF1 = （Num2 - Num1）\times Inc1$$

由客户收益带来的增量收益为：

$$\sigma CF2 = （Inc2 - Inc1）\times Num1$$

两者交互效应的增量收益为：

$$\sigma CF3 = （Inc2 - Inc1）\times（Num2 - Num1）$$

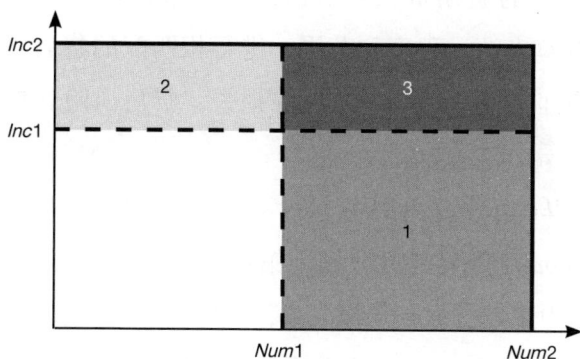

图8-7　营销和运营类模型增量收益归因分析

通过计算各部分增量收益与总增量收益比值，确定不同因素的增量收益贡献。其中，$\sigma CF1$为促进新客增长的增量收益贡献，$\sigma CF2$为客户激活的增量收益贡献。当$\sigma CF1$占比较高时，说明数据资产支持新客增长的效果高于客户激活；反之，当$\sigma CF2$占比较高时，说明客户激活与老客营销效果较好。

基于信用风险管理类模型的增量收益测算。信用风险管理模型的增量收益，主要体现为信贷审批人工成本减少、逾期贷款损失减少和减少逾期贷款再贷出的收益增加。

放贷前，信用风险模型的价值主要体现在拒绝高风险贷款产生的损失减少和信贷审批人工成本减少。其中，拒贷损失减少为模型应用后拒绝高风险贷款所规避的经济损失值，可按拒贷金额和平均损失率计算；人工成本减少量可基于审批效率提高程度和信贷审批成本换算。则贷前增量收益CF1的计算公式为：

$$\sigma CF1 = LaborC \times \triangle E + (RefLoan2 - RefLoan1) \times P_{Loss1}$$

其中，*LaborC*表示信贷审批人工成本，$\triangle E$为审批效率提高程度，*RefLoan*1和*RefLoan*2分别为模型应用前后在第T年的拒绝高风险贷款总额，P_{Loss1}为拒绝贷款平均损失率。

放贷后，信用风险模型的价值主要为贷后风险规避或压降导致的损失减少、减少的逾期贷款再贷出的收益增加。模型通过动态、持续识别贷后风险来源、程度和范围，进行相匹配的贷后管理和催收工作，降低客户违约率，压降信贷风险损失。贷后风险管控模型的增量收益$\sigma CF2$的计算公式为：

$$CF2 = (OLoan2 - OLoan1) \times P_{Loss2} + (OLoan2 - OLoan1) \times \triangle R$$

其中，*OLoan*1和*OLoan*2分别为第T年模型投产前后预计的逾期贷款总额，P_{Loss2}为逾期贷款平均损失率，$\triangle R$为平均利差。

④增量收益测算——收益提成法。以收益法进行数据资产估值时，需要通过对业务算法模型的增量收益折现，来评估模型创造的价值。当业务模型建设处于起步期，使用增量收益法缺乏数据基础，不能获得足够长的数据以建立预测模型。此时，适用收益提成法进行增量收益测算。

收益提成法需要明确数据资产的收益贡献率。对于传统资产而言，其收入贡献比率在大量实践中已有标准，且通常为行业较为认可的经验值，例如技术专利在石油化工行业的销售收入分成比率约为0.5%~2.0%。但对银行业数据资产而言，其对收入贡献尚未经过实践论证。由于银行间数字化水平参差不齐，数据资产对银行价值创造的贡献差异较大，需要根据分成率的基本原理进行测算。根据业务部门开展业务活动时对数据资产的应用，利用专家经验和统计方法，将定性描述定量化处理为分成率指标。常用的方式是，使用专家打分法结合层次分析法评估各类资产支持业务开展的价值权重，进而结合总体收益计算归属于数据资产的收益，测算步骤如下所述。

一是构建资产层次结构模型。分析不同业务开展过程中涉及的主要资产类别，并进行细化分解，形成各项资产支持业务开展的层次结构模型。进一步地，对各项资产的内涵进行清晰界定，并将专家经验引入不同层次中，如表8-7所示。

表8-7　支持业务开展的资产层次结构模型

资产类型		指标说明
无形资产	数据资源	能为企业带来经济价值流入的所有数据资源，包括手机银行、数字化渠道、数据模型、数据分析等
	人力资源	员工专业知识技能、受教育水平，管理人员职业素养等
	关系类资源	销售网络关系、客户关系、政府关系等
	管理类资源	企业文化、内部管理制度、便捷的管理流程等
	知识类资源	企业商标、专利、非专利技术、著作权等无形资产
	特许类资源	银行牌照、特许权、软件使用权等
有形资产	固定和流动资产	网点、设备等依附开展业务的有形资产

二是构建判断矩阵。依据九级相对标度法，确定各类资产之间的相对差异，形成支持业务开展的各类资产重要性判断矩阵，以此表示其中一项资产相对于另一项资产的重要程度，并对判断矩阵进行层次单排序和一致性校验。

三是测算数据资产收益。计算各项资产支持业务开展的贡献率，并以此为权重对业务收益进行分解测算，计算归属于数据资产的收益。

⑤合理的收益期。数据资产的收益年限取决于数据能够赋能业务产生价值的时长，主要受数据资产功能寿命、合同约定期限、相关法律法规约束等因素的影响，收益期限不可超出产品或服务的合理收益期。数据资产合理收益期限的确定，可借鉴无形资产收益年限的确定方法。

一是法定年限法。针对外部交易的数据资产，如果合同对其应用年限进行了明确，则该数据资产的收益年限可以随之确定。

二是更新周期法。根据同类数据资产被替代的时间确定收益期限。在银行业中，不同数据模型的业务应用周期存在较大差别，如风控模型等周期相对较长，营销类模型则相对较短。伴随着软件维护与升级，一般业务模型应用周期约为3–5年。

三是剩余经济寿命预测法。综合考量待评估数据资产的生命周期、可替代性、更新趋势等，参考专家打分法作出评估。

综合对比以上方法，银行业数据资产估值折现期的确定，以更新周期法为主，按照不同业务场景中数据模型的使用期限扣减已投产年限，作为剩余收益期。对不能确定使用期限的数据模型，则按照剩余经济寿命预测法进行确定。

⑥适用的折现率。使用收益法对数据资产业务价值评估时，需要确定合理的折现率。折现率指可以将未来有限期内的收益折算成现值的比率，受到资金成本、期限长度及资产风险等因素影响，是数据资产估值的重要参数。目前，对数据资产折现率的确定主要分为三种计量方式：

一是风险累加利率法。中国资产评估协会发布的《资产评估专家指引第9号——数据资产评估》第24条指出，数据资产折现率可以采用无风险报酬率加风险报酬率的方式确定。风险累加法比较直观地反映了数据资产资本成本的组成内容，但各项风险报酬率的量化主要依赖经验判断，其主观性明显。

二是加权平均资本成本法（WACC）。考虑到服务企业运营的数据资产本身不能单独产生收益，需要与相关资产一起使用，且各类资产回报率之间相互牵制、相互影响，各类资产回报率存在强内在关联，难以单独计量。因此，将数据资产与其他资产作为整体进行折现率的确定。首先采用资本资产定价模型（CAPM）测算股权收益率，再通过债权与股权加权计算企业整体资本成本，折现率的计算公式为：

$$E（Re）=Rf+\beta \times（Rm-Rf）$$

$$WACC=Re \times \frac{E}{E+D}+Rd \times \frac{D}{E+D} \times（1-T）$$

其中，在第一个公式中，Rf为无风险利率，通常选取与数据资产收益期限相匹配的中长期国债到期收益率代替。国际上，最常选用10年期国债收益率作为Rf；β为系统性风险系数，此处表示被评估企业相对于银行业整体的风险水平。Rm为行业期望收益率，此处为银行业总体资本收益率。在第二个公式中，E为股权价值，D为付息债价值，Re为CAPM模型计算的股权资本成本，Rd为付息债务成本，T为所得税税率。

三是回报率拆分法。将数据资产作为一种特殊的无形资产，将其折现率等同于无形资产折现率。首先要计算企业加权平均资本成本WACC；其次要采用回报率拆分法计算无形资产回报率Ri作为数据资产折现率。其公式如下所示：

$$Ri=\frac{WACC-wl \times Rl-wf \times Rf}{1-wl-wf}$$

其中，Ri为无形资产回报率；Rl为流动资产回报率；Rf为固定资产回报率；wl为流动资产占总资产的比重；wf为固定资产占总资产的比重。

综合对比以上方法，当固定资产、流动资产和无形资产的回报率及价值权重占比可获取时，采用回报率拆分法计算数据资产折现率，其针对性和准确性相对较高。由于数据资产兼具无形资产和有形资产的特征，当各部分回报率和价值权重数据不能准确获取时，将数据资产与企业其他资产作为整体，采用加权平均资本成本法（WACC）进行计量。

（5）订单法估值设计

①订单法的介绍。银行业作为数据密集型行业，数据的高效供给是洞察业务先机、敏捷响应客户需求的基础支撑，也是数字化能力建

设的重要保障。将企业部门之间数据供给采用订单法管理,后台数据部门将前台业务部门作为客户,依据业务部门提出的数据需求进行数据供给。以部门之间的数据订单传递价值流、服务流、信息流,提高部门之间数据供给的质量与效率,增强部门间的敏捷协同。为吸收借鉴市场法估值的公允性优势,充分反映企业内部业务部门对数据资源的调用需求,以订单法对数据资产潜在的外部价值进行评估。此外,由于成本法和收益法评估的数据资产价值是全量价值,已涵盖订单法评估的数据产品,以订单法评估的潜在外部价值不计入数据资产总价值。随着数据交易市场发展,当数据资产可以实现外部交易时,数据资产的外部价值才可计入数据资产总价值。

订单法将订单管理模式与市场法相结合,依据数据资源的调用情况,评估数据资产的潜在外部价值。具体公式如下所示:

$$P = \sum_{i=1}^{n} Q_i \times P_i \times F_i$$

其中,Q_i为数据产品的需求开发量,P_i为单位数据产品代加工价格,随着数据交易市场的成熟,选用可比数据产品的市场价格将更具公允性。F_i为价格修正系数,具体包括价值密度修正系数和日期修正系数。

②数据产品订单量。各部门业务的开展均离不开数据支撑,业务部门对数据产品的每次调用,能在一定程度上促进业务活动开展。在单位数据产品价格不变的情况下,当数据的调用量越大时,数据资产价值越大,两者呈现出强正相关性。不同的业务场景均会产生数据产品调用,需要将不同业务场景的数据产品价值加总计算。

以某银行数据资产管理过程中产生的部分可计价数据产品为例,统计数据产品的订单量。该企业级数据能力体系建设项目,建设范围涵盖数据底座支撑能力建设、数据整合能力建设、数据应用能力建设,所涉及的数据资产涵盖企业级数据字典、数据结构、业务指标、业务报表、挖掘模型、制度及标准等全量数据。为了便于核算数据资产的潜在外部价值,此处仅对方便计价的数据产品开发量进行统计。

在数据底座支撑能力建设方面,主要包括物理数据模型(D模型)和数据交换接口建设,以接入交易线系统和外部数据,实现数据的实时采集与批量采集。其中,内部数据已采集185个系统,外部数据已开发108个接口。在数据整合能力建设方面,主要包括整合模型、访问模型的建设,通过全面集成内外部数据,加工处理业务分析指标,提供面向业务场景、高效易用的访问数据集。根据业务需求和数据情况,共开发整合模型492个,应用计算模型488个,公共计算模型461个,公共访问模型16个。其中,整合模型和应用计算模型归类为仓库模型,公共计算模型和公共访问模型归类为公共模型。在数据应用能力建设方面,主要包括自助查询、固化报表、即席查询、数据可视化、数据探索、数据挖掘六个用数模式的建设,以敏捷高效的用数工具支持全行自主用数能力建设。根据业务需求,共产生财务管理、风险管理、业务经营和运营管理等七个业务方向可用固定报表1414张。

③数据产品价格。由于目前数据要素交易市场尚不健全,可参考的数据产品交易价格短缺。因此,数据产品价格的选取依据业务场景和数据类型,选择同类数据产品代加工价格作为参考,如基础数据或者通过数据分析处理之后转化为报表、模型等数据产品,参考行业内代加工数据产品的工时与单位工时收费进行计价。

其中,仓库模型、公共模型、固定报表有较为成熟的代开发价格,以此为例对数据资产价格进行说明。对于仓库模型,单位数据产品工作量为2人/天,即开发一个仓库模型需要2个人一天的工作量;对于公共模型,单位数据产品工作量为6人/天,开发一个公共模型需要6人一天的工作量;对于固定报表,单位数据产品工作量为4人/天;单位接口开发22人/天。银行业单位工作量行业价格标准为22人/天3万元，即22人一天工作量计价为3万元。进一步地，结合数据产品开发消耗工作量的评估，计算单位数据产品价格，则仓库模型单价为2727元/个，公共模型8182元/个，固定报表5455元/个，外部接口3万元/个。

④价格修正系数。对可比数据产品代加工价格，需要根据数据产品质量、评估日期等进行必要修正，具体包括价值密度修正系数和日期修正系数。价值密度修正系数主要修正数据质量、数据应用、数据风险等影响因素，系数评估方法可参照数据效用U的计量方法。日期修正系数，主要修正数据资产评估基准日与可比数据产品代加工价格核算日期差异对数据资产的价值影响。价格修正系数=价值密度修正系数×日期修正系数。

8.3.3 恒丰银行估值实践

由于数据资产的潜在外部价值主要用于部门之间的数据供给定价计量，已涵盖于投入价值和业务价值评估之中，为了避免重复估值，不纳入数据资产总价值的核算。当数据资产具有真实的对外交易价值时，外部价值要纳入总价值核算。因此，此处数据资产总价值为投入价值和业务价值之和，综合本章成本法、收益法的评估结果，截止到2022年末恒丰银行数据资产投入价值为51.65亿元，业务价值为168.96亿元，将两者加总计算，得到数据资产总价值为220.61亿元。

数字金融时代
新银行

数字金融时代已来

第五篇

观 远

第 9 章
未来趋势展望——观远

9.1 全数驱动技术创新，支撑业务数字化新变革

9.2 全数驱动敏捷发展，激活数字化组织新活力

9.3 全数驱动数字金融，推动高质量发展新常态

商业银行践行高质量发展需要"持恒心、办恒业"，转型之路任重而道远。观远转型发展，商业银行有以下三大趋势：集中贯彻全数驱动，直接赋能银行业务创新与变革，以生成式AI推动新质生产力发展，实现降本增效，以自动化与低代码支撑业务自主创新，增强客户体验，提升运营效率，以ESG与安全筑牢高质量发展基座，推动银行发展变革；聚焦敏捷能力提升，做好组织协同转型，以业务敏捷推动未来业务更为"主动"，以开发敏捷提升数字化效率，实现对端到端价值交付的快速迭代，以管理敏捷推动商业银行组织、人才、财务及管理治理的与时俱进；大力发展数字金融，为千行百业高质量发展注入动力，持续推动数字金融朝着服务场景化、业务数智化、风控精准化、生态融合化"四化"纵深发展。

9.1 全数驱动技术创新，支撑业务数字化新变革

数字业务变革离不开全数字化驱动下的技术创新，这需要商业银行了解影响行业未来数字化变革的主要前沿技术，并同时理解技术在金融领域应用。据IDC在2023年对亚太区295个数字高管关于"未来12个月高管关注的技术投资"的调研（见图9-1），企业高管最关心的前五项技术创新方向分别是生成式AI、自动化、安全、ESG及低代码/无代码。为落实"全数驱动"的四方面建设需求，生成式AI是银行变革生产力的关键点，业务自动化与低代码/无代码是支撑自主创新与组织敏捷的着力点，ESG与安全则是企业长期可持续的发展基点。此外，这些技术也是商业银行提升自身整体韧性、支撑业务革新与高质量发展的关键。为此，战略上商业银行需紧跟技术趋势走向，引领支持实体经济数字化变革。

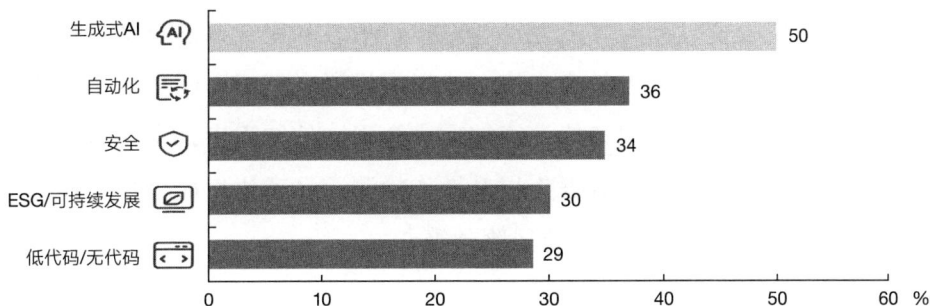

图9-1　未来12个月高管关注的技术投资

［数据来源：IDC，WWC-Suite Tech Survey，2023年（APJ，N=295；CIOs，N=105）］

9.1.1 以生成式AI推动新质生产力

生成式AI将在两大领域推动商业银行发展。一是替代人，生成式AI可以通过开展大量重复性较高、简单基础的任务，如处理文本的要素提取、处理进件、识别异常项、生成基础数据分析、生成标准化内容等，释放运营类人力资源，实现降本增效。部分场景下，生成式AI还可能取代人，催生全新的业务模式，例如交易撮合的场景，未来买卖双方可能只需与AI界面进行对话磋商，而不再需要人作为中介进行撮合。二是赋能人，有效放大关键节点的"人"的产能，如客户经理、财富顾问、产品经理、信审经理、市场营销人员等。一方面，通过对话式学习的方式，生成式AI可以更好地"培训"专业人员；另一方面，在关键的展业过程中，生成式AI可以有效整合关键信息及素材，助力相关专业岗位的人员更快做出精准有效的判断，展现出更有针对性的客户互动技巧，或更快速地产出高质量的代码、设计文案、报告等。

规模化应用生成式AI有望给银行带来可观的降本增效收益。生成式AI在银行业的应用场景可贯穿前中后台各个环节，银行的每条业务线、每个职能，都有可能找到生成式AI的应用场景。例如，在市场和销售条线，应用生成式AI可以更精准获客、进行客群细分，可以自动生成广告等营销文案、形成超个性化营销内容或界面，支持营销人员话术培训，进而对客户进行情绪分析；在投顾服务条线，可以提供内容以支持投资顾问与客户互动，对投资报告和研究要点自动提炼，以对话方式提供投资者教育内容，或根据投资者偏好不同生成个性化配置建议；在风险合规条线，能够生成合规文件知识库，支持对条款的高效查询，形成合成数据集提升欺诈检测，自动化生成合规监控报告、合同文本，能够进行信贷风险预警。

9.1.2　以自动化与低代码支撑业务自主创新

自动化技术将赋能银行业务发展。一是提升业务处理效率，自动化技术在银行业务中的应用，如机器人流程自动化（RPA），能够模拟人与计算机的交互过程，实现业务流程的自动化。通过RPA技术，银行在运营管理、风险管理、财务会计、监管报送等业务流程中实现了自动化，显著提升业务处理效率。二是降低成本，自动化技术可以减少银行对人工的依赖，降低人力成本。同时，通过减少错误和重复性工作，降低运营成本。三是增强风险管理，自动化技术在风险管理中的应用，如自动化监控和预警系统，能够及时发现潜在风险，提高银行的风险防控能力。

低代码平台可以增强银行敏捷性。一是加速应用开发，低代码平台通过可视化设计工具，允许非专业开发人员通过拖拽组件和配置参数来构建应用程序，从而大大缩短开发周期。根据腾讯报道，低代码平台可以将开发时间缩短至原来的85%，许多解决方案甚至可以在一个月内或更短时间内交付。二是提高灵活性和可扩展性，低代码平台支持快速迭代和扩展，使银行能够迅速适应市场变化和客户需求。三是降低技术门槛，低代码平台降低了技术门槛，使得业务人员也能够参与到应用开发中来，从而加强业务与技术的融合。四是促进数字化转型，低代码平台为银行数字化转型提供了有力支持。通过低代码平台，银行可以快速构建数字化场景解决方案，提升数字化水平。同时，低代码平台还能够帮助银行实现应用的集中设计和统一管理，优化客户体验。

自动化与低代码的结合支撑业务创新。一是提升业务创新能力，自动化与低代码的结合，使得银行能够更快地推出新产品和服务，满足市场需求。通过自动化处理重复性任务和低代码快速开发应用，银行能够释放更多资源用于业务创新。二是增强客户体验，自动化与低代码的应用能够提升客户体验。例如，通过自动化流程优化客户服务流程，减少客户等待时间；通过低代码平台开发个性化应用，满足客户的多样化需求。三是提升运营效率，自动化与低代码的结合将提升银行的运营效率。自动化处理减少了人工干预和错误率，而低代码平台则加快了应用开发和部署速度，从而提高了整体运营效率。

9.1.3 以ESG与安全筑牢高质量发展基座

ESG支持银行高质量发展。一是ESG推动银行发展理念转变。ESG以可持续发展为核心，促使银行能以更高的使命、更长的时间维度、更广的视野看待企业发展，审视并校准自身发展战略方向，确保符合历史发展潮流、国家战略导向和社会民生福祉，寻求规模、质量、效益三者之间的有机平衡，实现经济价值和社会价值的最大化。二是ESG推动银行发展模式变革。ESG以环境、社会管理为主要内容，促使银行更加重视企业环境、社会、公司治理等非财务指标评估，更加科学合理地排除风险"地雷"，甄选业务，推动银行加快资产结构调整，加快向社会和环境风险相对较低行业转型，同时通过环境与社会风险管理，将可持续发展理念向客户传导，提升客户管理风险能力和长期盈利能力，真正建立"以客户为中心"的可持续发展模式。三是ESG推动银行竞争力提升。正如ESG是银行筛选企业合格贷款人的重要依据，ESG信息披露以及管理能力已经成为市场检验"好银行"的重要标尺。有研究显示，ESG表现出色的企业，其ESG绩效和财务绩效存在长期、稳定的正相关性。尤其是ESG强调公司治理的完善，有助于帮助银行建立健全现代公司治理格局和运作机制，统筹平衡社会责任与盈利责任，平衡短期利益与长远发展关系，提升银行可持续竞争力。

云原生架构支持安全可控性。一是提升安全性。未来商业银行云原生架构将采用先进的安全设计原则，例如最小权限原则、加密通信、零信任网络等，可以大大提升商业银行系统的安全性。二是满足银行业务快速增长。云原生架构支持对应用程序和基础设施的细粒度控制，使得银行能够更好地应对各种网络安全威胁。云原生架构支持快速、频繁和可预测地扩展应用程序，这对于需要应对突发业务增长的商业银行来说非常关键。三是可灵活添加新功能。云原生架构的模块化设计使得银行能够更容易地添加新功能和服务，满足不断变化的客户需求。云原生架构鼓励使用微服务、容器和自动化等先进技术，这些技术可以大大加速商业银行的创新速度。

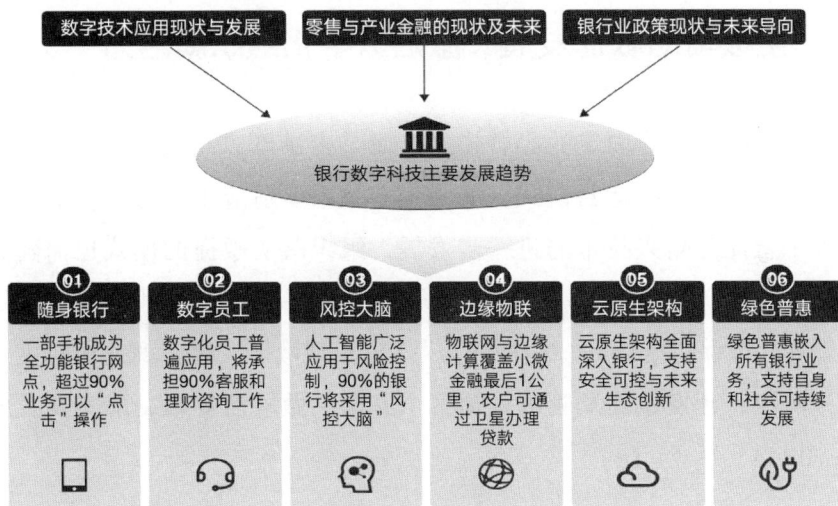

图9-2　商业银行数字科技主要发展趋势

远观未来商业银行应用生态，"全数驱动"主要有六大直观业务反馈。其中，随身银行是未来商业银行强化客户体验与交互的终端；数字员工将为银行补充标准化服务能力，为客户提供全天全时的高质量服务；风控大脑将与人工智能协同构筑风险防控防线，提高附加值的风险防控能力；边缘物联将进一步拉近小微金融的"最后一公里"，为企业及个人提供更敏捷的银行服务，实现低业务密度区域的高质量业务覆盖；云原生架构将结合边缘物联，促进终端业务自动化、便捷化及体验优化，为商业银行提供长期系统韧性能力；绿色普惠助力改变银行业务赋能模式，长期可持续支持经济与社会发展。

9.2 全数驱动敏捷发展，激活数字化组织新活力

敏捷组织并非固定的心智模式，而是多维度、开放、包容、自愈合、自发展的组织运营模式。如同生产关系要适应生产力的发展，随着人工智能等新兴技术的进一步发展，组织落实敏捷的模式也需随之调整。此外，敏捷并非激进的"举全组织体制"，而需更为周密的规划及管理，以保持全行的"精神战力"。为实现敏捷发展，商业银行需在业务敏捷、开发敏捷及管理敏捷三个方面，做敏捷规划、落实及发展（见图9-3）。

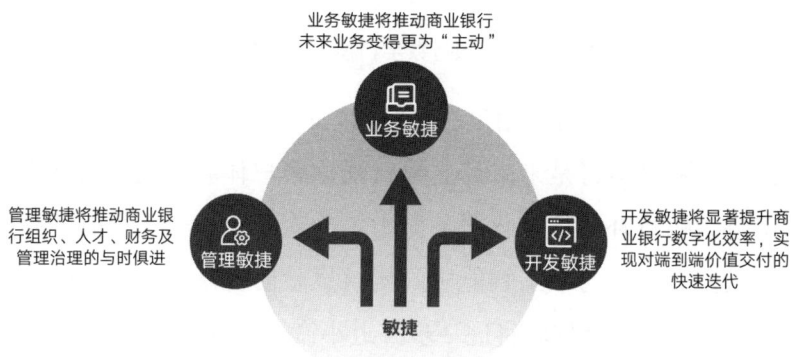

图9-3　未来商业银行敏捷的三个方面

9.2.1 业务敏捷

　　业务敏捷将推动商业银行未来业务变得更为"主动"。智能技术将加速优化商业银行渠道自动化服务能力，机器人可完成大部分咨询类业务，无差别化人工与机器人服务，在降本增效的同时提升银行24小时敏捷业务体验；算法大模型的营销平台可融合客户数据资产，匹配业务场景算法，精准化用户价值挖掘，支持银行做实做好数字服务；智能金融服务将持续优化，不仅限于自动化咨询，更将深入到产品设计与服务提供层面。通过分析客户的交易行为、风险偏好、财务状况等多维度数据，利用大数据分析和机器学习算法，银行能够为客户量身定制金融产品，如个性化贷款方案、定制化理财产品等，满足不同客户的独特需求。在风险管理领域，智能技术将扮演更加关键的角色。通过实时监测市场动态、客户行为变化及潜在欺诈行为，结合先进的算法模型，银行能够更准确地评估信贷风险、市场风险及操作风险，实现风险的早期预警与有效防控，保障业务稳健运行。

9.2.2 开发敏捷

　　开发敏捷将显著提升数字化效率，实现端到端价值交付的快速迭代。一是智能技术将大幅提升开发效率，加之低代码或零代码的广泛应用，极大降低技术门槛，使非专业开发人员也能参与到软件开发中来。这不仅加速开发进程，还将促进跨部门之间的协作，使得业务团队能够更直接地参与产品设计和开发中，实现真正的"业务驱动开发"。二是数字基础设施效能将得到进一步释放。随着云计算、大数据、人工智能等技术的深度融合，银行的数字基础设施将变得更加智能化和高效。云计算将为银行提供弹性可扩展的计算资源和存储能力，使银行能够根据需要快速调整资源配置，满足业务发展的需求。大数据和人工智能技术则能够帮助银行更好地挖掘数据价值，提升决策效率和准确性。这些技术的融合将进一步提升银行的整体运营效率和服务质量。

9.2.3 管理敏捷

IDC预测数据显示，到2027年，随着生成式AI的发展，全球2000强企业组织中40%的现有工作职位将被重新定义并接受变革。智能技术也将变革未来的工作模式，员工高附加值工作随之增加，低附加值工作也将被重新定义，这意味着组织管理敏捷也会接受进一步"迭代"，推动商业银行组织、人才、财务与时俱进。"五通人才"及复合型人才转型将成为必然，人工与智能的分工将会进一步深化。智能技术将使组织架构敏捷化。一是扁平化管理与灵活团队，随着AI技术的深入应用，传统层级分明的组织架构将逐渐向扁平化、网络化转型。灵活的小团队或项目制将成为主流，这些团队能够快速响应市场变化，实现跨部门、跨职能的协作，提高决策效率和执行速度。二是数据驱动的决策体系，大数据和AI技术将成为组织决策的重要支撑，使得决策过程更加科学、精准。银行将建立更加完善的数据治理体系，确保数据的准确性和时效性，为管理层提供有力的决策依据。智能技术提升业财一体化与自动化管理。一是业财一体化平台，银行将建立业财一体化平台，实现业务与财务数据的无缝对接和实时共享。这将大大提高数据的准确性和时效性，为管理层提供更加全面、深入的洞察和分析能力。二是自动化管理流程，在业财一体化平台的基础上，银行将实现自动化管理流程，包括预算管理、成本核算、财务分析等方面。这将大大减轻财务人员的工作负担，提高工作效率和准确性，为银行经营提供更加敏捷的管理支持。

观远未来商业银行组织形态，"敏捷"将在业务、技术及管理三个层面支撑数字化迭代与落实，推动企业加速迈向以数字化、敏捷化、数智化为基础的高质量发展阶段。

9.3　全数驱动数字金融，推动高质量发展新常态

数字金融是数字经济发展的支撑，也是金融创新的动力引擎。数字金融为产业端及消费端提供更为高效的资金信用融通及金融供给平衡，商业银行强化数字金融势在必行。未来的数字金融将持续朝着服务场景化、业务数智化、风控精准化、生态融合化"四化"纵深发展。

9.3.1　服务场景化

数字金融需要商业银行持续提升场景化服务水平，这意味着银行将立足于服务效率及客户体验提升。据IDC预测，到2026年，全球前100家银行中有50%将推出超个性化的客户体验奖励和忠诚度计划。商业银行发展场景金融，将发力于C端的个人金融场景、B端的产业金融场景，以及G端的开发金融场景，聚焦于"衣、食、住、行、育、乐、医、公共服务"八大生态，以及生产经营和社会治理等方面，构建场景金融生态体系。

9.3.2　业务数智化

银行通过数字技术应用，输出更加灵活、广泛且安全的智能化数字金融服务能力，以提供无差别信贷等金融服务，优化客户体验。在提升信贷决策效率方面，通过整合企业智能，银行能够利用大数据、

人工智能等技术手段，对借款人的信用状况、还款能力等进行全面、快速的分析和评估。这将大大缩短信贷决策的时间，提高决策效率。到2025年，33%的金融机构将在其贷款业务中整合企业智能，这将使信贷决策时间缩短50%。在优化客户体验方面，客户可以通过更加便捷、高效的方式获得贷款服务，减少等待时间和繁琐的手续。同时，银行还可以利用企业智能技术，为客户提供个性化的贷款产品和服务，满足客户的多样化需求。

9.3.3 风控精准化

大数据、人工智能、行为分析等技术的协同效应将被进一步挖掘，以支持信用风险的评估和管理，支撑银行数字金融的韧性建设。一是大数据，作为数字金融的基石，大数据为风险评估提供了丰富的数据源。通过收集和分析客户的交易记录、信用历史、社交媒体行为等多维度数据，银行可以更加全面地了解客户的信用状况和风险水平。二是人工智能，特别是机器学习算法，能够自动从大数据中提取有价值的信息，并构建出复杂的预测模型。模型能够实时分析客户的交易行为，识别潜在的欺诈风险和信用风险，为银行提供精准的风险提示和决策支持。三是行为分析技术，关注客户的日常行为模式和异常行为检测，通过对客户行为的深入分析，银行可以及时发现并阻止潜在的欺诈行为，保护客户资金安全。到2025年，超过25%的银行将使用人工智能实时监控和评估银行风险，以提升其精准风控能力。

9.3.4 生态融合化

数字金融推动的高质量发展，不应是银行业"一枝独秀"，而是银行业助推各行各业"百花齐放"。商业银行将成为各行业生态融合媒介，展现对小微企业等客户的金融包容性与低门槛，为数字经济提供高效率的金融服务，通过推动金融解决方案促成各行业跨界合作，推动千行百业共同可持续发展。在数字金融生态中，商业银行展现出对小微企业等客户的金融包容性。通过降低服务门槛、优化服务流程、创新金融产品等方式，商业银行使更多的小微企业能够获得所需的金融服务。商业银行还可以通过推动金融解决方案的跨界合作，促进各行业之间的深度融合和协同发展。银行与科技公司、电商平台、供应链企业等建立战略合作关系，共同开发符合市场需求的金融产品和服务。这种跨界合作不仅有助于提升金融服务的效率和质量，还能够推动产业链上下游企业的协同发展，形成良性循环的生态系统。

观远未来商业银行数字金融发展，"持续深耕"将是商业银行发展数字金融的新常态。在这一常态下，商业银行需在全行范围推行金融服务场景化、业务数智化、数字风控精准化及生态协同融合化，进一步助力推进金融数字化进程、支撑千行百业高质量发展。

参考文献

［1］曹韵仪. 息差拖累，银行盈利能力下滑［N］. 国际金融报，2023-05-08.

［2］车宁. 创新服务，银行3.0时代直面［N］. 中国城乡金融报，2017-04-10.

［3］高增安，廖民超，张贵科. 后疫情时代银行数字化转型的机遇、挑战与策略［J］. 现代管理科学，2021（3）：103-112.

［4］郭子源. 银行数字化转型服务更有效［N］. 经济日报，2023-04-03.

［5］葛海蛟. 以金融高质量发展助力中国式现代化［N］. 当代世界，2023-07-10.

［6］韩刚，李敏. 中小银行数字化转型路径研究［J］. 新金融，2020（12）：28-32.

［7］胡昇荣. 开放银行推动商业银行转型发展的实践探索［J］. 金融纵横，2022（12）：3-10.

［8］胡群. 银行竞逐科创金融新赛道［N］. 经济观察报，2023-04-24.

［9］韩晨宇，张颖. 金融科技赋能商业银行信用风险管理探究［J］. 金融天地，2023（1）：64-67.

［10］刘小伟. 商业银行数字化转型面临的挑战及对策［J］. 金融电子化，2021（6）：76-77.

［11］廖贝妮．数字化时代商业银行零售客群服务研究［J］．金融纵横，2021（7）：72-77．

［12］刘天奇．银行数字化转型对商业银行利润增长率的影响［D］．吉林大学，2022．

［13］刘翔远．数字化转型下的商业银行全渠道建设和运营策略研究［J］．科技风，2022（27）：137-139．

［14］罗勇．科技敏捷能力建设推动银行数字化转型［J］．中国金融，2022（23）：44-45．

［15］刘银行．数字化进程中商业银行全渠道协同策略研究［J］．现代金融导刊，2021（7）：52-56．

［16］陆岷峰．商业银行数字化营销现状与策略研究［J］．金融科技时代，2023（1）：25-30．

［17］孟煜．互联网背景下Z银行零售业务营销策略转型研究［D］．西北大学硕士论文，2020-06-30．

［18］彭江．银行加码金融科技投入［N］．经济日报，2023-04-11．

［19］史明磊．商业银行数字化转型的机遇、挑战与路径探索［J］．北方金融，2022（9）：81-84．

［20］TMT金融组．2024年中国金融科技（FinTech）行业发展洞察报告［R］．艾瑞咨询，2023．

［21］王利民，张大璐．商业银行金融科技挑战及数字化转型探讨［J］．东吴学术，2021（6）：64-68．

［22］王伟，赵云鹏．借力AI探索特色化智能银行建设之路［J］．中国农村金融，2021（18）：98-99．

［23］王佩雯．数字经济视角下商业银行转型发展的风险管理研究［J］．农银学刊，2023（1）：62-65．

［24］杨晴，王婷希．银行业数字化经营的核心能力分析及建设路径［J］．工程经济，2020，30（6）：78-80．

［25］袁鹏鹏. 股份制商业银行的对公业务数字化转型［J］. 银行家，2023（11）：73-77+8.

［26］伊劲松. 坚守初心，久久为功——从数字化运营看大零售经营体系建设成效［J］. 中国信用卡，2023（5）：20-23.

［27］袁栩. 数字金融背景下商业银行营销［J］. 经济研究导刊，2022（28）：78-80.

［28］张湉. 商业银行数字化转型的机遇挑战及发展路径［J］. 西部财会，2023（6）：43-46.

［29］张漫游. "数字化+生态化"银行助力数字中国建设［N］. 中国经营报，2022-12-12（B04）.

［30］张媛. 商业银行数字化经营的实践与成效分析［D］. 江西财经大学，2022.

［31］中国银行研究院全球银行业研究课题组. 开启银行业敏捷转型新征程——中国银行全球银行业展望报告（2020年）［J］. 国际金融，2019（12）：51-60.

［32］曾利彬. 商业银行数字化转型内涵、路径与发展趋势研究［J］. 区域金融研究，2023（9）：22-29.

［33］曾刚. 商业银行数字化转型探索［J］. 中国外汇，2023（16）：46-48.